KB266693

우리 시대의 글쓰기

우리 시대의 글쓰기

백두산 홍래성 김한결 이상훈 윤정안 박성혜 곽상인 지음

박이정

백두산
서울시립대학교 국어국문학과
서울대학교 문학박사(현대문학)

홍래성
서울시립대학교 의사소통교실
서울시립대학교 문학박사(현대문학)

김한결
서울시립대학교 의사소통교실
서울대학교 문학박사(국어학)

이상훈
서울시립대학교 의사소통교실
서울대학교 문학박사(국어학)

윤정안
서울시립대학교 의사소통교실
서울시립대학교 문학박사(고전문학)

박성혜
서울시립대학교 의사소통교실
서울대학교 문학박사(고전문학)

곽상인
서울시립대학교 의사소통교실
서울시립대학교 문학박사(현대문학)

우리 시대의 글쓰기

초판 인쇄	2026년 2월 13일
초판 발행	2026년 2월 25일

지은이	백두산, 홍래성, 김한결, 이상훈, 윤정안, 박성혜, 곽상인
펴낸이	박찬익
편집	이기남
책임편집	권효진
펴낸곳	㈜**박이정** ▌주소 경기도 하남시 조정대로 45 미사센텀비즈 F827호
전화	031-792-1195 ▌팩스 02-928-4683
홈페이지	www.pijbook.com ▌이메일 pijbook@naver.com
등록	2014년 8월 22일 제2020-000029호
ISBN	979-11-7497-021-3 (03710)

가격	20,000원

목차

Ⅰ. 글쓰기 시작하기

제 1 장

우리 시대의 글쓰기

1. 대학과 글쓰기

　대체로 사람들은 말하기보다 글쓰기를 어렵게 느끼기 마련이다. 말하기의 경우에는 우선 말하는 사람과 듣는 사람이 같은 공간에 있으며 또한 언어적 표현 외에도 비언어적 표현이 함께 동원된다. 그러므로 말이 막히더라도 음성, 표정, 몸짓, 맥락 등을 활용하여 의사소통이 가능하다. 반면 글쓰기의 경우에는 모든 것이 글로만 이루어지므로 생각을 표현하기 위해 글 외의 다른 수단을 동원할 수 없다. 따라서 글은 반드시 체계적으로 쓰여야 한다. 타당한 주장, 설득력 있는 근거, 논리적인 전개, 정확한 문장, 재치 있는 표현 등을 고려해야 한다. 그렇지 않다면 자기 생각을 상대방에게 오롯이 전달할 수 없기 때문이다.

　그런데 이와 같은 까다로움이 글쓰기를 특별하게 만든다. 글쓰기는 창의성, 생각의 구조화, 개성적 표현 등과 연결된 기술인바 특히 학문 탐구를 위한 필수적인 수단으로 인정받게 되었다. 1874년 하버드 대학에서 신입생을 위한 글쓰기 수업이 개설되었다. 이는 신입생이 본격적으로 전공에 진입하기에 앞서 글쓰기에 대한 감각을 익히도록 수련시키는 데 목적을 둔 것이었다. 이후 다른 대학에서도 신입생을 위한 글쓰기 수업을 마련하기 시작했다. 요즘은 어느 대학에서든 신입생을 위한 글쓰기 수업이 필수로 자리 잡았다고 보아도 무방하다.

신입생을 위한 글쓰기 수업에서는 다양한 양식의 글을 다룬다. 그중에서도 핵심을 꼽는다면 학술적 글쓰기에서 통용되는 규칙을 익히는 것이다. 이를 위해 학생들이 화제를 찾고 주제를 정하고 개요를 짜는 등의 순서를 단계별로 체험하도록 유도한다. 또한 학생들이 읽기, 쓰기, 고쳐쓰기를 되풀이하면서 완성도를 높이도록 이끈다. 이 밖에도 신입생을 위한 글쓰기 수업에서는 학생들로 하여금 자신을 성찰하는 계기를 마련해 주기도 한다. 이런저런 글쓰기를 통해 고등학교 때까지 치열한 입시 현장에서 자신을 돌볼 여유가 없었던 학생들에게 스스로를 되돌아볼 기회를 줌으로써 자기 정체성을 확립하는 데 도움을 제공하는 것이다. 동시에 신입생을 위한 글쓰기 수업에서는 실용적인 의사소통 능력을 함양할 수 있도록 한다. 이는 각종 실무에서 요구되는 이메일, 보고서, 제안서 등과 같은 글쓰기 양식부터 일반 대중을 상대로 한 에세이, 칼럼 등과 같은 글쓰기 양식까지 다양한 형태를 실습해 봄으로써 이루어진다.

글쓰기는 대학에 다닐 때는 물론이고 대학을 졸업한 이후에도 매우 중요한 의사소통 수단이므로 삶에서 떼려야 뗄 수 없다. 누군가는 자기 전공에서 글쓰기는 중요하지 않다고 생각할 수 있다. 이는 실상을 제대로 파악하지 못한 데 따른 착각이다. 가령 이공계 학생들은 자기 전공과 글쓰기가 동떨어져 있다고 생각하는 경우가 많다. 하지만 실험을 한 다음에는 보고서를 써야 하고 만약 대학원에 진학한다면 학위논문을 써야 하며 취업한 다음이라도 각종 기획서를 써야 한다. 예술계 학생들과 체육계 학생들도 사정은 별반 다르지 않다. 전시회를 기획하거나 음악회를 소개할 때도 글쓰기가 요구되기 때문이다.

정리하자면 글쓰기는 사고를 단련하고 성찰의 계기를 마련하게 해준다. 더불어 일상적이고 실용적인 차원에서도 긴요하다. 이처럼 글쓰기는 삶의 모든 측면과 연결되어 있다. 이것이 대학에서 글쓰기를 배워야 하는 이유이다.

2. 생성형 AI와 글쓰기

생성형 AI가 등장한 것은 비교적 최근의 일이다. 하지만 이에 따른 변화의 폭은 무시할 수 없을 정도로 크다. 생성형 AI는 오늘날 다양한 영역에서 활용되고 있는데 이는 글쓰기에서도 마찬가지이다. 생성형 AI는 글쓰기의 모든 단계에서 우리에게 도움을 제공한다. 우선 생성형 AI는 주제 선정, 자료 수집, 개요 작성 등을 수월하게 해준다. 이로써 머릿속

아이디어를 좀 더 쉽게 실체화할 수 있게 해준다. 또한 생성형 AI는 문장과 문단을 신속하게 만들어 주기도 한다. 서로 간 긴밀성, 완결성, 통일성을 검토해 주기도 한다. 이에 더하여 생성형 AI는 퇴고 과정에서도 효과적으로 기능한다. 맞춤법, 띄어쓰기, 문장 표현, 문단 구성 등에서 발생하는 오류를 대부분 바로잡아주기 때문이다. 이렇게 생성형 AI의 손길을 거친다면 한 편의 글이 어렵지 않게 완성되는 것이다.

이와 같은 생성형 AI의 출현 이후 대학에서는 글쓰기의 효율성을 둘러싼 문제가 점차 대두되기 시작했다. 생성형 AI는 글쓰기에 익숙하지 않은 학생들에게 마법의 도구처럼 인식된다. 주지하다시피 간단한 요청만으로도 학생들을 대신해서 그럴듯하게 글쓰기를 수행해 주기 때문이다. 이러한 사정으로 말미암아 대학에서 운영하는 글쓰기 수업은 근본부터 위협받고 있다. 지금과 같은 시대에서 어찌하여 글쓰기를 공부해야 하는가, 이는 상당히 비효율적인 행위가 아닌가 하는 의문이 제기되는 것이다.

하지만 생성형 AI는 만능열쇠가 아니다. 글쓰기에 관한 판단은 인간이 내려야 한다. 곧 인간은 단순히 생성형 AI에게 프롬프트를 입력하는 역할에만 머물러서는 안 된다는 뜻이다. 생성형 AI에게 자기가 생각하는 바를 정확하게 요구할 필요가 있다. 또한 생성형 AI가 만들어준 글이 자기 의도대로 작성되었는지 확인할 필요가 있다. 이때 글쓰기에서 전통적으로 강조되어 온 창의성, 생각의 구조화, 개성적 표현 등은 여전히 긴요한 가치를 지닌다. 프롬프트를 적절하게 입력하기 위해서는 창의성이 요구되고, 프롬프트를 효과적으로 이어가기 위해서는 생각의 구조화가 요구되며, 프롬프트를 통한 결과물을 자기 방식으로 완성하기 위해서는 개성적 표현이 요구되기 때문이다.

한편으로 생성형 AI가 만들어준 글에는 출처가 불분명한 견해나 정보 등이 포함될 위험성이 크다. 이에 따라 인간의 책임이 이전보다 더욱 중요해졌다. 인간은 생성형 AI가 만들어준 글이 입증된 사실과 데이터에 기반한 것인지를 검토할 필요가 있다. 또한 왜곡되거나 편향되지 않았는지도 검증할 필요가 있다.

결과적으로 생성형 AI에 종속되지 않으려면 인간은 주체적인 자세를 지니는 동시에 좋은 글이란 어떤 것인가, 좋은 글을 만들기 위한 요소란 무엇인가 등에 대한 감각을 지녀야 한다. 그러려면 이론과 실제를 두루 섭렵하려는 자세가 필요하다. 이를 바탕으로 자기 스타일을 확립하려는 자세가 필요하다. 생성형 AI가 대두한 작금일지라도 글쓰기를 배워야 하는 이유는 바로 여기에 있다.

3. 『우리 시대의 글쓰기』 편제

『우리 시대의 글쓰기』는 실습을 포함한 3부 14장으로 구성되었으며, 여기에 《어휘와 표현》이 추가되었다. 이는 실제로 대학에서 글쓰기 수업을 진행할 때를 염두에 두고서 주차마다 한 장씩 진행함을 원칙으로 삼은 데에 따른 결과이다. 각 장에는 본문 외에도 [참고]와 [심화]가 덧붙여져 있다. [참고]는 추가로 알아두면 좋을 만한 내용을, [심화]는 좀 더 깊이 있게 파고든 내용을 각각 뜻한다. 또한 각 장의 마지막에는 【연습】, 【준비】, 【과제】 등이 붙어있는 경우가 있다. 【연습】은 수업 시간 중 간단히 수행할 수 있는 작업이다. 【준비】는 본격적으로 과제를 수행하기에 앞선 예비 작업이다. 【과제】는 학습한 바의 성취를 확인하기 위한 작업이다.

《Ⅰ. 글쓰기 시작하기》는 학술적 글쓰기에 필요한 기초 지식을 제공하는 데 초점을 맞추었다. 첫째, 대학에서 글쓰기를 배워야 하는 이유 및 생성형 AI가 널리 활용되는 현실에서 여전히 글쓰기를 배워야 하는 이유를 설명했다. 둘째, 학술적 글쓰기를 위한 전문 자료를 수집하는 방법을 안내했다. 셋째, 글쓰기 윤리가 지니는 중요성을 강조했다. 넷째, 인용, 주석, 참고문헌 등을 어떻게 작성하는지를 제시했다. 〈실습〉에서는 여러 가지 서술 방식을 소개한 다음, 이를 숙지할 수 있도록 제품 사용 설명서, 포토에세이, 자기 성장담 중 하나를 선택하여 과제로 수행하게 했다.

《Ⅱ. 글의 뼈대 세우기》는 논증을 중심으로 한 글쓰기 방법을 익히는 데 주안점을 두었다. 첫째, 주제와 주제문을 둘러싼 여러 가지 사안에 관해 설명했다. 둘째, 개요를 어떻게 만드는지를 안내했다. 셋째, 효과적으로 논증하는 방안을 상세히 제시했다. 넷째, 글을 구조화하는 틀로써 5단 구성을 소개했다. 〈실습〉은 두 가지를 준비했다. 하나는 도표를 활용한 글쓰기이고 다른 하나는 요약과 비평을 활용한 글쓰기이다. 도표를 활용한 글쓰기를 통해서는 올바른 사실과 데이터에 기반하여 근거를 확보하는 능력을 함양할 수 있을 것이다. 요약과 비평을 활용한 글쓰기를 통해서는 원 글을 자기 방식으로 이해하고 정리하는 능력 및 비판적으로 검토하는 능력을 함양할 수 있을 것이다.

《Ⅲ. 모둠 활동을 통한 논문 쓰기》는 제목처럼 모둠 활동을 전제로 한 논문 작성 과정을 연습하는 부분이다. 첫째, 논문의 개념과 역할, 종류, 그리고 논문 작성 시 고려할 점에 관해 설명했다. 둘째, 논문의 구성, 각 부분에서 요구되는 요소, 그리고 계열별 논문 실제를 안내했다. 셋째, 논문 작성을 위한 절차 및 모둠 활동에 따른 효용을 구체적으로 제시했다. 이로써 학계에 이미 제출된 논문을 이해할 수 있을 뿐만 아니라 서로 간 협력을 통해 논문을 한번 작성해 보는 데까지 나아갈 수 있을 것이다.

한편, 끝자락에는 《어휘와 표현》을 마련해 두었다. 《어휘와 표현》은 〈우리말 바로쓰기〉와 〈한자어 익히기〉라는 두 부분으로 이루어졌다. 〈우리말 바로쓰기〉는 맞춤법과 표준어, 띄어쓰기, 올바른 문장 쓰기, 적절한 문장 쓰기, 외래어 표기법 등을 익히는 데 초점을 맞추었다. 〈한자어 익히기〉는 단어의 뜻을 정확히 파악하여 문맥에 맞게 활용하는 능력을 함양할 수 있도록 구성했다. 모두 실례를 중심으로 이루어졌기 때문에 어렵지 않게 학습이 가능할 것이다.

이처럼 『우리 시대의 글쓰기』는 글쓰기에 필요한 각종 지식 및 세부 과정을 충실히 다루었다. 『우리 시대의 글쓰기』를 통해 글쓰기 역량이 신장되기를 기대한다.

제 2 장

자료 찾기

1. 자료의 중요성

자기 생각만 가지고 글을 쓸 수 있을까. 얼른 생각해 보아도 이 질문에 긍정적으로 답하기가 쉽지 않다. 자기 생각만으로 글을 쓴다면 아무래도 양적으로든 질적으로든 부실해지기 십상이다. 따라서 글을 완성도 있게 쓰고자 할 때는 우선 자료부터 수집할 필요가 있다. 어느 수업에서 〈영화 감상문을 제출하라〉는 과제가 부여되었을 경우를 한번 떠올려 보자. 이때 해당 영화만 보고서 감상문을 작성하는 학생은 아마도 드물 것이다. 대다수의 학생은 해당 영화를 둘러싼 여러 가지 정보를 나름대로 조사할 것이다. 이를테면 감독의 또 다른 대표작, 기존의 몇몇 평론, 주제가 유사한 여타 작품, 출연 배우들에 대한 소식 등을 두루 탐색함으로써 어떻게 쓸 것인지에 대해 대강이라도 갈피를 잡는 것이다.

이렇듯 자료 수집은 글쓰기를 위한 선결 조건이다. 많은 학생이 글쓰기를 힘들어하는 주요 이유 중 하나도 여기서 기인한다. 대학 입학 이전에는 자료 수집에 관해서 구체적으로 학습한 경험이 별로 없기 때문이다. 그러다 보니 적합하지 않거나 충분하지 않은 자료만으로 주어진 분량을 어떻게든 채우려고 비슷한 내용을 되풀이하는 경우가 많다.

　세상 만물이 대체로 그러하듯이 자료 역시 질적인 구분이 가능하다. 좋은 자료를 수집함이 마땅하다. 좋은 자료가 밑받침되어야 좋은 글이 쓰일 수 있다. 그렇다면 좋은 자료란 어떤 것인가. 이는 글의 성격에 따라 다양할 수 있다. 자기소개서 혹은 자서전을 쓴다고 한다면, 평상시 틈틈이 적어두었던 일기나 메모 등이 좋은 자료로 삼아질 수 있다. 특정 기관, 장소에 대한 리뷰 혹은 칼럼을 쓴다고 한다면, 실제 현장에서 직접 찍은 사진이나 SNS에 올라와 있는 각종 기록물 등이 좋은 자료로 삼아질 수 있다. 그 밖에도 여러 가지 사례를 떠올려 볼 수 있으되, 이와 같은 부류의 자료를 수집하는 방법에 대해서는 특별히 설명을 덧붙일 필요가 없을 것이다.

　학술적 글쓰기로 한정한다면 '좋은 자료＝전문 자료'라고 할 수 있다. 적지 않은 학생이 학술적 글쓰기를 위해서라면 전문 자료를 수집해야 한다는 사실을 알고 있다. 다만 어떻게 전문 자료를 수집할 수 있는지가 막연해서 선뜻 엄두를 내지 못하는 형편이다. 또한 전문 자료를 수집하는 데에는 상당한 시간이 소요된다고 여겨서 선뜻 착수에 나서지 못하는 형편이다. 주지하다시피 대학 생활을 영위하는 과정에서 학술적 글쓰기는 반드시 수행해야 할 대상이자 과정이다. 자연히 전문 자료를 수집하는 방법에 관해서도 숙지할 필요가 있다. 걱정만큼 복잡하지 않다. 이에 대해 지금부터 차근차근 살펴보도록 하자.

〈참고〉 자료 수집 시 유의 사항

- 자료는 글을 시작하는 단계부터 완성하는 단계까지 계속해서 찾아야 한다. 풍부한 자료는 풍부한 논의를 위한 밑거름이기 때문이다.
- 자료를 단순히 나열하는 행위만으로 학술적 글쓰기는 이루어지지 않는다. 자료를 자기 생각과 결합해야만 비로소 학술적 글쓰기는 이루어질 수 있다. 그러니만큼 (보충의 차원에서든 반대의 차원에서든) 자기 생각과 연결할 수 있는 자료가 요구된다. 훌륭한 듯싶은 자료이더라도 자기 생각과 연결할 수 없다면 적합한 것이 아니다.
- 자료는 1차 자료와 2차 자료로 구분된다. 1차 자료는 연구하려는 대상을 뜻한다. 문학·사학·철학의 원전, 사회적·문화적·정치적 현상, 과학·기술 분야의 원천 재료 등을 예시로 들 수 있다. 2차 자료는 1차 자료를 분석하는 데에 필요한 자료를 뜻한다. 연구서, 해설서, 학위논문, 학술논문, 설문조사, 인터뷰, 실험을 통한 관찰 등을 예시로 들 수 있다.
- 2차 자료는 크게 보아 두 가지 양상으로 나뉜다. 하나는 '자기 생각을 보충해 줄 자료'이고 다른 하나는 '자기 생각과 반대되는 자료'이다. 흔히들 '자기 생각을 보충해 줄 자료'

만 수집하면 된다고 생각한다. 하지만 그럴 때면 자칫 글이 편향적으로 흘러갈 수 있다. 자신의 글이 지닌 약점을 파악하기 어렵기 때문이다. 따라서 '자기 생각과 반대되는 자료'도 모자라지 않게 수집할 필요가 있다. 가장 이상적인 경우란 자신의 글이 지닌 약점을 파악하고 재반박까지 펼치는 것이다. 하지만 재반박까지 펼치지는 못할지언정 자신의 글이 지닌 약점을 파악하는 것만으로도 균형 잡힌 관점을 취할 가능성은 높아진다.

2. 전문 자료를 찾는 방법

학생 중 상당수가 비전문적인 사이트[네이버 같은 포털 사이트나 위키피디아 같은 커먼즈(Commons) 사이트 등]에 올라온 자료를 활용하는 모습을 보여준다. 하지만 비전문적인 사이트에 올라온 자료는 비슷한 내용이 중복된 경우가 많을뿐더러 얕은 내용만 포함된 경우가 많다. 그러므로 실속 있는 정보를 획득하기 위해서는 전문 자료가 필요하다.

물론 비전문적인 사이트에 올라온 자료를 마냥 거부해야 한다는 뜻은 아니다. 시작부터 무턱대고 전문 자료를 찾아 나서기란 쉽지 않기 때문이다. 본격적으로 전문 자료를 찾아 나서기에 앞서 아이디어를 점검하고 관련한 키워드를 추려낼 필요가 있다. 이때는 비전문적인 사이트에 올라온 자료를 검색하는 것도 분명 도움이 된다. 다만 비전문적인 사이트에 올라온 자료는 오류가 걸러지지 않았을 가능성이 크므로 반드시 교차 검증이 요구된다. 그릇된 자료에 기반하여 전문 자료를 찾아 나선다면 문제가 발생할 여지가 많기 때문이다.

전문 자료를 찾아 모으기 위해서는 도서관을 이용하는 것이 가장 효과적이다. 도서관은 전문 자료가 가득 차 있는 보고이기 때문이다. 도서관을 직접 방문하여 전문 자료를 찾아 모을 수도 있고, 도서관 홈페이지를 검색하여 전문 자료를 찾아 모을 수도 있다.

① 직접 방문
- 학교 도서관에서 도서를 대출하는 경우가 대표적이다. 그 밖에도 지정된 PC에서 국립중앙도서관, 국회도서관의 원문 자료를 출력할 수 있다. 또한 논문·참고열람실에서 각종 학위논문, 학술논문을 확인할 수 있다.
- 학교 도서관 외에도 국립중앙도서관, 국회도서관을 이용할 수 있다. 국립중앙도서관, 국회도서관은 국내에 출간된 자료라면 대부분 구비하고 있으며 주말에도 운영한다는 장점이 있다. 다만 대출이 불가하고 복사만 가능하다.

② 홈페이지 검색

- 도서관 홈페이지를 통해 각종 전문 자료를 제공받을 수 있다. 전문 자료는 대부분 유료이다. 그러나 학교 도서관은 많은 기관과 협약을 맺어 학생들이 전문 자료를 무료로 볼 수 있도록 힘쓰고 있다. 구체적인 이용 방법은 다음과 같다.
- 학교 포탈에서 로그인한 후 도서관 홈페이지로 접속한다. → '데이터베이스'를 클릭하면 구독 중인 사이트들이 간략한 소개 문구와 함께 나열되어 있음을 볼 수 있다. → 그중에서 필요한 것을 선택한다.
- 이외에도 '도서관 서비스'를 클릭하면 '희망도서 신청', '상호대차 서비스', '원문 복사 서비스', '타대학 도서관 자료이용' 등을 활용할 수 있다. 희망도서 신청이란 현재 학교 도서관에서 소장하고 있지 않은 책을 구입해 주는 서비스이다. 상호대차 서비스란 현재 학교 도서관에서 소장하고 있지 않은 책을 협력 기관에서 빌려와 대출해 주는 서비스이다. 원문 복사 서비스란 현재 학교 도서관에서 소장하고 있지 않은 책, 학위논문, 학술논문 등을 협력 기관에 의뢰하여 복사해 주는 서비스이다. 타대학 도서관 자료이용이란 타대학 도서관에서 자료를 이용할 수 있도록 임시 방문증을 발급해 주는 서비스이다.

〈참고〉 학위논문, 학술논문 수집 요령

- 국내의 학위논문, 학술논문과 관련되는 사이트는 RISS(학술연구정보서비스), DBPIA, KISS, 교보 스콜라, e-article이다.
- 상기 사이트에 접속한 후 관련한 키워드로 검색하면 학위논문, 학술논문을 확인할 수 있다. 문제는 어떤 키워드로 검색하든 웬만해서는 무수한 숫자의 학위논문, 학술논문과 마주하게 된다는 것이다. 자연히 어떠한 학위논문, 학술논문을 선별해야 할지가 고민될 수밖에 없다.
- 이럴 때는 최근 발표된 학위논문, 학술논문이 좀 더 믿을 만하다. 예전의 오류를 바로잡았을 확률도 높고, 보다 발전된 형태를 띨 확률도 높기 때문이다.
- 또한 해당 분야의 권위자가 쓴 학위논문, 학술논문이 상대적으로 안전하다. 해당 분야의 권위자를 판단하는 기준은 두 가지이다. 첫째, 해당 분야에서 많은 연구 업적을 쌓은 사람이다. 둘째, 해당 분야에서 연구 업적의 피인용 빈도가 높은 사람이다.
- 한편으로 학위논문, 학술논문의 초록(혹은 요약) 및 참고문헌을 활용할 필요가 있다. 보통 초록(혹은 요약)은 맨 앞에 붙어있고 참고문헌은 맨 끝에 붙어있다. 초록(혹은 요약)을 통해서는 전체를 다 읽지 않더라도 어떤 내용인지를 대강이나마 알 수 있다. 참고문헌을 통해서는 관련 연구 업적을 나름대로 목록화할 수 있다.

- 실제 글을 쓰는 과정에서 자료는 계속 늘어나기 마련이다. 그러다 보면 나중에는 어느 자료에 어떤 내용이 실렸는지가 점점 헷갈리게 된다. 체계적이고 효율적인 작업이 이루어지려면 자료가 잘 정리되어 있어야 한다. 아래처럼 카드 형태로 만들어 두는 방식이 손쉬운바 이를 추천할 만하다.

▶ 본론의 첫 번째 장에서 활용할 예정	
출처	(김성환) (IoT 기술의 이해) (2022) (3판) (이학출판사)
정리	• 이 책은 IoT 기술이 적용된 다양한 제품을 소개하고, 이와 같은 제품을 적절하게 활용하는 방법을 제시한다. 'IoT 기술의 개념, IoT 기술의 사례, IoT 기술의 미래' 등으로 구성되어 있다. *[전체 요약]* • IoT 기반 가전의 정의와 사례를 소개할 때, 스마트 기술의 응용에서 이 자료 (44페이지)를 활용하면 좋을 것 같다. *[도움받을 부분]*

- 연구자가 직접 설문조사, 인터뷰, 실험을 통한 관찰 등을 수행하여 자료를 만들 수도 있다. 이때는 무엇보다 목적이 명료해야 한다. 설문조사, 인터뷰의 경우라면 적절한 항목을 설정했는지 유의해야 할뿐더러 답변 수합 과정에서 객관성이 확보되었는지 유의해야 한다. 실험을 통한 관찰의 경우라면 변인을 제대로 통제했는지 유의해야 하거니와 결괏값을 제대로 해석했는지 유의해야 한다.

〈심화〉 학교 도서관 데이터베이스의 대표적인 사이트, 저널 소개

- 자연과학/생명과학/의약학 등
  - PubMed(MEDLINE): 의학 분야 대표 DB
  - ScienceDirect(Elsevier): 자연과학, 생명과학 분야 중심 DB

- 공학/컴퓨터과학 등
  - IEEE Xplore(IEL): 전자·전기, 컴퓨터, 통신 분야 대표 DB
  - ACM Digital Library: 컴퓨터과학 분야 대표 학회 기반 저널

- 물리학/건축학/토목학 등
  - American Physical Society(APS): 물리학 분야 핵심 저널 제공
  - Springer eJournals: 기계, 토목, 건축 분야에서 주로 활용되는 저널

- 화학 분야
  - ACS(American Chemical Society): 화학 분야 최고 권위 저널
  - ScienceDirect/Springer: 응용화학, 재료과학까지 포함하는 저널

- 법학/행정학 분야
  - Westlaw/LexisNexis: 미국 및 영미권 법률 정보 제공
  - 북한법률 DB/로앤비: 한국, 북한 법률 정보 제공

- 사회학/통계학 분야
  - ICPSR: 미국 중심 사회과학 통계 자료
  - KSDC/WISE-STAT: 한국의 사회과학 자료

- 인문학 분야
  - JSTOR Archive: 고전 자료 중심 아카이브
  - Oxford University Press/Cambridge: 철학, 역사, 문학 분야 원서

- 경영학/경제학 분야
  - Eikon Datastream(Refinitiv): 글로벌 금융 데이터 제공
  - NICE Bizline/택스넷/상장협(TS-2000): 기업 재무 정보 제공

〈심화〉 다양한 보조도구 활용

- 논문 검색: 구글 스칼라(Google Scholar)를 활용할 수 있다. 구글 스칼라는 구글에서 제공하는 학술 자료 전문 검색 서비스로 일반 웹 검색과는 다르게 학술 문헌과 관련한 신뢰할 만한 검색 결과를 제공한다.

- 서지사항 정리: EndNote, Mendeley, Evernote, Notion 등을 활용할 수 있다. 각각의 특징도 다르고 유료와 무료 여부도 다르므로, 서로를 비교한 뒤에 자신에게 맞는 것을 선택해서 활용하기를 권장한다.

* ChatGPT와 같은 생성형 AI를 활용할 수도 있다. 다만 ChatGPT와 같은 생성형 AI를 활용할 때는 환각(Hallucination)에 유의해야 한다. 환각이란 인공지능이 사실이 아닌 정보를 마치 사실인 것처럼 그럴듯하게 만들어내는 현상을 뜻한다.

연습

1. 서울시립대학교의 장점을 소개하는 글을 쓰고자 한다. 이를 위해 학교 도서관의 데이터베이스 중에서 적절한 것을 선택하여 관련 자료를 탐색하고, 어떻게 활용할지를 출처와 함께 간략히 제시해 보자. (3개 이상)

2. 자신만의 자료 정리 방법이 있다면 이를 공유해 보자.

제 3 장

글쓰기 윤리

1. 연구부정행위, 표절

서울시립대학교 연구윤리규정 중 '제2장 연구부정행위 제4조(연구부정행위의 범위) 제3항'을 보면 다음과 같은 문구가 명시되어 있다.

"표절"은 다음 각 목과 같이 일반적 지식이 아닌 타인의 독창적인 아이디어 또는 창작물을 적절한 출처 표시 없이 활용함으로써, 제3자에게 자신의 창작물인 것처럼 인식하게 하는 행위를 말한다.

가. 타인의 연구 내용 전부 또는 일부를 출처를 표시하지 않고 그대로 활용하는 경우

나. 타인의 저작물의 단어, 문장 구조를 일부 변형하여 사용하면서 출처 표시를 하지 아니한 경우

다. 타인의 독창적인 생각 등을 활용하면서 출처를 표시하지 아니한 경우

라. 타인의 저작물을 번역하여 활용하면서 출처를 표시하지 아니한 경우

마. 원저작물의 출처를 밝혔더라도 인용된 저작물이 새로운 저작물의 주(主)가 되는 경우

곧 표절이란 타인의 견해를 무단으로 전재(轉載)하는 것을 뜻한다. 이때 타인의 견해를 사소한 수준으로 활용했는가 중대한 정도로 활용했는가는 중요하지 않다. 아이디어이든, 데이터이든, 표현이든, 구조이든 상관없이 타인의 견해를 활용하면서 출처를 표시하지 않았다면 모두 표절인 것이다.

여러 분야에서 표절 사건은 비일비재하다. 대학에서도 표절 사건은 심심찮게 발생한다. 이는 표절로 인해 벌어지는 문제가 얼마나 심각한지를 제대로 인식하지 못한 데서 연유한다. 표절은 타인의 노력을 훼손하기에 비윤리적 행위라고 지탄받아 마땅하다. 또한 표절은 타인의 이익에도 피해를 줄 수 있기에 경제적 측면에서도 심각한 사태를 초래할 가능성이 있다. 그러므로 절대로 표절하지 않겠다는 마음가짐으로 언제나 양심적인 글쓰기를 실천해야 한다.

〈참고〉 표절에 대해 좀 더 살펴보자!
- 표절은 《표준국어대사전》에서 "시나 글, 노래 따위를 지을 때 남의 작품의 일부를 몰래 따다 씀"으로 정의되어 있다.
- 표절은 도습(蹈襲), 용사(用事), 오마주(homage), 패러디(parody) 등과 구분된다. 이러한 기법은 예술 장르에 한정하여 인정될 따름이다.
  - 도습: 앞 사람의 시구를 되밟아 따름.
  - 용사: 경서, 사서, 제가의 시문을 그대로 가져다 씀.
  - 오마주: 원작에 대한 경의와 존경을 표현하기 위해 원작의 스타일, 장면, 주제 등을 의도적으로 빌리는 행위.
  - 패러디: 원작을 풍자하거나 희화화하여 웃음을 유발하거나 비판인 메시지를 전달하는 행위.
- 표절은 '인쇄술의 발달 → 대량 생산 → 저작권에 대한 의식 강화'라는 흐름에 따라 심각한 문제라는 인식이 점점 뚜렷해졌다.

〈심화〉 표절 판정 기준을 상세히 살펴보자!

- 교육부 표절 가이드라인

  - 여섯 단어 이상 무단 인용은 표절
  - 여섯 단어 이상의 연쇄표현이 일치하는 경우
  - 생각의 단위가 되는 명제 또는 데이터가 동일하거나 본질적으로 유사한 경우
  - 타인의 창작물을 자신의 것처럼 이용하는 경우
  - 짜깁기와 토막 논문도 모두 표절
  - 저작권자의 허락 없이 타인의 저작물을 이용하는 '저작권 침해'
  - 저작권 보호 기간이 지난 저작물을 자신의 것으로 이용하는 '공유영역 저작물의 부당 이용'
  - 자신이 아닌 타인의 저작물을 인용하면서 인용 표시를 하지 않는 '짜깁기'
  - 자신의 다른 저작물을 재사용한 '자기표절'

- 하버드 대학 표절 가이드라인

  - 학술 글쓰기에서, 출처를 명확하게 밝히지 않고 다른 사람의 아이디어나 표현을 가져오는 것은 표절로 간주된다. 그 출처가 출판된 저자이든, 다른 학생이든, 저자가 명확하지 않은 웹사이트이든, 학술 논문을 판매하는 웹사이트이든, 혹은 그 어떤 사람이든 상관없다. 다른 사람의 작업을 자신의 것처럼 사용하는 것은 도둑질이며, 의도했든 그렇지 않았든 모든 학문적 상황에서 용납될 수 없다.
  - 온라인에서 온갖 정보를 쉽게 찾을 수 있기 때문에, 정보를 어디에서 얻었는지와 어떤 아이디어가 어떤 출처에서 나왔는지를 더욱 철저하게 기록하고, 사용한 자료의 저자에게 적절한 공로를 돌리는 데 각별히 주의해야 한다. 전자 문서에서 내용을 복사해 노트에 붙여 넣은 뒤 그 출처를 명확히 표시하지 않거나, 여러 웹사이트에서 정보를 가져오면서 세심하게 기록하지 않으면, 본인의 의도와는 상관없이 다른 사람의 아이디어를 자신의 것처럼 사용하게 될 수 있다.
  - 모든 웹사이트는 저자가 있는 하나의 문서라는 점을 기억하는 것이 중요하며, 따라서 모든 웹사이트는 논문에서 올바르게 인용되어야 한다. 예를 들어, 스티븐 핑커의 『언어본능』이라는 책에서 가져온 아이디어는 분명히 명확한 인용을 포함해야만 논문에 사용할 수 있다는 점이 자명해 보일 수 있다. 그러나 스탠퍼드 철학 백과사전 웹사이트에서 언어 습득에 관한 정보를 얻은 경우에도 동일한 인용이 필요하다는 점은 덜 분명하게 느껴질 수 있다. 이 백과사전 항목의 저자는 인쇄된 학술지 논문처럼 눈에 잘 띄지 않을 수 있으며, 그럼에도 불구하고 해당 자료를 정확하게 인용하는 책임은 전적으로 자신에게 있다. 마찬가지로 명확한 저자가 표시되지 않은 웹사이트를 참고한 경우에도 그 웹사이트를 논문의 출처로 인용해야 할 책임이 있다. 사용하는 자료의 종류나 저자가 명시되어 있지 않다는 사실은 언제나 출처를 인용해야 한다는 원칙을 바꾸지 않는다.

2. 표절의 유형

학생들은 정식 출판물에서만 표절이 문제가 된다고 오해하곤 한다. 그러나 표절은 출판 여부와 무관하게 모든 글에 해당하는 문제이다. 과제물 역시 예외가 아니다. 엄밀히 따진다면 수업 시간 중 발표를 위해 준비한 프레젠테이션 원고도 표절과 무관할 수 없다. 마지막 페이지에서라도 일괄적으로 출처를 밝혀주어야 한다.

학생들이 작성한 과제물을 검토하면 드문드문 표절이 발견된다. 출처를 밝히지 않고 처음부터 끝까지 통째로 베낀 경우는 당연히 표절에 해당한다. 일부만 베낀 경우라고 해도 마찬가지로 표절에 해당한다. 무언가를 보고 영향을 받았다면 무조건 출처를 밝힌다는 자세가 바람직하다. 그래야만 표절로부터 안전할 수 있기 때문이다.

학생들이 작성한 과제물에서 자주 발견되는 표절 유형은 크게 세 가지이다. 첫째, 직접 표절(Direct Plagiarism)이다. 이는 특정 자료를 고스란히 가져오는 것을 뜻한다. 둘째, 누더기 표절(Patchwriting Plagiarism)이다. 이는 몇 가지 자료를 부분적으로 짜깁기하는 것을 뜻한다. 셋째, 말 바꾸기 표절(Paraphrasing Plagiarism)이다. 이는 논지 및 전개 방식을 그대로 둔 채 단어나 어미만 살짝 바꾸는 것을 뜻한다. 하나씩 순서대로 살펴보기로 한다.

① 직접 표절

〈원래 글〉

☰ 유전학

문서   토론

위키백과, 우리 모두의 백과사전.

유전학(遺傳學, 영어: genetics)은 생물의 유전과 유전자 다양성 등을 연구하는 생물학의 한 분야야.[1][2][3] 선사 시대부터 인간은 생물의 특징이 부모로부터 자식에게 유전되는 것을 이용한 품종 개량을 해왔으나, 최초로 과학적인 방법으로 유전을 연구한 것은 그레고어 멘델이 유전 법칙을 발견한 19세기 중반부터였다. 멘델은 오늘날 유전자라 부르는 물질을 '유전 대립쌍'이라 불렀다.[4]

현대 유전학의 핵심 개념은 유전자이다. 유전자는 전체 게놈 서열 가운데 DNA의 일정 구간을 이루는 염기서열의 배열이다.[5] DNA는 뉴클레오타이드들이 이중 나선의 형태로 결합되어 있는 것으로 DNA 복제를 통하여 유전형질을 다음 세대로 전달한다. 또한 세포에서 DNA의 역할은 단백질을 형성하여 생물이 생장하고 활동할 수 있도록 하는 것이다. DNA에서 전사된 전령 RNA의 코돈은 각각 하나의 아미노산과 대응하며, 이렇게 전사된 RNA에 의해 결합된 아미노산에 의해 단백질이 형성된다. 단백질은 효소, 근육, 세포질 등 생물을 이루고 있는 가장 중요한 요소이다.[6]

> 〈학생 과제물 1〉
>
>   생명공학의 발전은 인류의 역사를 바꾸어 놓았다. 그 중심에는 유전학이라는 학문이 자리 잡고 있다. **유전학(遺傳學, 영어: genetics)은 생물의 유전과 유전자 다양성 등을 연구하는 생물학의 한 분야이다.** 우리가 흔히 먹는 개량된 과일이나 가축들도 사실 이러한 원리를 바탕으로 탄생한 것이다. **선사 시대부터 인간은 생물의 특징이 부모로부터 자식에게 유전되는 것을 이용한 품종 개량을 해왔으나, 최초로 과학적인 방법으로 유전을 연구한 것은 그레고어 멘델이 유전 법칙을 발견한 19세기 중반부터였다.** 멘델의 완두콩 실험은 현대 생물학의 근간이 되었다. **멘델은 오늘날 유전자라 부르는 물질을 '유전 대립쌍'이라 불렀다.** 이처럼 과거의 작은 발견이 오늘날의 유전 공학을 가능하게 만든 밑거름이 된 것이다.

〈학생 과제물 1〉의 밑줄 친 부분을 인터넷에서 검색하면 〈원래 글〉과 같이 위키피디아의 항목('유전학')이 확인된다. 비전문적인 사이트에 올라온 자료를 활용하는 모습도 바람직하지 않지만, 그보다도 비전문적인 사이트에 올라온 자료를 아무런 출처 표기 없이 삽입하는 행위야말로 더욱 심각한 문제가 아닐 수 없다. 이는 명백한 표절에 해당하기 때문이다.

② 누더기 표절

> 〈학생 과제물 2〉
>
>   고대 이집트 문명은 종교와 정치가 결합된 독특한 구조를 지니고 있다. **고대 이집트 종교는 고대 이집트 사람들이 첫 왕조부터 기독교 유입기까지 약 3천 년 넘게 유지한 다양한 신앙과 장례 의식을 포함하는 종교이다.** 이들은 자연의 현상을 신의 섭리로 이해하였다. **이 믿음의 중심에는 온갖 자연의 힘을 상징하는 다양한 신들이 있다.** 이 신들은 각각 다른 개성을 가지고 있으나, 이집트 제18왕조에 **들어서서는 아문과 같은 하나의 신이 다양한 인격체와 모든 신적 권능을 포함하는 것으로 고대 이집트 종교의 신학이 변해갔다.**
>
>   이러한 신학적 바탕 위에서 왕권의 계승은 매우 엄숙하게 거행되었다. **고대 이집트 왕국에서 파라오의 즉위는 단순한 정치적 계승이 아니라 우주 질서의 회복을 의미하는 핵심 종교 의례였다.** 왕의 권위는 축제를 통해 공고해졌다. **대관식은 고대 이집트 왕국의 주요 축제들인 소카 오시리스 축제, 네헵-카우 축제, 웨펫-렌펫 축제와 밀접한 관계가 있었으며, 왕이 죽었을 때 이 축제들이 대관식의 골격을 이루었다.**
>
>   대관식의 시점 또한 천문학적 의미를 내포한다. **고대 이집트 왕국에서 대관식**

에 적합한 날로 꼽힌 두 날은 아케트 계절의 첫 달인 토트(Thoth)의 첫날과 페렛 계절의 첫 달(다섯 번째 달)인 티비(Tybi)의 첫날이었다. 이러한 철저한 계획은 사후 세계에 대한 믿음과도 연결된다. **또한 사후 세계와 같은 신앙은 미라나 피라미드와 같은 독특한 매장 방식을 탄생하게 하였다.** 이처럼 이집트의 의례는 삶과 죽음, 우주의 질서를 하나로 통합하는 과정이었다.

〈학생 과제물 2〉의 밑줄 친 부분은 위키피디아의 항목('고대 이집트 문명')과 유은선과 맹성렬이 쓴 「고대 이집트 대관식에 나타난 천체적 상징주의에 관한 연구」(『신종교연구』 53, 한국신종교학회, 2025)에서 아무런 출처 표기 없이 가져온 것이다. 마찬가지로 비전문적인 사이트에 올라온 자료를 활용하는 모습을 지적할 수 있거니와, 몇 가지 자료를 조금씩 기워 붙인다고 해도 결과적으로는 무단 전재한 행위이므로 결코 표절에서 벗어날 수 없다.

③ 말 비꾸기 표절

〈원래 글〉

스마트 모빌리티는 다양한 서비스 사업과 연계하여 TaaS(Transportation as a Service), MaaS(Mobility as a Service) 서비스로의 확장이 기대되고 있다. 특히 자율주행 자동차는 주행 시간 동안 생활, 업무, 학습, 엔터테인먼트 등의 공간으로 활용될 수 있으므로 일상생활에 많은 변화가 기대되고 있다. 완전한 자율주행 시스템이 탑재되는 미래에는 탑승자가 목적지만 입력하면 차량이 스스로 주행하는 수준까지 다다를 것으로 기대하고 있기 때문에 완전 자율주행 시스템을 위한 기술적 문제 해결이 요구된다. 본 논문에서는 완전 자율주행 시스템을 위한 판단 기능이 요구하는 다양한 핵심 기술들을 소개하고, 각 기술을 활용한 연구 논문들에 대해 살펴보았다.

출처: 나유승 외, 「자율주행 자동차의 판단 기술 동향 및 발전 방향」,
『모빌리티연구』 3(1), 한국모빌리티학회, 2023, p.48.

〈학생 과제물 3〉

    스마트 모빌리티 산업은 여러 서비스 모델과 결합하면서 TaaS나 MaaS 같은 서비스 형태로의 성장이 예상된다. 특히 자율주행 차량은 운전하는 시간 동안 공부나 업무 혹은 엔터테인먼트를 즐기는 공간으로 쓰일 수 있기 때문에 우리 삶에 큰 변화를 불러올 것으로 보인다. 완전한 자율주행 시스템이 도입되는 미래에는 이용자가 가고자 하는 곳만 제시하면 차가 알아서 운전하는 단계까지 이르리라고 추측된다. 이를 위해서는 먼저 기술적인 난제들을 해결해야 한다. 본 과제에서는 완전 자율주행을 실현하기 위해 판단 기능에 필요한 여러 핵심 기술을 알아보고, 이를 적용한 기존 연구들을 검토해 보았다.

〈학생 과제물 3〉의 문장들은 〈원래 글〉의 문장들과 똑같지 않다. 학생이 자기 방식대로 수정한 것이다. 하지만 여전히 유사하다. 기실 문장을 얼마만큼 바꾸었느냐는 부차적인 문제이다. 이보다도 본질적인 문제는 〈학생 과제물 3〉의 논지 및 전개 방식이 〈원래 글〉과 동일하다는 데에 있다. 어떤 글로부터 전체적인 구조를 본떠왔다면 출처를 밝혀야 한다. 그렇지 않으면 결과적으로 표절에 해당한다. 따라서 〈학생 과제물 3〉은 〈원래 글〉을 표절한 것이다.

이 밖에도 학생들의 과제물에서 발견되는 표절 유형을 좀 더 적어두면 다음과 같다. 첫째, 출처를 표기했다고 할지언정 타인의 견해에만 기대고 있어 자기 생각이 드러나지 않는다면 표절에 해당한다. 둘째, 다른 수업에서 제출했던 과제물을 이번 수업에서 마치 새로 쓴 것처럼 재활용한다면 표절에 해당한다. 셋째, 생성형 AI가 만들어준 글을 아무런 판단 없이 고스란히 가져온다면 표절에 해당한다. 개인 사정이 어떠하든 간에 표절은 절대로 참작될 수 없다. 거듭 강조하지만 표절은 절대로 하지 말아야 한다.

한편, 대부분의 대학에서는 표절 검사 프로그램을 제공하고 있다. 표절 검사 프로그램을 활용하면 자기 글이 기존에 발표된 글과 얼마나 유사한지를 상세히 알 수 있다. 간혹 의도하지 않았더라도 자기 글이 기존에 발표된 글과 닮아있는 경우가 발생할 수 있다. 이럴 때는 기존에 발표된 글을 출처로 밝혀줄 필요가 있다. 그렇게 하지 않는다면 표절로 여겨질 수 있기 때문이다. 따라서 과제물을 제출하기 전에 카피킬러(Copykiller)나 턴잇인(Turnitin)과 같은 표절 검사 프로그램을 활용하여 문제가 될 만한 부분을 미리 점검해 두는 것도 좋다.

연습

1. 아래 내용을 참고하여 SNS 플랫폼에서 글쓰기 윤리를 지키지 않은 사례를 찾아보자. 또한 어떤 문제가 발생할 수 있는지도 이야기해 보자.

SNS 플랫폼에도 무작정 써서는 곤란하다!

(1) 사적 정보 공개는 신중히!

오늘날 사람들은 블로그, 인스타그램, 페이스북 등의 SNS 플랫폼을 통해 자기 심정을 드러낸다. 또한 누군가가 '좋아요'와 '공감'을 표해주기를 바란다. 문제는 '좋아요'와 '공감'을 얻고자 공개한 사적 정보의 예상치 못한 악용 탓에 피해를 당하는 사례가 왕왕 발생한다는 것이다. 공격성 댓글이 달리기도 하고 악의적인 캡처가 이루어지기도 하며 일부 내용은 조작되기도 한다.

SNS 플랫폼마다 제공하는 비공개 계정, 친구 그룹 설정 등과 같은 기능을 적절하게 활용할 필요가 있다. 더하여 타인에게 사적 정보를 어떻게 얼마나 보여줄지를 스스로 잘 결정해야 한다. 특히 민감한 사적 정보라면 이에 따라 벌어질 수 있는 파장까지를 고려하는 신중한 태도가 더더욱 요구된다.

(2) 정도를 지키자!

다수에게 관심받고 싶은 욕망은 누구에게나 있다. 하지만 이러한 욕망이 선을 넘어서는 안 된다. 선정적 표현, 악의적 비방, 허위 사실 유포 등으로 변질된다면 이는 더 이상 실수나 장난으로 간주할 수 없다. 사회적인 문제를 초래하는 행위가 되기 때문이다.

선정적 표현, 악의적 비방, 허위 사실 유포 등으로 인해 정신적인 고통을 겪거나 심지어 극단적인 선택에 이르는 사례가 언론을 통해 자주 보도된다. 주변을 통해서 한두 번쯤 듣거나 본 적도 있을 것이다. 표현의 자유에 모독, 모욕은 포함되지 않는다. 모독, 모욕은 범죄에 해당한다.

(3) 객관성을 잃지 말자!

SNS 플랫폼은 개인 공간이라고 착각하기 쉽다. 하지만 SNS 플랫폼은 누구나 드나들 수 있는 사회적 공론장으로도 볼 수 있다. 따라서 팔로워가 몇 명이든 상관없이 자기가 쓴 글이 생각보다 멀리 퍼져나갈 수 있다는 사실을 잊어서는 안 된다.

또한 자기 생각을 담았을지라도 그 내용이 공적 문제를 다룬 것이라면 이때는 사실에 기반한 균형 잡힌 시선이 필수적으로 요구된다. 더불어서 자기 생각 외에도 다양한 생각이 있음을 인정하는 자세 역시 필수적으로 요구된다. 간혹 자기가 쓴 글이 비판받았다고 해서 상대를 차단하거나 댓글을 삭제하는 등 감정적으로 반응하는 경우가 있다. 이는 표현의 자유를 주장할 자격을 스스로 버리는 행동이다. 진정한 소통이란 타인의 견해를 받아들이는 것으로부터 시작된다는 사실을 명심해야 한다.

2. 아래 내용을 참고하여 이메일을 작성해 보자.

이메일에도 격식이 필요하다.

(1) 왜 필요할까?

일상에서는 이메일보다 모바일 메신저가 더 익숙하다. 그런 까닭에 수신자에 대해 별다른 고려를 하지 않고서 이메일을 전송해 버리는 경우가 간간이 발생한다. 사적 목적인 이메일이라면 상관이 없을 수 있다. 하지만 공적 목적인 이메일이라면 문제시되기 마련이다. 공적 목적인 이메일은 자기 요청을 상대방이 수용하게끔 설득하는 행위이므로 격식을 갖출 필요가 있다. 업무 관련 문의 등을 비롯하여 여러 자리에서 이메일은 여전히 널리 활용되고 있는바 지금부터 이메일이 취해야 할 격식에 대해 살펴보기로 하자.

(2) 어떻게 보내야 할까?

- 보내는 시간: 전화, 문자 등은 보통 일과 시간(9시~18시) 내에 하는 것이 예의이다. 그러나 이메일은 시간에 구애받을 필요가 없다. 이메일은 수신자가 이메일을 확인하는 때에 연락이 닿는 것이기 때문이다. 그러므로 "늦은 시간에 연락드려 죄송합니다." 와 같은 어구는 불필요하다.
- 보내는 사람(이름): 공적 목적인 이메일이라면 본명을 사용해야 한다.
- 제목: 수신자가 제목만 보고서도 대강의 용건을 알 수 있도록 작성하는 것이 좋다("○○○ 교수님께 [대학글쓰기] 수강생 □□□입니다.", "[대학글쓰기] 지난 시간 강의 내용에 관한 질문입니다.", "[대학글쓰기] 과제 제출 기한에 대한 문의입니다." 등).
- 내용 구성: 다음의 순서에 따라 작성하기를 권장한다.
  - 부르는 말: "○○○에게", "○○○ 선생님께" 등과 같이 이름을 적은 다음 직책을 붙여준다.
  - 첫인사: 가벼운 인사말을 한두 문장 적는다. 딱히 할 말이 없다면 "안녕하세요.

ㅇㅇㅇ입니다" 정도만 써도 충분하다.
  - 하고 싶은 말: 수신자가 어떠한 결정을 내려야 하는지 알 수 있도록 용건을 명확히 서술한다. 선택지와 함께 각각의 장단점을 나열한다면 수신자가 좀 더 수월하게 용건을 판단할 수 있을 것이다.
  - 끝인사: "추운데 감기 조심하세요.", "(긴 글 읽어주셔서) 감사합니다." 등이 일반적이다. 너무 길면 좋지 않다. 2~3문장 정도가 적당하다.
  - 보내는 사람: 발신자의 이름을 쓰되 수신자와의 관계가 드러나도록 쓰는 것이 좋다. 학생이 선생님에게 보낸 경우라면 "학생 ㅇㅇㅇ 올림" 정도가 적당하다.
- 기타: 첫째, 첨부파일은 파일명만 보고도 내용을 알 수 있게끔 처리한다. 과제를 제출하는 경우라면 해당 과목, 소속, 이름, 과제명 등을 포함하는 것이 좋다. 둘째, 이모티콘, 줄임말 등은 가급적 사용하지 않는다. 특히 수신자가 윗사람이라면 쓰지 않는 것이 좋다. 셋째, 글자체와 글자 크기 등도 고려할 필요가 있다. 가독성을 높이는 것도 수신자에 대한 배려이기 때문이다.

(3) 이렇게 보내면 된다 / 안 된다

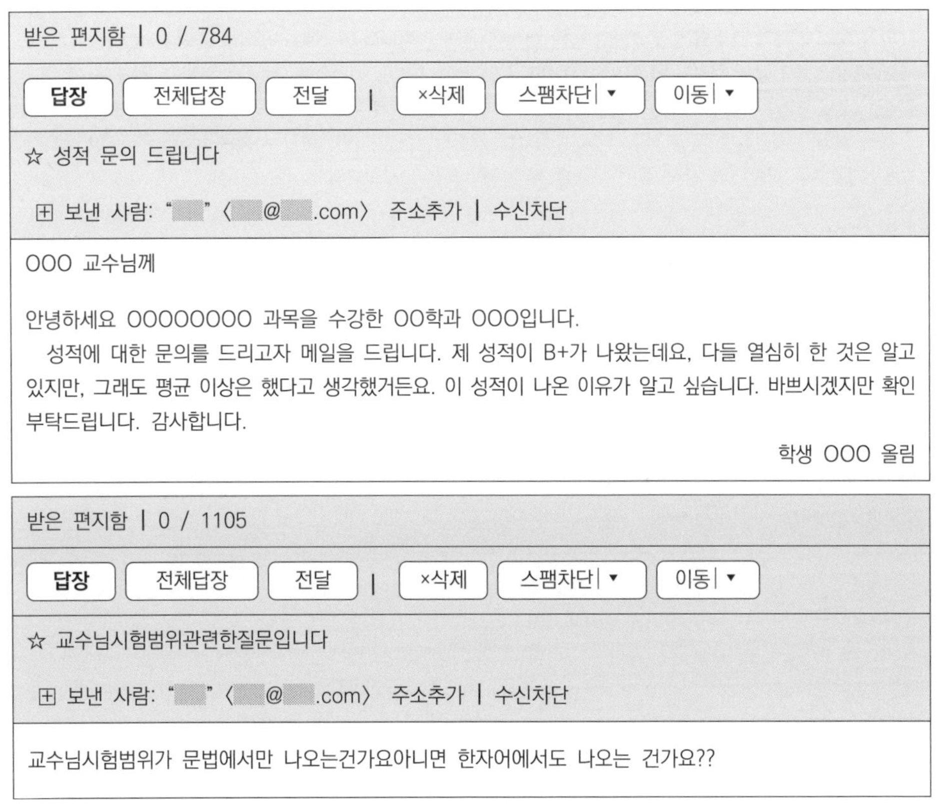

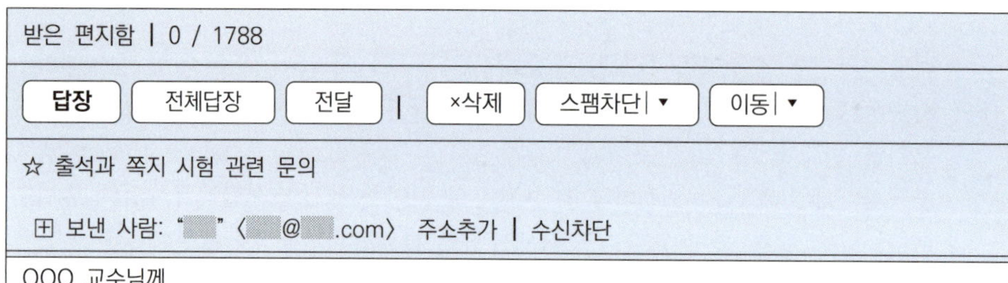

받은 편지함 ┃ 0 / 1788

[답장] [전체답장] [전달] ┃ [×삭제] [스팸차단|▼] [이동|▼]

☆ 출석과 쪽지 시험 관련 문의

⊞ 보낸 사람: "▨▨" 〈▨▨@▨▨.com〉 주소추가 ┃ 수신차단

OOO 교수님께

　안녕하세요? OOOO 수업을 듣고 있는 OO학부 OOO이라고 합니다.

　다름이 아니고, 제가 수업에 불가피하게 결석을 할 수밖에 없는 상황이라서 이렇게 이메일을 보내게 되었습니다.

　저는 이주민 및 난민 인권에 관심이 많고, 앞으로 이들을 위한 국제기구에서 일하고 싶다는 꿈을 가지고 있습니다. 작년에는 난민 NGO에서 자원봉사를 3개월여 간 했었고, 올해 1월부터 지난주 7월 2일까지 6개월여 간 유엔 난민기구 한국대표부에서도 인턴으로 일했습니다.

　제가 장황하게 저에 대해서 말씀드린 이유는 제가 다음 주 목, 금(10~11일)에 OO대학교에서 개최되는 'UN 모의 인권 회의'에 우리 학교 대표로 참석하게 된 배경을 설명하기 위함입니다. 저는 10~11일에 인권 회의에 참석하게 되었는데요, 정말로 제가 하고 싶었던 일이기 때문에 실례를 무릅쓰고서 결석하게 될 것이라는 말씀을 드리게 되었습니다.

　이에 대해서 제가 교수님께 문의하고 싶은 것은 다음과 같습니다. 1) 대회 참여를 증빙할 수 있는 서류를 제출한다면, 혹시 결석 처리가 안 될 수 있을까요? 2) 결석 처리가 되더라도 어쩔 수 없지만, 한 가지 마음에 걸리는 것은 10일에 있을 쪽지 시험입니다. 혹시 하루 앞당겨서 개인적으로 시험을 볼 수 있을까요?

　결석 처리가 되더라도 저의 꿈을 위해서 결석을 감수할 것입니다만, 쪽지 시험은 너무 큰 타격이 될 것 같습니다. 부디 교수님의 사려 깊은 고려를 부탁드립니다. 감사합니다.

학생 OOO 올림

받은 편지함 ┃ 0 / 1320

[답장] [전체답장] [전달] ┃ [×삭제] [스팸차단|▼] [이동|▼]

☆ 대학글쓰기 과제

⊞ 보낸 사람: "▨▨" 〈▨▨@▨▨.com〉 주소추가 ┃ 수신차단

첨부파일: 대학글쓰기 과제.hwp

제 4 장

인용, 주석, 참고문헌 작성하기

1. 인용의 종류 및 표시 방법

인용은 자신의 주장을 뒷받침하고자 타인의 견해를 가져와 논거로 활용하는 행위를 일컫는다. 인용은 자신의 주장에 대한 객관성과 타당성을 높이려는 목적으로 사용된다. 인용을 고려할 필요가 없을 정도의 간단한 글쓰기라면 상관이 없지만, 학술적 글쓰기라면 인용의 정도를 깊이 고민할 필요가 있다. 인용이 없거나 적으면 주관적 인상에 그쳤다고 여겨지고, 반대로 인용이 과다하면 자기 생각이 빈약했다고 여겨지기 때문이다.

인용할 때는 어디서부터 어디까지가 자기 생각이고 어디서부터 어디까지가 타인의 견해인지를 명확하게 구분해야 한다. 이를 제대로 처리하지 않는다면 표절이 되고 만다.

① 인용의 종류

〈직접 인용〉

- 직접 인용이란 원문을 그대로 인용하는 방식을 뜻한다. 직접 인용은 원문을 그대로 인용하기에 왜곡의 위험성으로부터 비교적 안전하다. 그러므로 글쓰기에 숙달되지 않은 경우라면 직접 인용이 권장된다. 또한 공식, 법률 조문, 사료, 시행령, 포고문 등과 같은 엄격한 형식의 원문이나 문학과 같은 특수한 형식의

원문은 꼭 직접 인용을 해야만 한다.

〈간접 인용〉

- 간접 인용이란 원문의 의미가 훼손되지 않는 한도 내에서 자신의 표현으로 바꾸어 인용하는 방식을 뜻한다. 간접 인용은 다음과 같은 경우에 사용한다. 첫째, 자신이 작성한 문장과 원문이 유기적으로 연결되지 않을 경우이다. 보통 조사나 어미 등을 자신의 표현에 맞추는 방식으로 처리한다. 둘째, 원문이 너무 길어 전부 옮겨오기가 불가능한 경우이다. 이때는 핵심 문장 위주로 요약하는 방식을 일반적으로 취한다.

② 인용문 표시 방법

- 직접 인용: 3행 이하일 경우 인용한 부분 앞뒤에 큰따옴표를 붙인다.

> 현대 사회에서 알고리즘을 통한 정보 노출은 개인이 보고 싶은 것만 보게 만드는 필터 버블 현상을 심화시키고 있다. 이러한 현상의 기저에는 자신의 신념과 일치하는 정보만을 선택적으로 받아들이려는 심리적 기제가 작용한다. 이에 대해 "확증 편향은 객관적인 사실보다 자신의 가설을 지지하는 증거에 더 큰 무게를 두게 하여 합리적인 의사결정을 방해하는 결정적 요인이 된다."[1] 라는 분석이 제기된 바 있다.

- 직접 인용: 4행 이상일 경우 별도 문단을 만들어준다.
  * 이때는 글자 크기를 작게 하고 좌우 여백을 줌으로써 본문과 시각적으로 구별되게 한다.

> 다음은 당시 청년들의 서울에 대한 애착이 어느 정도였는지를 보여주는 예로 자주 인용되는 글이다.
>
> > 그리고 어떻게 얻게 된 이 자랑스런 도시의 시민이 된 영광이던가. 그것을 다시 잃게 되어서는 안 된다. 다시 쫓겨나게 되어서는 안 된다. 친척과 친지가 없음으로 하여 내가 이 자랑스런 도시의 시민이 되고자 겪어야했던 수많은 고초들을 자손만대 나의 후손들과 이웃들에게는 다시 겪게 하지 말아야 한다.[2]
>
> 60년대 등단한 문인들에게 있어서 '문학'과 '서울'은 등식이었고 거의 같은 의미였다고 한다.

- 간접 인용: 인용한 부분 앞뒤에 작은따옴표를 붙인다.

> 표절 문제는 겉으로 드러난 행위만으로는 그 원인과 맥락을 충분히 설명하기 어려우므로 '학습자가 무엇을 알고 어떻게 생각하는가를 둘러싼 실증적 자료가 요구'[3]된다.

> 그렇다면 '개성 상인이 어떤 존재였는지 궁금하다. 개성은 고려 이래 나름대로 상업적 전통이 유지되고 있었다. 이는 조선에까지 이어졌다. 한때 개성은 10만 호에 이른다던 소비 인구를 거느렸다. 각종 물류의 집산지이기도 했다. 이러한 배경 아래서 개성 상인은 중개 무역을 통해 자본을 집적할 수 있었다.'[4] 이렇듯 개성 상인은 고려에서 조선까지 수백 년 동안 상업 행위를 꾸준히 펼쳤다.

〈심화〉 강조, 보삽(補插), 생략

- 강조: 인용문에서 특히 중요한 부분에 밑줄을 긋거나 진하게 표시하여 독자의 시선을 끄는 기법이다. 이때는 반드시 필자가 원문과 다르게 처리했다는 사실을 밝혀야 한다.

  예 행동경제학에서는 <u>인간의 비합리적 선택을 교정하는 부드러운 개입</u>(밑줄은 필자에 의한 것)을 강조한다.

- 보삽: 인용문의 오기나 오식을 바로잡거나 문맥상 단어를 덧붙여주어야 이해가 가능할 때 사용하는 기법이다. 보통 대괄호를 사용하여 표시한다.

  예 환경 문제는 대게[대개] 거시적인 차원에서 거론된다.

  예 상대방은 그것[보이스 피싱 전화]을 통해 사용자가 스스로 비밀번호를 말하도록 유도한다.

- 생략: 인용하려는 문장이 너무 길거나 자신의 논지와 별로 관련이 없는 부분을 걷어내고 싶을 때 사용하는 기법이다. 해당 부분에 생략 부호 '…(중략)…'을 붙여준다.

  예 이러한 문제들은 우리의 현대문학에서 가장 긴박하고도 시급히 해명되어야 할 핵심적인 과제인 것으로 느껴진다. …(중략)… 이제 여기서 이 책의 저자에게 한마디 고언(苦言) 비슷한 소감을 참고삼아 피력하고 싶은 것은 문장 표현의 기교에 관한 문제이다.

2. 주석 및 참고문헌의 개념과 분류

직접 인용이든 간접 인용이든 타인의 견해를 가져와 논거로 활용했다면, 그 타인의 견해가 어느 지면에 실려 있는지를 알려주는 작업이 꼭 수반되어야 한다. 이는 주석과 참고문헌으로 이루어진다. 주석과 참고문헌은 독자에게 정보를 제공하기 위한 목적을 지니므로 표기 방법을 반드시 준수할 필요가 있다.

사전을 보면 주석은 "낱말이나 문장의 뜻을 쉽게 풀어 쓰는 것"으로 뜻풀이가 되어 있다. 이와 달리 학술적 글쓰기에서 주석은 '주장의 신뢰성을 확보하기 위해 인용문의 출처를 명확히 밝히거나 별도 설명을 추가로 붙이는 것' 정도의 의미로 통용된다.

주석은 기준에 따라 몇 가지로 구분된다. 먼저 내용을 기준으로 주석은 참조주(參照註)와 내용주(內容註)로 나뉠 수 있다. 참조주는 인용문의 출처를 표기하는 것이다. 내용주는 본문에서 충분히 다루지 못한 부분 또는 본문에 기재하기는 애매하나 그렇다고 아예 생략해 버리기도 아쉬운 부분을 보충하는 것이다. 이어서 위치를 기준으로 주석은 각주(脚註)와 미주(尾註)로 나뉠 수 있다. 각주는 본문에서 인용문의 출처를 표기하는 방식이다. 미주는 지면의 끝이나 각 장의 끝에 인용문의 출처를 몰아서 배열하는 방식이다. 다시 각주는 내각주(內脚註)와 외각주(外脚註)로 나뉠 수 있다. 내각주는 본문에서 괄호 안에다가 인용문의 출처를 표기하는 방식이다. 외각주는 본문 하단에 별도의 공간을 마련하여 번호를 달아 인용문의 출처를 표기하는 방식이다. 내각주는 보통 참조주로 쓰이며, 외각주는 참조주와 내용주 모두 쓰인다. 학술단체나 학문 분과에 따라 각주를 활용하는지 미주를 활용하는지가 각각 다르고, 또 각주 중에서도 내각주를 활용하는지 외각주를 활용하는지가 각각 다르다.

(1) 내각주 표기 방법

내각주는 본문 안에 괄호를 사용하여 저자명, 발행 연도, 인용 페이지 등을 표기하는 방식이다. APA(American Psychological Association) 양식, MLA(Modern Language Association) 양식 등이 대표적이지만, 구체적인 표기 방법은 학술단체나 학문 분과에 따라 조금씩 차이를 띤다.

> ① 인용한 내용의 출처에 해당하는 저서나 저자명을 본문에 표기한 후 발행 연도
> 를 괄호 속에 넣어 표기한다.
> 예1 Mayer(2001)는 Paivio(1986)의 이중 부호화 이론에 기반하여 학습 과정을

선택, 조직, 통합의 세 단계로 구분하고 각 과정에 효율적인 12가지 멀티미디어 설계 원리를 제시했다.

② 인용문 끝에 괄호를 두고 그 안에 저자명, 발행 연도, 인용 페이지를 표기한다.

예2 "바늘제문에서 바늘은 여성을 만들고 여성은 바늘을 만들면서, 여성은 바늘에게, 바늘은 여성에게 길들여진 '벗'이 된다."(박성혜, 2025, 201)

내각주는 저자명, 발행 연도, 페이지 정도만 표기하는 만큼 참고문헌을 통해 부족한 서지 정보를 보충해 주어야 한다.

(2) 외각주 표기 방법

외각주는 주로 본문 하단에 기입한다. 시카고(Chicago) 양식이나 투레비안(Turabian) 양식이 대표적이지만, 내각주와 마찬가지로 구체적인 표기 방법은 학술단체나 학문 분과에 따라 조금씩 차이가 있다.

① 인용한 내용 끝(따옴표 뒤나 인용 단락 뒤)에 커서를 위치시킨다. 흔글 프로그램이라면 상단 메뉴에서 '입력―주석―각주'를 클릭한다. MS 워드 프로그램이라면 상단 메뉴에서 '참조―각주 삽입'을 클릭한다.
② 인용문 끝에 주석 일련번호가 자동으로 생성되고 본문 하단에 별로도 주석란이 마련된다.
③ 아래의 예시와 같이 주석란에 인용문의 출처를 표기한다.

과연 미래 사회에는 기술중심주의, 기술결정론에 따라 발전하게 될 것인가. 이어령은 인간을 배제한 기술 중심의 융합 이론에 대해서 다음과 같이 비판한다.

기술이 바뀌면 시대와 사회가 변한다고 생각한다. 그러나 그것은 기술결정론의 허구이다. 새로운 기술이나 발명품이 나와도 그것을 옛 개념으로 사용하는 한 진정한 변화는 일어나지 않는다. 새로운 기술이나 발명품이 나와도 그것을 옛 개념으로 사용하는 한 진정한 변화는 일어나지 않는다. 오늘의 지식 정보기술도 예외일 수는 없다.[1]

1) 이어령, 『디지로그』, 생각의 나무, 2006, p.131.

3. 외각주 참조주 형식

앞서 학술단체나 학문 분과에 따라 각주를 활용하느냐 미주를 활용하느냐가 다르고, 또 각주 중에서도 내각주를 활용하느냐 외각주를 활용하느냐가 다르다는 사실을 확인한 바 있다. 그렇지만 모든 학술단체나 학문 분과별 각주 형식을 살피는 것은 현실적으로 불가능하므로, 여기서는 외각주 참조주 형식을 구체적으로 살펴보기로 한다. 대학교 이전의 교육과정에서는 출처를 밝히는 방식을 적극적으로 배우지 않았다는 점을 고려하면, 이렇게 외각주 참조주 형식을 배우는 것이야말로 연구 윤리를 지키기 위한 첫걸음이라 할 만하다.

국내 학술지 대부분은 외각주로 참조주를 달 때 시카고 양식을 바탕으로 삼고 있다. 시카고 양식을 거의 그대로 채택하여 쓰는 학술지도 있지만, 해당 양식의 여러 부분을 변형하여 사용하는 학술지도 상당히 많다. 이러한 상황을 고려하여 여기서도 시카고 양식에 기반했으되 다소 변형이 이루어진 것을 선정하여 소개하기로 한다. 이때의 채택 기준은 다음과 같다. 첫째, 국내 학술지에서 가장 많이 확인되는 형태를 본떴다. 둘째, 되도록 많은 서지 정보를 담을 수 있는 형태를 본떴다. 이는 추후 다른 양식의 외각주 참조주를 작성하는 데 어려움을 덜기 위함이다.

(1) 단행본

국문 단행본, 국문으로 번역된 단행본, 영문 단행본으로 나뉜다. 저자명, 출간 연도, 출판사 등이 명시된 판권지(Copyright page)를 기준으로 삼는다.

나의 문화유산 답사기

1판 1쇄 1993년 5월 20일
1판 9쇄 1999년 12월 30일
2판 1쇄 2005년 3월 10일
2판 2쇄 2006년 1월 15일

지은이 유홍준
펴낸이 강일우
펴낸곳 창비
출판등록 1986년 8월 5일 제85호
주소 10881 경기도 파주시 회동길 184
전화 031-955-3333   팩스 031-955-3399   편집 031-955-3400
홈페이지 www.changbi.com   선사우편 lit@changbi.com
ISBN 978-89-364-7201-6

— 국문 단행본
    필자 성명, 『책 제목』, 판수; 출판사, 출간 연도, 인용 페이지.
        예1 유홍준, 『나의 문화유산 답사기』, 2판; 창비, 2005, p.46.

— 국문으로 번역된 단행본
    필자 성명, 『책 제목』, 번역자 성명 역, 판수; 출판사, 출간 연도, 인용 페이지.
        예2 디페시 차크라바르티, 『인간의 조건』, 김택현·안준범 역, 그린비, 2014, p.231.

— 영문 단행본
    필자 성명, 이탤릭체로 책 제목, 판수; 출판지: 출판사, 출간 연도, 인용 페이지.
        예3 Joseph M. Williams·Joseph Bizup, *Style: lessons in clarity and grace*, 23th; Boston: Pearson, 2017, pp.90~92.

(2) 논문

학위논문과 학술지 논문으로 나뉜다.

— 학위논문(국문)

필자 성명, 「논문 제목」, 학위수여기관 및 학위명, 수여 연도, 인용 페이지.

> 예4 박휘빈, 「혼잡 교통류 특성을 반영한 고속도로 과포화 분석기법 연구」, 경기대학교
> 석사학위논문, 2025, p.50.

— 학위논문(영문)

필자 성명, 논문 제목, 학위명, 학위수여기관, 수여 연도, 인용 페이지.

> 예5 David H. Smith, The Impact of Digital Marketing on Consumer Behavior,
> PhD diss., Harvard University, 2020, p.45.

— 학술논문(국문)

필자 성명, 「논문 제목」, 『학술지 명칭』 권(호), 학회 명칭, 출간 연도, 인용 페이지.

> 예6 송근원, 「아젠다 짜임이론과 사회복지」, 『사회복지연구』 3(1), 한국사회복지연구
> 회, 1991, p.46.

— 학술논문(영문)

필자 성명, 논문 제목, 이탤릭체로 학술지 명칭 권(호), 학회 명칭, 출간 연도, 인용 페이지.

> [예7] Richard Thaler·Cass Sunstein, Libertarian Paternalism Is Not an Oxymoron, *The American Economic Review* 93(2), American Economic Association, 2003, pp.175~176.

〈참고〉 그 밖의 사항

- 석사학위논문은 PhD diss.가 아니라 Master's thesis로 표기한다.

- 수여기관이나 학위명은 준말로 쓰지 않는다.
  [예] 서울시립대학교 박사학위논문 ○
  　　서울시립대 박사 ×
  　　시립대 박논 ×

- 학술논문이 '권', '호', '집' 중 한 가지만 사용한다면 그 하나만 표기하면 된다.
  [예] 20권 2호 → 20(2)　　[예] 15집 → 15

---

(3) 기타 간행물

여러 저자가 함께 쓴 책에 수록된 글, 인터넷 자료 등은 아래와 같이 표기한다. 인터넷 자료의 경우 해당 정보가 제시되지 않았다면 이를 생략할 수 있다.

— 여러 저자가 함께 쓴 책에 수록된 글(국문 단행본)

필자 성명, 「글의 제목」, 편자 성명 편, 『책 제목』, 판수; 출판사, 출간 연도, 참조 페이지.

> [예8] 백낙청, 「모더니즘 논의에 덧붙여」, 김욱동 편, 『포스트모더니즘의 이해』, 문학과 지성사, 2004, p.315.

— 여러 저자가 함께 쓴 책에 수록된 글(국문으로 번역된 단행본)

필자 성명, 「글의 제목」, 편자 성명 편, 『책 제목』, 번역자 성명 역, 판수; 출판사, 출간 연도, 참조 페이지.

> [예9] 마누엘 카스텔, 「네트워크 사회의 도래와 권력」, 존 톰슨 편, 『디지털 시대의 미디어와 사회』, 김문조 역, 3판; 한울, 2012, p.245.

— 여러 저자가 함께 쓴 책에 수록된 글(영문 단행본)

필자 성명, 글의 제목, 편자 성명 편, 이탤릭체로 책 제목, 판수; 출판지: 출판사,
출간 연도, 참조 페이지.

예10 Sarah Johnson, Digital Inequalities and Local Communities, Michael
Thompson·Laura Green ed., *The Networked Society*, 5th; Boston: MIT
Press, 2018, p.214.

— 저자가 있는 인터넷 자료

필자 성명, 「글의 제목」, 『신문명 등 전체 제목』, 글이 마지막으로 수정된 연.월.일.
〈URL〉 (기사 검색 연.월.일.)

예11 이지훈, 「인공지능 비서의 진화와 개인정보 보호의 딜레마」, 『대한일보』, 2024.5.
15. 〈https://www.etnews.com/20240515000123〉 (2025.1.10.)

— 저자가 없는 인터넷 자료

사이트 명칭. 〈URL〉

예12 국립국어원. 〈www.korean.go.kr〉

〈참고〉 그 밖의 사항

- 저자가 있는 인터넷 자료에서 '글이 마지막으로 수정된 연.월.일.'이 표기되지 않았다면
'글이 최초로 입력된 연.월.일.'을 표기한다.

〈참고〉 여타 자료의 외각주 참조주 양식

- 인터뷰 자료
인터뷰 대상자 이름, 인터뷰 제목, 장소, 날짜.
예 이몽룡, AI의 미래에 대한 인터뷰, 대전, 2023.3.15.

- 설문조사
조사자 이름, 설문조사 제목, 응답자 수, 장소, 날짜.
예 홍길동, 재택근무 생산성 설문조사, 응답자 50명, 서울, 2024.1.16.

- 생성형 AI 활용 시
AI 명칭(버전), 제작사, 질문 사안 요약, 날짜.
예 ChatGPT(5.2), OpenAI, 서울시립대학교의 최근 이슈, 2025.12.3.

(4) 두 번 이상 나오는 문헌의 경우

앞서 외각주 참조주로 출처를 밝힌 자료를 다시 인용하는 경우 다음과 같은 방법을
활용하여 간략히 표기한다.

— 동일한 자료를 연달아 인용하는 경우

'위의 글' 또는 '*Ibid.*'(라틴어 'Ibidem'의 약자)를 표기한다. 인용 페이지를 표기한다.

> 1) 유홍준, 『나의 문화유산 답사기』, 2판; 창비, 2005, p.46.
> 2) 위의 글, p.130. 또는 *Ibid.*, p.130.

— 동일한 자료를 연달아서는 아니지만 다시 인용하는 경우

이전 자료 중 어느 저자의 것인지를 알려주기 위해 저자명을 표기한다. '앞의 글'
또는 '*Op.cit.*'(라틴어 'Opere citato'의 약자)를 표기한다. 인용 페이지를 표기한다.

> 1) 유홍준, 『나의 문화유산 답사기』, 2판; 창비, 2005, p.46.
> 2) 위의 글, p.130. 또는 *Ibid.*, p.130.
> 3) 디페시 차크라바르티, 『인간의 조건』, 김택현·안준범 역, 그린비, 2014, p.231.
> 4) Joseph M. Williams·Joseph Bizup, *Style: lessons in clarity and grace*, 23th;
>   Boston: Pearson, 2017, pp.90~92.
> 5) 유홍준, 앞의 글, p.81. 또는 유홍준, *Op.cit.*, p.81.

4. 참고문헌 양식

학술적인 글쓰기에서는 본문 내용을 작성한 후 별지로 참고문헌을 작성한다. 그 이유는 인용한 내용의 출처를 일목요연하게 정리하여 기술함으로써 타인에게 관련 정보의 서지 사항을 효과적으로 알려주기 위해서이다.

① 외각주 참조주 표기와 다른 점
- 번호를 달지 않는다.
- 두 번 이상 나오는 문헌임을 알려주는 '앞의 글', '위의 글' 등을 삭제한다.
- 단행본, 학위논문의 경우는 인용 페이지를 쓰지 않는다.
- 학술논문의 경우는 시작 페이지와 끝 페이지를 쓴다.
- 국문으로 번역된 문헌 및 영문 문헌의 경우는 저자의 성을 이름 앞에 쓴다. 이때 성과 이름 사이에 쉼표를 찍는다. 저자가 여러 명일 경우에는 첫 번째 저자의 성만 이름 앞에 쓴다. 편자도 마찬가지로 저자와 동일하게 표기한다.
  예 리차드 도킨스 → 도킨스, 리차드
  예 리차드 도킨스·데이비드 하비·마뉴엘 데란다 → 도킨스, 리차드·데이비드 하비·마뉴엘 데란다
  예 Norbert Hornstein·Jairo Nunes ed. → Hornstein, Norbert·Jairo Nunes ed.

② 참고문헌 게재 문헌은 '국문 문헌 → 영문 문헌 → 인터넷 자료 및 여타 자료' 순으로 적되, 아래의 원칙을 따른다.
- 국문 문헌은 필자 성명의 '가나다' 순으로 정리하고 영문 문헌은 last name(성)의 알파벳순으로 정리한다.
- 한 필자의 문헌이 여러 개인 경우는 출간 연도가 오래된 것부터 기재한다.

다음은 앞서 살펴본 외각주 참조주의 예시들을 참고문헌으로 옮겨 적은 것이다.

외각주

1) 유홍준,『나의 문화유산 답사기』, 2판; 창비, 2005, p.46.
2) 위의 글, p.130.
3) 디페시 차크라바르티,『인간의 조건』, 김택현·안준범 역, 그린비, 2014, p.231.
4) Joseph M. Williams·Joseph Bizup, *Style: lessons in clarity and grace*, 23th; Boston: Pearson, 2017, pp.90~92.
5) 유홍준, 앞의 글, p.81.
6) 박휘빈,「혼잡 교통류 특성을 반영한 고속도로 과포화 분석기법 연구」, 경기대학교 석사학위논문, 2025, p.50.
7) David H. Smith, The Impact of Digital Marketing on Consumer Behavior, PhD diss., Harvard University, 2020, p.45.
8) 송근원,「아젠다 짜임이론과 사회복지」,『사회복지연구』3(1), 한국사회복지연구회, 1991, p.46.
9) Richard Thaler·Cass Sunstein, Libertarian Paternalism Is Not an Oxymoron, *The American Economic Review* 93(2), American Economic Association, 2003, pp.175~176.
10) 백낙청,「모더니즘 논의에 덧붙여」, 김욱동 편,『포스트모더니즘의 이해』, 문학과 지성사, 2004, p.315.
11) 마누엘 카스텔,「네트워크 사회의 도래와 권력」, 존 톰슨 편,『디지털 시대의 미디어와 사회』, 김문조 역, 3판; 한울, 2012, p.245.
12) Sarah Johnson, Digital Inequalities and Local Communities, Michael Thompson·Laura Green ed., *The Networked Society*, 5th; Boston: MIT Press, 2018, p.214.
13) 이지훈,「인공지능 비서의 진화와 개인정보 보호의 딜레마」,『대한일보』, 2024.5.15. 〈https://www.etnews.com/20240515000123〉 (2025.1.10.)
14) 국립국어원. 〈www.korean.go.kr〉

참고문헌

박휘빈, 「혼잡 교통류 특성을 반영한 고속도로 과포화 분석기법 연구」, 경기대학교 석사학
    위논문, 2025.
백낙청, 「모더니즘 논의에 덧붙여」, 김욱동 편, 『포스트모더니즘의 이해』, 문학과 지성사,
    2004.
송근원, 「아젠다 짜임이론과 사회복지」, 『사회복지연구』 3(1), 한국사회복지연구회,
    1991, pp.43~68.
유홍준, 『나의 문화유산 답사기』, 2판; 창비, 2005.
차크라바르티, 디페시, 『인간의 조건』, 김택현·안준범 역, 그린비, 2014.
카스텔, 마누엘, 「네트워크 사회의 도래와 권력」, 톰슨, 존 편, 『디지털 시대의 미디어와
    사회』, 김문조 역, 3판; 한울, 2012.
Johnson, Sarah, Digital Inequalities and Local Communities, Thompson, Michael
    ·Laura Green ed., *The Networked Society*, 5th; Boston: MIT Press, 2018.
Smith, David H., The Impact of Digital Marketing on Consumer Behavior, PhD
    diss., Harvard University, 2020.
Thaler, Richard·Cass Sunstein, Libertarian Paternalism Is Not an Oxymoron,
    The American Economic Review 93(2), American Economic Association,
    2003, pp.175~176.
Williams, Joseph M.·Joseph Bizup, *Style: lessons in clarity and grace*, 23th; Boston:
    Pearson, 2017.
국립국어원. 〈www.korean.go.kr〉
이지훈, 「인공지능 비서의 진화와 개인정보 보호의 딜레마」, 『대한일보』, 2024.5.15.
    〈https://www.etnews.com/20240515000123〉 (2025.1.10.)

영역	학회	
〈인문〉	국어국문학회	
	역사학회	
	한국영어학회	
〈사회〉	한국경제학회	
	한국교육학회	
	한국정치학회	
〈자연·이공〉	한국섬유공학회	
	한국정보과학회	
	한국환경보건학회	
〈예술·체육〉	한국미술사학회	
	한국음악교육학회	
	한국체육학회	

연습

1. 다음 자료를 수업 시간에 배운 방식과 순서에 따라 외각주 참조주를 완성하시오.

─────────── 〈자료1〉 ───────────

우리 시대 대학생들의 글쓰기 교육 사례 연구

저자: 김시대 발행년도: 2022
발행기관: 한국리터러시학회 작성언어: Korean
학술지명: 리터러시연구 수록면: 375-402(28쪽)
권호사항: Vol.75 No.2

이 논문에서 인용한 부분은 387쪽이다.

→

─────────── 〈자료2〉 ───────────

Copyright © 2025

The Memory of Light

Author Names: Daniel Harper
Description: First edition. | London: Solis, 2025
Includes bibliographical references and index.
ISBN 9781234567890 (hardcover)

이 책의 75~92쪽을 인용했다.

→

─── 〈자료3〉 ───

Microbial Dye Conversion in Wastewater

Author: Morgan Taylor
Publishing Institution: Department of Environmental Biotechnology
Journal Title: Green Chemistry Letters
Volume and Issue: Vol. 42 No. 3
Publication Year: 2023
Language: English
Indexing Information: SCI; SCIE; SCOPUS
Pages: 215-223

이 논문의 218쪽에 수록된 내용을 옮겨왔다.

→

─── 〈자료4〉 ───

시대를 보는 눈

1판 1쇄 발행   2024년 3월 1일
1판 3쇄 발행   2025년 3월 1일
2판 1쇄 발행   2026년 3월 1일
지은이   딘 아비가일
번역자   이경화
해제   정준희
출판사   서울시립대학교 출판부
주소   서울특별시 동대문구 서울시립대로 163 100주년 기념관 201호
전화   02-6490-4742
ISBN   975-19-85708-03-6(753)

이 책의 102~103쪽에 수록된 내용을 인용했다.

→

서울시립대, 취업 준비생을 위한 글쓰기 특강 개최

입력 2026.03.02. 15:51
수정 2026.03.03. 09:20
서울시립대 신문, https://press.uos.ac.kr
　"지난달 15일 우리대학의 미래교육원에서 주최하는 자기소개서 특강이 성황리에 마무리되었다. G기업 인사 담당자 홍길동 씨를 특강 강사로 (…후략…)"

이루매 기자(irumae@uos.com)

이 신문 기사의 내용을 인용했다. 검색 날짜는 2026년 4월 2일이었다.

→

AI 워싱을 통해 본 소비자보호법 개선 방향 연구

저자: 이루미
발행정보: 서울시립대학교 일반대학원, 2026년 8월
학위논문 정보: 박사학위 논문, 경영학과
작성언어: 한국어
발행도시: 서울
지도교수: 김하영

이 논문에서 인용한 부분은 75~76쪽이다.

→

┌─────────────────── 〈자료7〉 ───────────────────┐

The Lives of Women in Late Choson

저자: Alice Kim
발행정보: Columbia University, 2019. 8.
학위논문 정보: Ph.D. diss., Department of Asian Languages and Cultures
작성언어: English
발행도시: Boston
지도교수: John Dewey

이 논문에서 인용한 부분은 116쪽이다.

→

┌─────────────────── 〈자료8〉 ───────────────────┐

Ritual and belief

Author: Edwin Sidney, Mircea Eliade, Ugo Bianchi
Editor: David Hicks
Edition: 3rd edition
Publisher: Williams and Norgate
Location: London
First published: 1978
Second edition: 1995
Third edition: 2020
ISBN: 978-0-1263-9121-7

이 책에서 인용한 부분은 Ugo Bianchi가 쓴 Ritual Practices in Educational Settings라는 논문의 75~82쪽이다.

→

Chat GPT(5.2) (제작사 Open AI)에서 "최근 대학생들의 독서 시간과 매체 현황을 알려줘"라고 프롬프트를 입력해서 자료를 수집했다. 해당 날짜는 2026년 3월 2일이다.

→

━━━━━━━━━━ 〈자료10〉 ━━━━━━━━━━

〈자료 3〉의 220쪽을 다시 인용했다.

→

2. 위의 주석 내용을 토대로 참고문헌란을 완성하시오.

서술 방식을 활용한 글쓰기

1. 서술 방식 소개

흔히 사용하는 서술 방식으로 설명, 묘사, 서사, 논증을 들 수 있다. 여기서는 논증을 제외한 설명, 묘사, 서사를 살펴보기로 한다. 논증은 《Ⅱ. 글의 뼈대 세우기》에서 자세히 다룰 것이다.

(1) 설명

설명은 어떤 일이나 대상의 내용을 잘 알 수 있도록 밝혀 말하는 것이다. 이는 예시, 정의, 분류, 분석, 비교 등으로 다시 나눌 수 있다. 주지하다시피 예시는 어떤 일반적 진술에 대해 그와 관련한 특수한 진술을 미리 들어 보이는 것이다. 이 밖의 정의, 분류, 분석, 비교에 대해서는 아래를 통해 알아보기로 한다.

가. 정의

정의(定義)는 대상의 개념을 밝히는 것이다. 정의는 전문 용어를 알려주고자 할 때, 기존 단어에 새로운 시각을 부여하고자 할 때, 특정 표현 간 혼동 가능성이 있을 때 보통 사용된다.

정의는 사전적 정의와 확장된 정의로 나뉜다. 사전적 정의는 사람들이 일반적으로 인정하는 객관적이고 공통적인 의미를 명시하는 것이다. 사전적 정의는 피정의항(정의할 용어), 종차(개별적 특성), 유개념(범주)이라는 세 가지 요소를 바탕으로 이루어진다. "연필이란 흑연과 점토로 만든 심을 나무로 둘러싼 필기도구이다"와 같은 문장을 보기로 하자. 여기서 피정의항은 '연필'이고, 종차는 '흑연과 점토로 만든 심을 나무로 둘러싼'이며, 유개념은 '필기도구'가 되는 것이다.

확장된 정의는 사전적 정의를 기반으로 하되 개성적 관점을 덧붙여 대상의 의미를 확장하는 것이다. "집은 사랑, 따뜻함을 느끼는 장소이다"와 같은 문장을 보기로 하자. 이는 "집은 가족이 살고 있는 주거용 건물이다"라는 사전적 정의에서 감정적, 주관적 판단을 덧붙여서 한발 더 나아간 것이다.

〈정의의 예시〉

민주주의란 국민이 국가의 주권을 가지며, 그 권력을 직접 또는 대표자를 통해 행사하는 정치 체제를 의미한다. 이 개념의 핵심은 국민 주권과 정치적 참여에 있다. 민주주의에서는 선거를 통해 대표자를 선출하고, 이들이 국민의 의사를 반영하여 정책을 결정한다. 또한 법 앞의 평등과 기본권 보장이 중요한 원리로 작용한다. 따라서 민주주의는 단순한 정치 제도가 아니라, 시민의 권리와 책임을 포함하는 종합적인 사회 원리라고 할 수 있다.

〈참고〉 지정이란?

- 지정(指定)은 대상을 가리키어 확실하게 정리하는 것이다. 다시 말해 지정은 "무엇이냐? 누구냐?"에 대한 대답으로 "무엇이다, 아무개다"에 해당하는 진술을 뜻한다. 지정은 글의 첫머리나 일상 회화 등에서 앞으로 전개될 주요 사항을 소개할 때 주로 사용된다. 예컨대 "본 연구의 대상은 국내 10개 주요 대학의 생성형 AI 가이드라인이다.", "조선 후기 실학을 집대성한 인물은 다산 정약용이다." 등이 지정에 해당한다.

나. 분류

분류(分類)란 대상을 기준에 따라 하위 유형으로 세분하거나 상위 개념으로 귀속하는 것이다. "시의 종류에는 서정시, 서사시, 극시가 있다"와 같이 하위 유형으로 세분하는 것을 구분이라고 지칭하고 "인간, 고래, 토끼는 포유류이다"와 같이 상위 개념으로 귀속하는 것을 분류라고 지칭하는 경우도 있으나, 일반적으로는 이 두 가지를 모두 분류라고 통칭한다. 분류는 대상 간의 관계가 어떠한지를 드러내거나 대상이 전체에서 어떤 위치를 차지하는지를 포착할 때 유용하다.

분류는 기준을 명확하게 세우는 것이 중요하다. 이때 기준은 다양하게 설정이 가능하다. 가령 꽃을 놓고서는 색상별로 나눌 수도 있고 서식지별로 나눌 수도 있으며 시기별로 나눌 수도 있다. 따라서 대상이 가진 특성 중 어떤 측면을 드러내고 싶은지를 잘 판단한 다음 여기에 맞는 적절한 기준을 찾을 필요가 있다.

분류할 때 유의해야 할 점은 아래와 같다. 첫째, 같은 항목으로 묶인 대상들은 동등한 지위를 가져야 한다. 둘째, 다른 항목에 있는 대상들과 겹치지 않아야 한다. 셋째, 항목 간 위계가 분명해야 한다.

<분류의 예시>
　코로나19의 백신은 면역을 유도하는 방식에 따라 크게 세 가지로 분류할 수 있다. 첫째, mRNA 백신은 바이러스의 유전 정보를 담은 RNA를 이용해 우리 몸이 스스로 스파이크 단백질을 만들어 항체를 형성하는 것이다. 대표적인 예로 화이자와 모더나 백신이 있다. 둘째, 바이러스 벡터 백신은 다른 무해한 바이러스를 운반체로 사용하여, 운반된 유전 정보로 스파이크 단백질을 만들어 면역 반응을 유도한다. 아스트라제네카 백신이 여기에 속한다. 셋째, 불활성화 백신은 화학적으로 처리한 바이러스를 그대로 투여하여 면역 반응을 유도하는 것이다. 대표적인 예로 시노팜과 코백신이 있다.

다. 분석

분석(分析)은 대상을 쪼개서 특성을 밝히는 것이다. 분석은 대상을 구성하는 요소를 밝히고 또 각각의 요소가 어떻게 연결되어 있는지를 밝히고자 할 때 사용된다. 분류와 분석은 함께 묶이는 경우가 많다. 대상을 하위 유형으로 세분하거나 상위 개념으로 귀속하기 위해서는 대상을 구성하는 요소를 고려할 수밖에 없기 때문이다.

예를 들어보자. 소설을 장편, 중편, 단편으로 나누거나 연예물, 추리물, 판타지물 등으로 나눈다면 이는 분류에 해당한다. 그런데 이때 추리물을 탐정, 범인, 트릭, 단서, 추리, 해결 등으로 파악한다면 이는 분석에 해당한다. 한편으로 소설을 주제, 구성, 문체로 파악하고, 또다시 구성을 인물, 사건, 배경으로 파악한다면 이는 분석에 해당한다. 그런데 이때 인물을 주동 인물, 반동 인물, 부차적 인물 등으로 나눈다면 이는 분류에 해당한다.

〈분석의 예시〉

　　코로나19는 바이러스 감염으로 인한 감염병이다. 바이러스는 핵산과 이것을 둘러싸고 있는 단백질 껍질인 캡시드로 이루어져 있다. 핵산은 DNA 혹은 RNA로 구성되며 바이러스의 정보를 저장하고 복제하는 것을 지시하는 유전물질이다. 핵산은 캡시드로 둘러싸여 보호되는데, 일부 바이러스는 지질 외피를 추가로 가지고 있는 경우도 있다. 캡시드는 유전물질을 외부로부터 보호하고, 감염 과정에서 숙주 세포막에 부착되어 바이러스가 세포 안으로 들어갈 수 있도록 돕는다.

라. 비교

비교(比較)는 둘 이상의 대상을 서로 견주어 공통점과 차이점을 고찰하는 것이다. 비교는 공통점을 드러내는 경우이고 대조는 차이점을 드러내는 경우라고 구분 짓기도 하지만, 일반적으로는 두 경우를 아울러서 비교라고 통칭한다. 대상 간 공통점을 추출하려면 차이점도 의식할 수밖에 없기 때문이다.

비교는 대상별 비교와 기준별 비교로 나뉠 수 있다. 대상별 비교는 대상마다 가진 특성을 쭉 나열하면서 공통점과 차이점을 찾는 것이다. "A는 가격이 비싸나 카메라 성능이 좋고 화면이 크다. 배터리도 오래간다. B는 가격이 저렴하나 카메라 성능은 떨어지고 화면이 작다. 배터리는 오래간다."와 같은 구절을 예로 들 수 있다. 기준별 비교는 기준을 바꿔가면서 대상들 간 공통점과 차이점을 찾는 것이다. "가격에서는 A, B가 유리하다. 성능에서는 B, D가 유리하다. 편의성에서는 C가 유리하다."와 같은 구절을 예로 들 수 있다.

효과적인 비교를 위해서는 우선 목적이 무엇인지를 명확히 파악할 필요가 있다. 어떤 대상이 지닌 특성을 알려주기 위한 목적에서 비교를 수행할 수도 있고, 어떤 대상이 다른 대상보다 우위라는 사실을 입증하기 위한 목적에서 비교를 수행할 수도 있다. 목적이 어느 쪽이냐에 따라 기준은 달리 설정될 수밖에 없다. 다음으로 비교군을 고심해서 결정할 필요가 있다. 당연하게도 설명하려는 대상과 견주었을 때 공통점이나 차이점이 있는 비교군을 찾아야 한다. 나아가 논의할 만한 가치나 의의를 도출할 수 있는 비교군을 찾아야 한다. 곧 설명하려는 대상에 대한 새로운 정보를 전달할 수 있거나 혹은 미처 알지 못했던 특성을 인지하게끔 해주는 비교군이 요구된다는 것이다.

<비교의 예시>

　민주주의와 독재 정치는 권력의 소재와 행사 방식에서 근본적인 차이를 보인다. 민주주의에서는 권력이 국민에게서 나오며, 선거와 제도적 절차를 통해 분산되어 행사된다. 반면 독재 정치는 권력이 특정 개인이나 집단에 집중된다. 이로 인해 정책 결정 과정에서 국민의 의견이 제한적으로 반영된다. 이러한 차이는 정치적 자유와 사회적 안정성에 서로 다른 영향을 미친다.

<참고> 유추란?

- 유추(類推)는 낯설거나 복잡한 대상을 친숙한 대상에 비유하는 것이다. 유추는 서로 다른 범주를 견주어 설명한다는 점에서 논리적 비약이 수반된다는 한계가 있다. 하지만 유추는 비전문가나 초보자가 쉽게 이해할 수 있다는 장점이 있다. 예를 들어 항암 치료법 중 하나로 분자 표적 치료제를 설명하기 위해 폭탄을 끌어온 경우를 들 수 있다. "분자 표적 치료제란 암세포를 만들어내는 항체나 효소를 표적으로 삼아 병을 치료하는 치료제이다. 기존의 항암 치료법은 암세포뿐 아니라 정상세포까지 무차별 공격함으로써 모든 것을 초토화하는 '융단폭격'이라면 분자 표적 치료제는 특정 암 부위만 선별적으로 정확히 공격하는 '유도미사일'이라 할 수 있다. 이러한 치료제는 암세포만을 공격하기 때문에 부작용이 적으면서 치료 효과가 크다."

(2) 묘사

묘사(描寫)는 언어로 그림을 그리듯 대상을 구체적으로 형상화하는 것이다. 대상으로부터 받은 인상을 감각적으로 재현하는 데에 주로 초점이 맞춰진다. 효과적인 묘사를 위해서는 일정한 공간을 단위로 삼고 뚜렷한 시점을 정한 후 대상에 접근하는 태도가 필요하다. 어디서부터 어디까지 다룰 것인가, 정지 상태인가 아니면 이동 상태인가 등을 판단한 다음, 좌우, 상하, 원근 중에서 적절하다 싶은 구도를 결정하여 중심과 주변을 차근차근 기술해야 하는 것이다.

묘사는 주관적 묘사와 객관적 묘사로 구분할 수 있다. 주관적 묘사란 대상에 대한 개인적인 인상을 생생하게 전달하는 것이다. 대개 감각적이고 참신한 표현으로 이루어진다. 객관적 묘사란 대상이 지닌 속성을 사실적으로 그려내는 것이다. 보통 관찰한 정보를 바탕으로 전체적인 윤곽을 기록한 후 세부 사항을 제시하는 순서가 권장된다.

> 〈묘사의 예시〉
>
> 　다음 날 아침, 동쪽 하늘이 희미하게 밝아오자 사람들은 뜰로 뛰어나가 공중을 바라보았다. 태산 주변의 모든 것이 구름에 둘러싸여 있었고, 봉우리 위로 이어진 흰 구름이 끝없이 겹쳐 저 멀리까지 펼쳐져 있었다. 잠시 후 태양이 동쪽에서 모습을 드러내자 구름은 연분홍빛으로 물들었다. 곧 붉은빛이 번지고, 이어서 노란빛이 퍼지자 아침 공기는 고요하게 맑아지기 시작했다.

(3) 서사

서사(敍事)는 사건과 행위를 시간 순서에 따라 서술하는 것이다. 서사는 문학을 비롯하여 신문 기사, 역사 서술, 보고서 등에서 두루 활용된다. 서사는 시간을 어떤 비율로 압축하느냐에 따라 요약적 제시와 장면 제시로 나눌 수 있다. 요약적 제시는 사건을 빠르게 진행하여 긴장감을 높일 수 있다. 반면 장면 제시는 사건을 느슨한 속도로 서술함으로써 현장감을 높일 수 있다.

서사는 육하원칙에 따라 중심 사건과 주변 사건을 구별하고 이를 일정한 질서에 따라 재배열하는 것이 효과적이다. 또한 1인칭이든 3인칭이든 시점 중에서 하나를 선택한 다음 이를 유지하는 것이 효과적이다. 예를 들어 신문 기사나 보고서의 경우에는 3인칭 시점을 취하는 편이 객관성과 공정성을 확보하는 데 유리하다.

> 〈서사의 예시〉
>
> 　옛날 한 마을에 얼굴 한쪽에 혹이 달린 영감이 살고 있었다. 어느 날, 그는 나무를 하러 산에 갔다가 길을 잃고 빈집에서 쉬게 되었다. 영감이 노래를 부르자 도깨비들이 집으로 몰려와 노래에 맞춰 장난을 치며 놀았다. 닭이 울자 도깨비들은 사라져야 했다. 도깨비들은 영감에게 노래를 잘 부르는 이유를 물었지만 영감은 대답하지 못했고, 도깨비들은 영감은 혹 때문이라 생각하게 되었다. 도깨비는 영감에게 혹을 떼어주면 금은보화를 주겠다고 약속했다. 도깨비는 눈 깜짝할 사이에 혹을 떼어갔고, 영감은 혹도 떼고 부자가 되었다.

4. 서술 방식을 익히기 위한 글쓰기의 세 가지 유형

지금부터 제품 사용 설명서, 포토에세이, 자기 성장담을 어떻게 작성해야 하는지를 살펴볼 것이다. 이는 상황에 맞게 서술 방식을 활용하는 능력을 함양하기 위함이다.

(1) 제품 사용 설명서

가. 제품 사용 설명서의 개념

제품 사용 설명서는 제품의 사용 방법이나 주의 사항 등을 전달하기 위한 글쓰기이다. 제품 사용 설명서는 단순한 안내문이 아니다. 사용자가 제품을 정확하게 이해하고 최대한 효율적으로 활용할 수 있도록 돕는 글이다. 또한 제품을 사용할 때 발생할 수 있는 위험 요소를 예방하고 사후 지원이나 고객센터에 관한 정보 등을 제공하는 역할도 함께 수행하는 글이다.

현대에는 제품이 점점 더 복잡해지고 있다. 자연히 사용자가 제품을 다루기 어려워하는 경우도 늘어나고 있다. 제품이 다양한 기능을 내장하고 있을지라도 설명이 불충분한 탓에 사용자가 제품을 온전히 작동하지 못한다면 그 기능은 무의미할 따름이다. 그러므로 제품 사용 설명서는 사용자가 제품을 처음 접하는 순간부터 겪을 수 있는 여러 가지 상황을 충분히 예상하고 그에 걸맞은 각종 안내를 충실히 제공하는 종합적인 커뮤니케이션 수단이 되어야 한다.

나. 제품 사용 설명서의 주요 서술 방식: 설명

제품 사용 설명서는 당연하게도 설명문에 해당한다. 따라서 서술 방식 중에서도 설명 기법을 익히기에 매우 적합한 유형이다. 설명문은 독자에게 개념, 대상, 절차, 방법 등을 구체적이면서도 명확하게 전달할 필요가 있다. 그러니만큼 주관적 판단보다 객관적 전달에 중점을 두어야 한다. 또한 설명문은 독자의 배경지식과 이해 수준을 고려할 필요가 있다. 기술적 용어나 낯선 개념을 소개할 때는 독자가 쉽게 이해할 수 있도록 자세히 부연해야 한다.

설명문에서는 정의, 비교, 분류, 분석 등을 적절하게 수행하거나 예시를 풍부하게 제시하는 것이 효과적이다. 가령 어떤 대상을 정의한 후 이를 바탕으로 분류와 분석에 나선다면 독자가 내용을 쉽게 이해할 수 있다. 혹은 어떤 대상을 다른 대상과 비교하면서 관련한 예시를 덧붙인다면 마찬가지로 독자가 내용을 이해하는 데 도움받을 수 있다.

다. 제품 사용 설명서 작성 방법

제품 사용 설명서를 효과적으로 작성하기 위해서는 다음과 같은 항목들을 필수적으로 포함해야 한다.

① 제품명 및 구성품 소개
② 제품의 필요성과 사용 목적
③ 설치 및 사용 방법 안내
④ 주의 사항 및 안전 지침
⑤ 자주 발생하는 문제와 해결 방법
⑥ 사후 지원 및 고객센터 정보

주의할 점은 이러한 항목들을 그냥 나열하면 안 된다는 것이다. 제품 사용 설명서는 사용자가 제품을 실제로 사용할 때의 흐름에 맞춰 작성될 필요가 있다. 그러므로 위의 ①~⑥ 역시 사용자를 고려하여 순서가 적절히 배치되어야 한다. 특히 ③과 ⑤의 경우는 단계적인 설명을 통해 사용자가 쉽게 따라서 할 수 있도록 유도할 필요가 있다.

라. 제품 사용 설명서 작성 시 유의 사항

첫째, 제품 제작자의 관점이 아니라 사용자의 관점에서 기술이 이루어져야 한다. 사용자가 가장 궁금해하는 것은 어떻게 하면 제품을 효과적으로 사용할 수 있느냐, 또 안전하게 사용할 수 있느냐이다. 이에 중점을 둘 필요가 있다.

둘째, 쉬운 문장으로 명확하게 기술이 이루어져야 한다. 하나의 문장에는 하나의 정보만 담아야 하고 복잡한 표현이나 불필요한 수식은 피해야 한다. "버튼을 누르십시오"와 같은 명령문을 사용하면 전달력을 높일 수 있다. 기술적 용어나 낯선 개념은 괄호 속 문구를 통해 설명을 덧붙일 수 있다. 이미지를 곁들이는 방법도 고려할 수 있다.

셋째, 논리적 순서에 따른 체계적인 구성으로 기술이 이루어져야 한다. 사용자는 필요한 정보를 빠르게 찾고자 한다. 따라서 목차, 번호, 부호 등을 통해 정보가 한눈에 들어오도록 배열해야 한다. "제품 구성 → 사용 방법 → 보관 방법 → 자주 하는 질문(FAQ)"처럼 사용 순서를 반영한 구조가 효과적이다.

마. 제품 사용 설명서 예문

로봇청소기, 제대로 알고 쓰기

지금부터 일반 진공청소기에 익숙한 사용자를 대상으로 로봇청소기의 사용 방법을 설명하고자 한다. 일반 진공청소기는 사람이 직접 밀며 이동해야 하지만 로봇청소기는 전원을 켜면 자동으로 바닥을 돌아다니며 먼지를 빨아들인다. 사용자가 계속 따라다니지 않아도 되고 일정한 시간에 맞추어 작동하도록 설정할 수 있다는 점에서 차이가 있다. 바쁜 일상 속에서 손이 많이 가지 않는다는 것이 큰 장점이다.

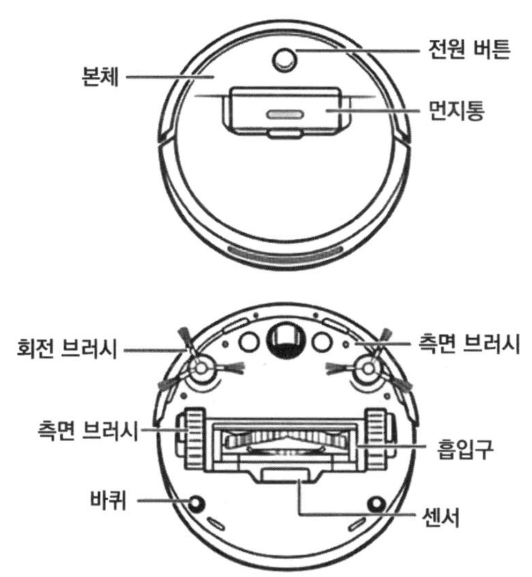

이 제품은 본체, 충전기, 먼지통, 필터, 회전 브러시, 측면 브러시로 이루어져 있다. 본체 아래에는 바닥의 먼지를 쓸어 모으는 작은 브러시가 달려 있고 가운데에는 먼지를 흡입하는 통로가 있다. 앞부분과 아래쪽에는 장애물을 감지하는 장치가 있어 벽이나 가구에 심하게 부딪히지 않도록 돕는다. 충전기는 벽 가까이에 설치하고 전원을 연결한다. 청소가 끝나거나 배터리가 부족해지면 본체는 자동으로 충전기로 돌아가 충전을 시작한다.

사용하기 전에 바닥에 놓인 전선이나 작은 물건을 먼저 정리하는 것이 좋다. 얇은 천이나 비닐이 바닥에 널려 있으면 브러시에 감길 수 있기 때문이다. 충전 상태를 확인한 뒤 전원 버튼을 누르면 청소가 시작된다. 처음에는 집 안을 천천히 이동하며 공간을 살핀 뒤 일정한 방향으로 움직인다. 가구 아래나 구석진 곳도 찾아 들어가 먼지를 제거한다. 청소 도중 배터리가 부족해지면 충전기로 이동한 뒤 다시 청소를 이어 가는 기능이 있는 제품도 있다.

청소가 끝난 뒤에는 먼지통을 꺼내 내용물을 비워야 한다. 먼지통이 가득 차 있으면 흡입력이 약해질 수 있다. 필터에 붙은 먼지도 함께 털어 내고 물로 씻을 수 있는 경우에는 완전히 말린 뒤 다시 끼운다. 브러시에 머리카락이나 실이 감겼다면 전원을 끈 상태에서 분리하여 제거한다. 이와 같은 관리를 꾸준히 해야 제품을 오래 사용할 수 있다.

청소 모드는 집 안의 상태에 맞게 선택할 수 있다. 일반 모드는 일상적인 먼지 제거에 적합하다. 먼지가 많은 날이나 카펫이 있는 공간에서는 강한 모드를 선택하면 도움이 된다. 예약 기능을 이용하면 매일 같은 시간에 자동으로 작동하도록 설정할 수 있어 반복적인 청소 부담을 줄일 수 있다.

마지막으로 주의할 점이 있다. 물이 고여 있는 바닥이나 젖은 욕실에서는 사용하지 않는 것이 좋다. 액체가 내부로 들어가면 고장의 원인이 될 수 있다. 어린아이나 반려동물이 있는 가정에서는 작동 중 본체를 만지거나 올라타지 않도록 살펴야 한다. 장기간 사용하지 않을 때는 전원을 끄고 배터리 상태를 확인하는 것이 안전하다.

이와 같은 사용 방법과 관리 요령을 숙지하면 로봇청소기를 더욱 편리하게 활용할 수 있으며 집 안을 꾸준히 깨끗하게 유지하는 데 도움이 된다. 정기적인 점검과 올바른 보관 습관은 제품의 수명을 더욱 늘려 준다. 사용 환경에 맞는 모드를 선택하면 청소 시간과 배터리 소모를 모두 줄일 수 있다. 정기적으로 브러시와 바퀴 주변을 점검하면 작동 중 발생할 수 있는 소음이나 오류를 예방할 수 있다.

(2) 포토에세이

가. 포토에세이의 개념

포토에세이는 에세이 양식을 통해 자유롭게 이미지를 글로 표현하는 글쓰기이다. 이미지가 포함되는 만큼 포토에세이를 쓸 때는 어떤 이미지를 선정하느냐가 우선 중요하다. 이때는 익숙한 대상보다는 낯선 대상이 적합하다. 새로운 의미가 포착될 확률이 높기 때문이다. 또한 이미지를 어떻게 글로 드러내느냐도 상당히 중요하다. 이때는 이미지와의 물리적 거리, 심정적 거리가 잘 설정되어야 한다. 더하여 이미지를 전체적으로 형상화하는 작업, 이미지 중에서 특별히 주목해야 할 부분을 부각하는 작업 등이 모두 잘 이루어져야 한다.

나. 포토에세이의 주요 서술 방식: 묘사

포토에세이는 서술 방식 중에서도 묘사 기법을 익히는 데에 적합하다. 이미지를 글로 표현하는 과정에서 객관적 묘사, 주관적 묘사 등을 적절히 활용할 수 있다. 이때 묘사가 단편적이고 파편화된 인상을 나열하는 데 그쳐서는 안 된다. 전체를 일관된 흐름으로 긴밀히 구성하는 과정이 필요하다. 또한 직유, 은유, 상징 등의 수사법도 필요에 따라 활용할 수 있다. 다만 수사법이 지나치면 역효과가 발생하므로 적재적소에만 구사하는 것이 좋다.

다. 포토에세이 작성 방법

포토에세이를 효과적으로 작성하기 위해서는 다음과 같은 항목들에 신경 쓸 필요가 있다.

① 주제에 맞는 이미지 선정: '두근거리다'라는 주제가 주어졌다고 가정해 보자. 학생은 강의실 밖으로 나와 주제에 맞는 대상을 물색한다. 적절하다 싶은 대상을 찾았다면 인상적인 구도로 사진을 찍는다. 만약 주제가 명사로 주어졌다면 이를 동사나 형용사로 바꾸어서 생각해 보기를 권장한다. '봄'이라면 '피어난다'를 떠올릴 수 있고, '낙엽'이라면 '떨어진다'를 떠올릴 수 있다. '봄'과 '낙엽'에 비겨 '피어난다'와 '떨어진다'가 덜 정형화된 더 생동감 있는 연상을 가능케 한다.

② 이미지와 조화되는 글 작성: 글만 놓고 보면 썩 잘 썼으나 이미지와의 연결성이 떨어져 아쉬움을 남기는 경우가 종종 발견된다. 이미지가 없더라도 글을 읽는 데 아무런 문제가 없다면 반드시 재고가 필요하다. 더하여 간단한 키워드 나열 정도일지라도 어떻게 쓸지에 관해 적어보기를 권장한다. 인상적인 제목을 붙이는 것과 적절하게 문단을 구분하는 것 역시 성패를 좌우하는 중요한 요소이다.

마. 포토에세이 예문

(예문 1)

주제: 게슴츠레하다

게슴츠레한 선

　금요일 오후 조세와 민사법 강의 시간, 나는 필기를 하고 있었다. 사실, 필기를 해보려고 애쓰고 있었다는 표현이 더 정확할지도 모르겠다. 강의실엔 오후 햇살이 비스듬히 들어오고 있었고, 책상 위엔 커피와 노트가 어지럽게 펼쳐져 있었다. 어지러운 분위기에 맞춰 교수님의 목소리는 언제부턴가 멀리서 들려오는 라디오처럼 배경음이 되어버렸다. 바쁜 일정에 지친 건지, 점심을 너무 든든하게 먹은 게 문제였던 건지, 그날따라 정신을 못 차리고 졸음에 허덕이고 있었다. 눈꺼풀은 점점 무거워졌고, 글자는 더 이상 제 형태를 유지하지 못했다. 펜을 쥔 손은 여전히 움직이려는 듯했지만, 의식은 그 움직임을 따라가지 못하는 것 같았다. 머릿속은 멍했고, 눈앞은 흐릿했다. 주변의 소음은 점점 멀어지고, 나는 나른함 속으로 천천히 가라앉고 있었다.

　버티지 못하고 고개가 땅으로 떨궈진 그 순간, 전공책 위에 선 하나가 죽 그어졌다. 문장을 따라간 것도 아니고, 의미를 담은 것도 아니었다. 그건 그냥 게슴츠레한 눈과 흐릿한 정신이 남긴 흔적이었다. 삐뚤었고, 불필요했고, 앞선 상황이 유추 가능하단 점에선 또 우스꽝스러웠다. 하지만 이상하게도 나는 그 선이 꽤 마음에 들었다. 게슴츠레하다는 건 단순히 졸린 상태가 아닌 것 같다. 아마 깨어있음과 잠, 집중과 방황 사이의 경계가 흐려지는 순간이 아닐까. 그 선은 바로 그 경계 위에서 태어났다. 의식이 잠시 멀어지고, 무의식이 손끝을 대신한 순간. 나른함이 조용히 스며들며, 삶은 잠깐 멈춰 섰다.

　시간이 지났지만, 나는 그 선을 굳이 지우지 않았다. 오히려 사진으로 남겼다. 게슴츠레한 순간이 우연히 만들어준 게슴츠레한 선. 바라볼 때면 그날의 온도와 공기가 다시 느껴지는 것 같은 선. 그건 나의 피로, 하루 그리고 약간의 결함을 담고 있다. 완벽하지 않아서 더 친근했고, 흐릿해서 더 선명하다는 점에서 나를 닮아있기도 하다. 그날 이후로 나는 종종 그 사진을 꺼내 본다. 그리고 생각한다. 삶은 언제나 또렷할 필요는 없다고, 때로는 흐릿한 선 하나가 가장 솔직한 순간을 보여줄 수도 있다고.

그 선을 바라보는 시간이 길어질수록, 나는 그날의 나를 더 깊이 이해하게 된다. 무기력했던 오후, 잠시 멈춰버린 사고, 그리고 그 속에서 피어난 작은 흔적. 실수처럼 남겨진 선이지만, 그 안에는 나의 하루가 고스란히 담겨 있다. 그 선은 나에게 흐릿한 순간도 충분히 의미 있을 수 있다고, 그리고 그 순간을 받아들이는 것이 나를 더 솔직하게 마주하는 방법일 수도 있다고 말해준다. 그렇게 나는 오늘도 그 선을 바라보며 잠시 멈춰 선다.

(예문 2)

주제: 뒤숭숭하다

뒤숭숭함은 과정이다.

처음 가족들과 저 문을 열었을 땐 설렘이 앞섰지만, 가족들을 집으로 보내고 혼자 저 문 앞에 섰을 때 마음이 아주 어수선하고 불안했다. 새로운 학교생활 시작에 대한 두려움 때문이었을까, 가족들과 떨어져 모르는 사람과 단둘이 살게 된다는 어색함 때문이었을까. 서울시립대학교 생활관에서 첫날 밤을 한껏 뒤숭숭한 채 보내며 나의 대학 생활이 시작되었다.

나는 변화를 즐기기보다는 두려워하고 피하는 사람이다. 나는 새로운 사람들과 관계를 맺거나 새로운 환경에 적응해야 하는 상황에서는 큰 스트레스를 느끼면서 불안해하는데, 그런 나에게 같은 과 동기들, 동아리 부원들과 같이 새로운 사람들과 친해지는 것은 정말 힘든 일이었다. 평생을 살던 우리 집이 아닌 다른 곳에서 눈을 뜬다는 것도 적응하기 힘들었다. 특히 저 생활관 철문과 저 숫자를 마주할 때면 우리 집과 가족들 생각이 나 마음이 매우 뒤숭숭했다.

하지만 나는 변화를 두려워하는 사람인 동시에 결국 어디서든 잘 적응하는 사람이다. 이번에도 언제나처럼 시간이 조금 걸리기는 했지만 새로운 생활에 잘 적응하고 있다. 이제 같은 과 동기들이랑은 이제 편히 장난도 칠 수 있는 사이가 되었고, 생활관 침대에서 눈을 뜨는 것이 전혀 어색하지 않다.

'뒤숭숭하다'라는 말은 '느낌이나 마음이 어수선하고 불안하다'라는 뜻이라고 한다. 한 달 전 기숙사 입주 때처럼, 나의 새로운 시작에는 언제나 오랜 기간 불안하고 어수선한 마음이 따라왔다. 새로운 시작을 앞둔 시점에서 작은 것 하나에도 불안해하고 걱정하는 나를 볼 때면 나의 이런 성격이 조금 싫어지기도 했다. 하지만 어김없이 잘 적응해 나가는 나를 보면서 그것이 내 삶의 한 과정이기에 싫어하고 거부하지 않아도 된다고 생각하게 되었다. 뒤숭숭함은 내 삶의 당연한 과정이다.

사실 아직 저 문 앞에 서면 뒤숭숭한 마음이 든다. 하지만 앞으로 일들에 대한 막연한 두려움 때문에 느꼈던 처음의 뒤숭숭함이랑은 조금 다르다. 지금은 내가 잘 적응해서 목표를 향해 조금씩 다가가고 있고, 내가 꿈꿔왔던 삶을 살고 있다는 생각에 과거의 노력이 떠오르고 앞으로 노력이 상상되어 조금 뒤숭숭한 것 같다. 지금 느끼는 뒤숭숭함도 내 목표를 이루어 나가는 과정이라고 생각한다.

앞으로 살면서 새로운 시작을 정말 많이 경험하고, 저 문을 정말 많이 맞닥뜨릴 것이다. 그럴 때마다 나는 어김없이 불안하고 어수선한 마음에 사로잡힐 텐데, 불안을 잘 다스리고 그 뒤숭숭한 마음을 즐길 수 있는 사람으로 성장했으면 좋겠다.

(3) 자기 성장담 쓰기

가. 자기 성장담의 개념

자기 성장담은 자신이 여태껏 어떻게 성장해 왔는지를 반추해 보고 또 앞으로 어떻게 성장해 나갈 것인지를 예상해 보는 데에 목적을 둔 글쓰기이다. 자기 성장담은 자신을 돌아보는 계기를 마련해주므로 내면적인 성장에 도움을 준다. 더하여 자기소개서, 포트폴리오 등과도 연계될 수 있기에 실용적인 차원에서도 유용하다.

자기 성장담에서 가장 긴요한 요소는 진정성과 차별성이다. 이를 위해서는 자신을 깊이 이해하고 적절히 표현해야 한다. 따라서 경험을 단순히 나열하는 데에 그쳐서는 곤란하다. 특정 경험이 어떠했는지를 구체적으로 밝히는 것과 동시에 해당 경험이 어떤 변화를 초래했는지를 구체적으로 밝히는 것이 요구된다.

나. 자기 성장담의 주요 서술 방식: 서사

자기 성장담은 서술 방식 중에서도 서사를 익히기에 적절한 사례가 된다. 여태껏 자신이 겪은 다양한 경험 중에서 인상적인 몇몇을 선택한 다음, 이를 시간의 흐름에 따라 배열해야 하기 때문이다. 따라서 자기 성장담은 단순히 과거를 떠올리는 회상에 그치지 않아야 한다. 과거의 반추를 통해 현재의 의미를 발견하고 미래의 변화를 도모하는 과정이 담겨야 한다. 이러한 성장 궤적을 선명하게 드러내기 위해서는 사건을 시간 순서대로 배치하는 순행적 구성이 대개 사용된다.

다. 자기 성장담 작성 방법

자기 성장담을 효과적으로 작성하기 위해서는 다음과 같은 항목들을 점검해야 한다.

① 첫 경험 선택: 자신의 인생에서 기억에 남는 첫 경험 하나를 떠올려 보자. 꼭 거창한 경험일 필요는 없다. 놀이기구를 처음 타보려다 실패했던 일, 친구들 앞에서 처음 발표했던 일, 혼자 버스를 처음 탔던 날 등과 같이 사소한 경험도 괜찮다. 중요한 것은 해당 경험이 나에게 어떠한 의미로 남았는지를 되짚는 것이다.

② 현재 모습 성찰: 이전의 자신과 비교했을 때 지금의 자신은 어떻게 달라졌는지를 살펴보자. 이에 기반해서 성장 과정을 상세히 제시해야 한다. 육체적 성장을 강조할 수도 있고 사회적 성장, 정서정 성장을 강조할 수도 있다. 핵심 키워드를 추린 다음 전체적인 틀을 짜는 방법이 효과적이다.

③ 성장 계획: 앞으로 어떤 사람이 되고 싶은지에 대해서도 생각해 보자. 막연한 이상을 이야기하라는 것이 아니다. 실제로 가능한 바람을 이야기하라는 것이다. 더불어 단순히 의지를 드러내는 정도에 머물러서는 설득력을 확보할 수 없다. 구체적인 실천 방안을 덧붙이는 정도에 이르러야 설득력을 확보할 수 있다.

라. 자기 성장담 작성 시 유의 사항

첫째, 과거-현재-미래가 두루 포함되어야 한다. 특정 시점이나 사건에만 치우치기보다는 시간의 흐름 속에서 자신의 변화가 드러나도록 구성하는 것이 바람직하다.

둘째, 진부하거나 피상적인 표현은 피해야 한다. 누구나 한 번쯤 겪곤 하는 일상적인 경험일지라도 자신의 관점을 분명하게 드러낸다면 진정성과 차별성을 확보할 수 있다.

셋째, 경험을 객관적으로 제시해야 한다. 어떤 경험이든 무조건 좋게 포장하려는 태도는 옳지 않다. 자신이 어떤 측면에서 부족했는지를 솔직히 밝힐 필요가 있다. 또한 성공 경험으로 일관하려는 태도도 옳지 않다. 실패 경험도 함께 돌아보며 자신을 성찰할 필요가 있다.

마. 자기 성장담 예문

(예문)

모두가 빛나는 존재들

내가 7살이 끝나가던 어느 날, 전농동의 한 어린이집에서 '오즈의 마법사' 연극이 시작되었다. 나는 도로시 역할을 맡았다. 내 인생 최초의 연극이었던 자리였다. 지금이라면 무척 떨렸을 것 같은데, 사진 속의 나는 도로시의 시그니처인 빨간 구두를 신고 즐거워하고 있다.

정확한 기억은 나지 않지만, 어머니의 다소 양념이 섞인 말씀에 따르면, 그 연극을 보던 모든 사람들이 내가 대사를 할 때마다 진짜 도로시처럼 너무 잘해서 칭찬이 자자했다고 한다. 대사나 동작은 기억나지 않지만, 정말 열심히 연습했고 선생님께 칭찬을 받았던 기억이 어렴풋이 남아 있다.

어머니는 내가 도로시 역에 적극적으로 지원했다고 하셨는데, 너무 적극적이어서 어린이집 선생님께서 다른 친구들이 손을 들 틈도 주지 않으셨다고 한다. 하지만 지금의 나였다면 절대 그런 역할을 맡지 않았을 것이다. 지금의 나는 사람들 앞에 나서는 것을 좋아하지 않기 때문이다. 사람들의 시선을 받는 일이 무척 부담스럽고 혹시 대사나 동작이 틀려 망신을 당하진 않을까, 사람들이 수군거리진 않을까 걱정이 된다. 그래서 가능하면 남들 앞에 나서는 일을 피하려고 한다.

하지만 이런 변화된 모습이 꼭 나쁜 것만은 아니라고 생각한다. 이제는 주인공만이 중요한 것이 아니라 주변 사람들을 살필 줄 아는 사람이 되었다는 증거라고 여기기 때문이다. '오즈의 마법사'에는 도로시만 있는 게 아니다. 뇌가 없는 허수아비도 있고, 겁쟁이 사자도 있다. 그리고 마녀 역시 중요한 인물이다. 이들이 없다면 오즈의 마법사 이야기는 존재할 수 없다.

또한 연출과 조명, 의상을 담당하는 스태프들과 엑스트라들이 함께 무대를 완성한다. 꼭 주인공처럼 빛나는 역할이 아니더라도, 연극 무대에는 내가 설 수 있는 자리가 많고, 비록 눈에 잘 띄지 않는 자리라 해도 내가 쓸모를 발휘할 수 있는 공간은 분명히 존재한다.

어린 시절처럼 주목받는 자리는 아닐지라도, 나는 초·중·고등학교를 거치며 내가 맡은 자리에서 늘 최선을 다했고, 내가 속한 삶의 연극이 성공할 수 있도록 노력해 왔다. 그것으로 나는 빛났고, 지금 여기까지 올 수 있었다. 그리고 지금도 각자의 자리에서 최선을 다하며 살아가고 있는 수많은 사람들의 존재 역시 빛나고 있음을 알고 있다.

앞으로도 나는 내가 있는 자리에서 묵묵히 최선을 다하려고 한다. 당장 글쓰기 수업의 조별 발표에서 주목받는 조장이나 발표자가 아니더라도 충실하게 자료를 찾고 의견을 제시하며 발표문의 오타를 찾아내는 역할을 하겠다.

학교 축제에서 멋진 노래를 부르지는 못하더라도 원활한 진행을 위해 도우미 역할을 마다하지 않겠다. 그래서 내가 속한 연극 무대가 성공할 수 있도록, 비록 보이지 않는 곳일지라도 내가 반짝이는 존재임을 잊지 않고 살아가겠다. 그리고 그렇게 보이지 않는 자리에서 빛나고 있는 다른 사람들에게도 고마워하고, 응원하며 살아가겠다.

과제

- 앞에서 제시된 제품 사용 설명서, 포토에세이, 자기 성장담 중 하나를 선택하여 서술 방식을 활용한 글쓰기를 수행해 보자.

Ⅱ. 글의 뼈대 세우기

제 5 장

글의 방향 잡기

1. 글쓰기 절차

글쓰기에는 일정한 절차가 있는데 이는 대체로 계획 단계, 집필 단계, 퇴고 단계로 나뉜다. 계획 단계에서는 보통 주제를 선정하고 개요를 작성한다. 집필 단계에서는 개요를 바탕으로 실제 내용을 구성한다. 퇴고 단계에서는 문단 간의 연결이 자연스러운지, 문장은 매끄러운지, 어휘는 적절한지 등을 검토하여 그릇된 부분을 고쳐 쓴다. 이를 도식화하면 다음과 같다.

계획 단계			집필 단계		퇴고 단계	
주제 선정하기	▶	개요 작성하기	▶	실제 내용 구성하기	▶	고쳐 쓰기

자료 수집 ┅┅┅┅┅┅┅┅┅┅┅┅┅┅┅┅┅┅┅┅┅┅┅┅┅┅▶

지금부터 순서에 맞춰 상세히 알아보기로 한다. 구체적으로 5장에서는 주제 선정하기와 관련된 사안을, 6장에서는 개요 짜기와 관련된 사안을, 7장과 8장에서는 실제 내용

구성하기와 관련한 사안을 각각 다룰 것이다. 그리고 고쳐 쓰기와 관련된 사안은 아래의
점검표를 참고하기로 한다.

<참고> 고쳐 쓰기에서의 유의 사항

- 글의 주제
  • 독자들이 잘 알 수 있게 주제가 나타나 있는가?
  • 주제를 드러내는 데 부적절한 내용은 없는가?

- 글의 전개
  • 논리적으로 서술되어 있는가?
  • 각 단락의 분량은 적절한가?
  • 단락은 잘 구분되어 있는가?
  • 긴밀성이나 통일성을 해치는 단락은 없는가?
  • 단락의 순서를 바꾸면 더 좋지 않은가?

- 글의 내용
  • 군더더기나 빼먹은 내용은 없는가?
  • 앞뒤가 서로 어긋나는 내용은 없는가?

- 표현
  • 더 적절한 단어는 없는가?
  • 비문은 없는가?
  • 불필요한 중복은 없는가?
  • 불확실하거나 진부한 표현은 없는가?

- 오류 수정
  • 맞춤법, 띄어쓰기, 외래어 표기법
  • 숫자, 이름, 연도 등의 정확성
  • 문장 부호: 특히 따옴표의 경우
  • 한자나 영어의 오기

※ 맞춤법 검사기나 생성형 AI 등으로부터 도움을 받을 수도 있다.

2. 주제와 주제문

　무엇이든 시작이 중요하다. 좋은 글을 쓰기 위해서도 마찬가지이다. 구상부터 잘해야 하는데 그렇게 되려면 화제가 중요하다. 꼭 독특한 소재여야만 좋은 화제로 인정받을 수 있는 것은 아니다. 익숙한 소재일지라도 새로운 시선에서 바라볼 수 있다면 좋은 화제가 된다. 화제는 외부에서 주어질 수도 있고 스스로 찾아야 할 수도 있다. 전자일 때는 어찌해볼 것이 없지만 후자일 때는 평소 관심사를 되짚어보는 것이 유익하다.

　화제를 정했다면 주제를 설정하고 주제문을 만들어야 한다. 그 첫걸음은 문제의식으로부터 주어진다. 가령 '대학 입시 제도'에 대해 아무런 문제가 없다고 생각한다면 이와 관련한 글을 쓸 이유가 없다. 대학 입시 제도에 대해 어떤 문제가 있다고 생각해야지 이와 관련한 글을 쓸 필요가 생긴다.

　간혹 문제의식을 주제, 주제문과 등가개념이라고 오해하는 경우가 있다. 이는 분명한 잘못이므로 바로잡아야 한다. 가령 "대학 입시가 문제다."는 문제의식을 드러낸 문장일 뿐이다. 주제, 주제문에 이르려면 문제라고 지적하는 것을 넘어 무슨 문제인지를 밝히고 또 이에 대한 해답을 찾는 것이 요구된다. 그러기 위해서는 알맞은 질문을 던질 필요가 있다. "대학 입시에서 학부모와 학생에게 가장 심각하게 여겨지는 요소는 무엇일까?"와 같이 묻는다고 가정해 보자. 이럴 때는 사교육, 수시 제도, 수행 평가, 암기 위주 커리큘럼 등의 키워드를 떠올릴 법하고, 이 중에서 적절하다 싶은 키워드를 선택하여 대학 입시와 사교육이라고 대략적인 틀을 잡을 법하다. 그런 다음이라면 '대학 입시와 과도한 사교육비 지출'이라는 주제를 설정할 수 있고, 나아가 "대학 입시는 과도한 사교육비 지출을 조장하기에 대책이 필요하다."라는 주제문을 만들 수 있는 것이다.

　그렇다면 이와 같은 주제를 설정하고 주제문을 만드는 과정에서 주의해야 할 사항으로는 어떤 것들이 있을까. 여기에는 보통 글의 분량 및 성격, 독자, 자신의 현재 능력 등이 거론된다. 자신의 현재 능력에는 관심사와 일치하는가, 얼마만큼 시간을 내서 글쓰기를 수행할 수 있는가, 정해진 시일 안에 글쓰기를 끝맺을 수 있는가, 관련 자료에 대해 접근할 수 있는가, 관련 자료를 분석할 수 있는가가 포함된다. 여기에 학술적 글쓰기라면 꼭 염두에 두어야 할 사항을 몇 가지 덧붙일 수 있다. 이를 순서에 맞춰서 하나씩 살펴보기로 한다.

① 어떤 문제로 접근할지를 정하라!

학술적 글쓰기는 문제를 해결하기 위한 작업이다. 이를 위해서는 문제가 어떻게 구별되는지부터 알아야 한다. 문제는 실용 문제(Pragmatic Problems)와 개념 문제 (Conceptual Problems)로 나뉜다. 실용 문제는 해결하고 싶어 하는 상황을 뜻한다. 실용 문제는 응용 학문 분야에서 많이 다루어진다. 개념 문제는 질문에 대한 대답을 뜻한다. 개념 문제는 순수 학문 분야에서 많이 다루어진다.

실용 문제로 접근할지 개념 문제로 접근할지는 글쓴이의 판단에 달려 있다. 가령 '스마트폰'에 관한 글을 쓴다고 가정해 보자. 글쓴이는 어느 문제로든 접근할 수 있다. 글쓴이가 스마트폰 중독에서 벗어나는 방안을 제시하는 쪽으로 초점을 맞춘다면 실용 문제로 접근하는 것이다. 글쓴이가 스마트폰의 미래상이 어떨지를 고민하는 쪽으로 초점을 설정한다면 개념 문제로 접근하는 것이다.

② 구체적이어야 한다!

주제가 포괄적이거나 막연해서는 곤란하다. 흔히들 거창하고 대단한 주제여야 인상적인 글이 될 수 있다고 착각한다. 그런데 실제로는 그 반대이다. 주제가 세부적일 때 인상적인 글을 쓸 확률은 높아진다. 범위가 작을수록 상세히 다룰 수 있기 때문이다.

일례를 들어보자. '학문과 인생'에 대해 A4지 1~2장 정도 분량의 글을 써보라고 한다면 학생들은 언뜻 충분히 쓸 만하다고 생각한다. 하지만 착수에 나서는 순간 곧바로 막막해지기가 일쑤이다. 이는 '학문과 인생'이 예상보다 큰 범위였기 때문이다. '학문과 인생'에서 한두 계단 정도를 더 내려와야 원활하게 쓸 수 있다. 그래야 충분히 통어할 수 있다. 가령 '대학 학문과 자기 정체성 찾기'라면 쓰기가 좀 더 수월할 것이고, '나의 전공과 앞으로의 미래'라면 쓰기가 한결 더 수월할 것이다.

③ 단계별로 구성하자!

화제가 단번에 주제로, 또 주제문으로 도약할 수는 없다. 충분한 과정을 거쳐야 한다. '문제 제기 → 문제 정리 → 범위 한정 → 한정된 주제 설정 → 주제문 작성' 순으로 매만져 나가는 것이 효과적이다.

문제 제기란 화제에 대한 문제의식을 문장 혹은 구절로 만들어보는 단계이다. 문제 정리란 본질적인 것부터 지엽적인 것까지 빠짐없이 목록으로 작성해 보는 단계이다. 범위 한정이란 목록 중에서 평소 관심이 많았거나 잘 쓸 수 있을 법한 것을 선택하는 단계이다. 한정된 주제 설정이란 선택한 것의 핵심이 잘 드러나도록 어구로 다듬는 단계이다. 주제문 작성은 최종적으로 하나의 문장을 완성하는 단계이다. 관련한 예시를 표로 나타내면 아래와 같다.

문제 제기	- '등록금 인상'은 대학교 재정 확보를 위한 대책이 될 수 있는가?
문제 정리	- 등록금 인상의 목적 - 10년간 등록금 인상 상황 - 등록금 인상으로 인한 폐해 - 등록금과 대학생의 수업권 - 등록금 사용 현황 - 등록금 인상을 둘러싼 각종 논란
범위 한정	- 등록금과 대학생의 수업권
한정된 주제 설정	- 등록금 인상과 대학생의 수업권 향상 간 상관성
주제문 작성	- 대학이 등록금을 지속적으로 인상했음에도 대학생의 수업권은 향상되지 않았으므로 대책을 마련해야 한다.

〈참고〉 주제문 작성 시 주의해야 할 것

- 완전한 문장이어야 한다. 또한 의문문이 아니라 평서문이어야 한다.
  • SNS에 매달리는 것, 나를 잃는 선택이 아닐까? (×)
  • SNS에 매달리면 나를 잃게 된다. (○)
- 너무 많은 내용을 담아서는 곤란하다.
  • 유튜브는 스마트폰의 보급으로 엄청난 인기를 끌게 되었고, 여러 가지 부정적인 요소가 있으나, 적당하게 즐긴다면 현대인에게 크게 유용할 수 있다.
- 관점이 분명할 필요가 있다. 양비론, 양시론, 애매한 절충론이 되어서는 안 된다.
  • 여당도 무책임했고 야당도 정쟁에만 몰두했으니 이번 사태의 책임은 모두에게 있다. (양비론)
  • 전통시장의 입장도 중요하지만 대형마트의 입장도 이해가 되므로, 양쪽 입장은 모두 고려할 가치가 있다. (양시론)
  • 근무 형태는 출근제를 주장하는 팀과 재택제를 주장하는 팀을 위해 격일로 번갈아 하면 된다. (애매한 절충론)

④ 긍정 어법으로 쓰자!

　가끔 부정 어법으로 이루어진 주제문을 만나게 된다. 얼핏 긍정 어법이든 부정 어법이든 의미는 똑같지 않으냐고 생각할 수 있지만, 뉘앙스 이상의 엄연한 차이가 존재한다. 그러므로 주제문은 언제나 '~하라'고 서술해야지 '~하지 말라'고 서술해서는 안 된다. 이를테면 '대학은 수업 평가 문항을 새롭게 고쳐야 한다'와 '대학은 수업 평가 문항을 더 이상 활용해서는 안 된다'를 비교해 보자. 전자는 차후 어떻게 전개될지를 파악할 수 있다. 하지만 후자는 차후 어떻게 전개될지를 파악할 수 없다. 수업 평가 문항을 더 이상 활용하지 말자면 앞으로 어찌하자는 것인가. 수업 평가 문항을 새롭게 고치자는 뜻인지 아예 없애자는 뜻인지 불분명하다.

한편, 겉으로는 긍정 어법인 듯싶으나 실상은 부정 어법인 경우도 있으니 주의가 필요하다. '~을 금지해야 한다'와 같은 서술이 대표적인 예이다. 이는 무언가를 금지한 이후 어찌해야 하는지에 관한 지침을 주지 못하기에 부정 어법과 다를 바가 없다.

⑤ 논쟁의 여지가 있는지 따져보자!

누구나 당연히 그렇다고 생각하는 것을 구태여 글로 쓸 필요는 없다. 이는 독자로부터 관심과 흥미를 받지 못하는 자기 만족적인 글에 불과할 공산이 크기 때문이다. 논쟁의 여지가 있어야 자세하게 글로 쓸 필요가 생긴다. 논쟁의 여지가 있는지 없는지를 손쉽게 확인하려면 주제문을 뒤집어보면 된다. 뒤집어보아 하찮다면 논쟁의 여지가 없다고 대체로 간주할 수 있다. 누구나 당연히 그렇다고 생각하는 것을 거꾸로 이야기한다면 으레 하찮게 여겨질 수밖에 없는 까닭이다.

가령 "대학은 장애 학생을 위해 여러 방면에서 노력해야 한다."와 "교육은 사회를 유지하는 데 중요한 역할을 담당한다." 등은 주제문으로 부적합하다. 진부한 내용으로 채워질 수밖에 없음이 금방 느껴지거니와, 뒤집어보아도 "대학은 장애 학생을 위해 여러 방면에서 노력하지 않아도 괜찮다."와 "교육은 사회를 유지하는 데 중요한 역할을 담당하지 않는다."가 되므로 타당성이 없다. 따라서 논쟁의 여지가 없다고 판단 내릴 수 있다.

만약 글을 쓰고자 한다면 논쟁의 여지가 있도록 고쳐주어야 한다. 예컨대 "대학은 장애 학생을 위해 시설 개선에 가장 힘써야 한다."와 "국어 교육은 사회를 유지하는 데 다른 과목보다 중요한 역할을 담당하므로 현행보다 수업 시수를 늘려야 한다." 정도로 바꾸어주는 것이다. 누군가는 시설 개선보다 장애 학생을 바라보는 부정적인 인식 개선이 먼저가 아니냐 혹은 장애 학생이 원활하게 교과·비교과 수업을 듣기 위한 여러 제도적 장치가 우선이 아니냐 등의 의견을 가지고 있을 수 있다. 누군가는 국어 교육보다 윤리 교육이 긴요하지 않으냐 혹은 지금도 수업 시수는 충분하니까 다른 측면에서 대안을 모색해야 하지 않느냐 등의 의견을 가지고 있을 수 있다. 이렇듯 다른 의견을 가진 누군가를 향해 자기 의견을 개진하는 모양새를 갖춤으로써 논쟁의 여지를 확보할 수 있는 것이다.

3. 소주제 설정

아주 간단한 글쓰기라면 모를까 보통은 주제를 통째로 다루지 않는다. 글을 쓰는 과정
에서 주제는 다시 몇 개의 소주제로 나뉜다. 아주 간단한 글쓰기가 아닌데도 주제로부터
몇 개의 소주제를 끄집어내기가 어렵다면 애당초 주제를 너무 좁게 잡았을 혐의가 농후
하다.

소주제는 주제를 세분화한 것이다. 곧 주제를 이런저런 관점에 따라 작은 범주로 쪼갠
것이다. 이는 글을 보다 명확하고 체계적으로 구성하기 위함인 동시에, 글을 보다 심도
있게 전개하기 위함이다. 주제와 소주제가 서로 긴밀한 관계를 형성해야 함은 두 말이
필요치 않다. 소주제끼리 서로 어우러지는 관계를 형성해야 함도 두 말이 필요치 않다.

앞서 예로 들었던 "한정된 주제 설정: 등록금 인상과 대학생의 수업권 향상 간 상관성"
및 "주제문 작성: 대학이 등록금을 지속적으로 인상했음에도 대학생의 수업권은 향상되
지 않았으므로 대책을 마련해야 한다."를 다시금 호출해 보자. 이를 놓고서 본격적으로
글쓰기를 수행하려면 '대학생의 수업권'을 다시금 다양한 시선에서 잘게 나눠볼 필요가
있다. 마찬가지로 단계별로 구성하면 된다.

① "대학생의 수업권 향상과 관련하여 시급한 사안은 무엇인가?"와 같이 '문제 제기'를
한다. ② 개설 강좌 수, 강의실, 예산, 평가 시스템, 피드백 등으로 '문제 정리'를 한다.
③ 그중에서 결이 맞는 몇몇을 선택하여 강의실 환경, 실습·실험·현장 학습 등을 위한
예산, 피드백 의무화 등으로 '범위 한정'을 한다. ④ '쾌적한 강의실 환경 조성', '실습·실

험·현장 학습 등을 위한 예산 배정', '과제, 시험에 대한 피드백 의무화' 등으로 '한정된 주제 설정'을 한다. ⑤ "쾌적한 강의실 환경을 조성해야 한다.", "모자람 없이 실습·실험· 현장 학습 등을 위한 예산을 배정해야 한다.", "과제 및 시험에서 어떤 부분이 문제였는지를 알아야 학습 효과가 올라가므로 이에 대한 적절한 피드백 의무화가 요구된다." 등으로 '주제문 작성'을 한다. 이상을 통해 좀 더 조직화한 글쓰기가 가능해지는 것이다. 간추리면 아래와 같다.

> 주제: 등록금 인상과 대학생의 수업권 향상 간 상관성
> 주제문: 대학이 등록금을 지속적으로 인상했음에도 대학생의 수업권은 향상되지 않았으므로 대책을 마련해야 한다.
> 소주제 1: 강의실 환경
> 소주제 2: 실습·실험·현장 학습
> 소주제 3: 피드백 보장권
> 소주제문 1: 쾌적한 강의실 환경을 조성해야 한다.
> 소주제문 2: 실습·실험·현장 학습 등을 위한 예산을 모자람 없이 배정해야 한다.
> 소주제문 3: 과제 및 시험에서 어떤 부분이 문제였는지를 알아야 학습 효과가 올라가므로 이에 대한 적절한 피드백이 요구된다.

이렇게 주제와 소주제를 설정함으로써 글을 쓰기 위한 기본적인 얼개가 마련된다. 주제문 및 소주제문 1~3을 가지고 본격적인 논증으로 뻗어나갈 수 있게 된 셈이다. 충분한 숙지를 위해 예시를 한 가지만 더 들어두기로 한다. 주제와 소주제가 서로 긴밀한지, 소주제끼리 서로 어우러지는지 등을 염두에 두고서 확인해 보도록 한다.

> 주제: 지하철 무임승차 제도 개선
> 주제문: 갈수록 적자 폭이 커지는 지하철 운영 현실을 고려할 때, 지하철 무임승차 제도에 대한 개선이 요구된다.
> 소주제 1: 무임승차 대상 노인 나이 기준 조정
> 소주제 2: 다양한 승차 할인 제도 시행
> 소주제문 1: 단계적으로 무임승차 대상 노인 나이 기준을 상향해야 한다.
> 소주제문 2-1: 모든 노인에게 혜택을 주는 것이 아니라 소득 수준에 따라 차등을 두어야 한다.
> 소주제문 2-2: 출퇴근 시간을 제외한 나머지 시간에만 노인에게 혜택을 주어야 한다.

연습

1. A4지 1~2장 정도 분량으로 글을 써야 할 때, 주제를 '50년 동안 TV 드라마에서 형상화된 농촌 풍경의 변화 양상'으로 삼는다면, 범위가 적절하게 설정된 것인지 생각해 보자.

2. '서울시립대학교'라는 화제를 '문제 제기 → 문제 정리 → 범위 한정 → 한정된 주제 설정 → 주제문 작성'에 맞춰 단계별로 가다듬어 보자.

문제 제기	
문제 정리	
범위 한정	
한정된 주제 설정	
주제문 작성	

3. 아래와 같이 주제문과 소주제문을 설정한다면 어떤 문제가 발생할지에 대해 고민해 보자.

> 주제문: 자동차가 초래하는 위험을 당장 제거해야 한다.
>   소주제문 1: 저질스러운 폭주 문화가 문제다.
>   소주제문 2: 비양심적인 도로 주행이 너무나 많다.
>   소주제문 3: 자동차 사고는 언제 어디서든 목숨을 앗아갈 위험이 크다.

제 6 장

개요 작성하기

1. 개요의 정의와 특성

(1) 개요의 정의

주제, 주제문을 구체화하고 이에 맞는 자료를 찾았다면 이제부터는 개요를 작성해야한다. 개요(槪要, outline)란 글을 쓰기 전에 미리 작성하는 일종의 설계도에 해당한다. 즉개요는 각 부분에 들어갈 내용을 계층별로 정리한 것으로서 글 전체의 흐름을 알려준다. 일반적으로 학술적 글쓰기를 할 때는 개요를 필수적으로 쓰게 되어 있다. 학술적 글쓰기의 개요는 보통 글 전체를 서론, 본론, 결론으로 구분한 다음, 각각에서 요구되는 내용(주요 주장, 관련 근거, 문단 흐름, 논지 전개) 등을 포함하는 방식으로 이루어진다.

그렇다면 우리가 본격적으로 학술적 글쓰기를 수행하기에 앞서 개요부터 작성해야 하는 이유는 무엇일까? 첫째, 개요는 글의 구조를 논리적으로 만들어주기 때문이다. 어떠한 기준이나 순서 없이 글을 쓰다 보면 논리 흐름이 중간에 엉키거나 주장과 근거가 서로맞지 않는 경우가 발생할 수밖에 없다. 그렇지만 개요를 미리 만들어 두고 그 개요에따라 글을 써 나간다면 논리 흐름이나 주장과 근거가 어긋날 가능성이 현저히 낮아진다.

둘째, 개요를 먼저 만들어 두면 글 쓰는 데 걸리는 전체 시간을 효율적으로 관리할 수 있기 때문이다. 개요 없이 곧바로 글을 쓰기 시작하면 시간을 낭비할 가능성이 높다. 같은 내용을 반복하거나 불필요한 내용을 쓰고 지우는 행위를 자주 할 수밖에 없기 때문이다. 그렇지만 개요에 따라 글을 쓰면 그러한 과정을 줄일 수 있으므로 글 쓰는 시간을 단축할 수 있다.

셋째, 개요를 쓰면 필자가 작성하고자 하는 내용을 모두 적절하게 글에 담을 수 있기 때문이다. 개요를 만드는 과정에서 필자는 글에 담고자 하는 여러 가지 내용을 선별하게 된다. 글에 필요한 내용은 추가하며 다소 과한 부분은 어느 정도 덜어내거나 아예 글에서 제외하게 되는 것이다. 만약 개요를 쓰지 않고 글을 작성하게 된다면 글에 담으려고 했던 내용을 빠뜨리거나 불필요한 내용이 글에 포함될 수도 있다.

넷째, 개요를 잘 만들어 두면 나중에 목차를 만들기도 쉽다. 개요는 글의 논리적 구조와 흐름을 설계하고 끊임없이 수정해 나가는 과정이다. 따라서 개요는 글을 쓰기 시작할 때부터 글을 마무리할 때까지 계속 바뀌게 된다. 그렇지만 글을 끝맺을 때쯤이면 개요도 완성되어 있을 것이므로 완성된 개요는 목차로 금방 바꿀 수 있다.

다섯째, 개요는 필자의 사고력 향상에 도움을 주기 때문이다. 개요를 짜는 과정은 단순히 글에 들어가는 내용을 나열하는 것이 아니라 무엇을 먼저 말하고 그것을 왜 말해야 하는지를 판단하는 것이다. 필자는 개요에 포함될 내용을 선별하는 과정에서 비판적 사고력을 향상하게 되며, 이를 적절한 순서로 배열함으로써 논리적으로 사고하는 능력도 키울 수 있다.

요컨대 개요 작성은 학술적 글쓰기를 효과적이고 효율적으로 작성하기 위해 꼭 필요한 과정이다. 개요가 상세할수록 초고를 수월하게 쓸 수 있으므로 개요는 되도록 구체적으로 만드는 것이 좋다. 아래에서는 개요의 특성을 하나씩 살펴본 뒤, 개요를 작성하는 방법도 순서대로 알아보겠다.

(2) 개요의 특성

개요는 글의 구조를 형상화한 것이기 때문에 다음 두 가지 사항을 지켜야 한다. 먼저 개요는 글의 실제 작성 순서대로 쓰여야 한다. 예컨대 학술적 글쓰기는 '서론 → 본론 → 결론'의 순서로 이루어지므로, 개요도 그 순서대로 작성해야 한다. 또한 본론에 포함되는 세부 내용 역시 작성 순서대로 배열해야 한다.

다음으로 개요에는 일정한 층위(層位, level)가 있는데 이 층위가 분명하게 구분되어야 한다. 일반적으로 학술적 글쓰기의 층위는 크게 '장, 절, 항, 목' 등으로 나뉜다. 이 중에서 '장'이 가장 높은 층위이며 '목'이 가장 낮은 층위이다. 예를 들어 장과 절은 서로 다른 층위이므로 개요에서는 이 둘이 시각적으로 명확하게 구분되어야 한다. 보통 하위 범주의 층위는 상위 범주 바로 다음 줄에 위치시키되 '들여쓰기'를 함으로써 해당 범주가 상위 범주보다 낮다는 것을 표시한다.

이렇게 구조화된 개요는 보통 두 가지 방식 중 하나로 표현된다. 첫째는 '화제식 개요'이다. 이는 개요를 핵심어나 핵심 어구로 표현하는 방식이다. 다시 말해 장, 절, 항, 목에 들어갈 내용을 특정 단어나 단어와 단어의 조합인 어구로 표현하는 것이다. 둘째는 '문장식 개요'이다. 이는 개요를 하나의 독립된 문장으로 표현하는 방식이다. 개요를 화제식으로 써야 하느냐 혹은 문장식으로 써야 하느냐는 순전히 선택의 문제이다. 이러한 선택은 글의 주제, 분량, 종류, 글을 완성하는 데까지 걸리는 시간, 혹은 필자의 성향 등에 따라 달라진다.

화제식 개요와 문장식 개요는 각각의 장단점이 뚜렷하다. 화제식 개요는 핵심어나 핵심 어구로 이루어지는 만큼 개요를 빠르고 간결하게 만들 수 있다. 그렇지만 개요에 들어갈 내용을 몇몇 단어로만 일관하다 보니 해당 내용을 구체적으로 나타내지 못한다는 아쉬움이 있다. 반면 문장식 개요는 개요에 들어갈 내용을 문장으로 작성하므로 해당 내용을 비교적 구체적으로 표현할 수 있다는 장점이 있다. 그렇지만 문장으로 내용을 표현하는 것은 핵심어나 핵심 어구를 만드는 것에 비해 시간이 더욱 많이 소요되므로, 문장식 개요는 실제 작성부터 완성에 이르기까지 적지 않은 노력이 들어가게 된다. 아래는 동일한 주제를 화제식 개요와 문장식 개요로 만들어 본 것이다.

<화제식 개요 예시>

Ⅰ. 서론
   1. 사회적 관심 증가
   2. 도입 필요성 검토

Ⅱ. 본론
   1. 장점: 삶의 질 향상, 생산성 증대
   2. 단점: 비용 증가, 업무 공백
   3. 해외 사례 및 적용 방안

Ⅲ. 결론
   - 점진적 도입 권고

<문장식 개요 예시>

Ⅰ. 서론
  1. 주 4일 근무제에 대한 사회적 관심이 최근 몇 년 사이에 급격히 증가하고 있다.
  2. 이 제도의 장단점을 검토하여 도입 가능성을 살펴본다.

Ⅱ. 본론
  1. 주 4일 근무제의 장점은 근로자의 삶의 질 향상과 생산성 제고에 있다.
  2. 반면, 단점으로는 기업 운영 비용 증가와 업무 공백 가능성이 있다.
  3. 해외 사례 분석을 통해 국내 적용 방안을 모색한다.

Ⅲ. 결론
  - 주 4일 근무제는 장단점이 모두 존재하지만 점진적 도입이 바람직하다.

(3) 개요의 부호 체계

개요는 각 항목이 일정한 계층 관계를 이루도록 작성되어야 한다. 이를 위해서는 통일된 부호 체계를 활용할 필요가 있다. 글의 성격이나 목적, 글쓴이의 취향에 따라 자유롭게 쓸 수 있다. 분야마다 널리 쓰이는 틀이 있으니 이를 참고하는 것이 좋다.

예 1	예 2	예 3
1.	Ⅰ.	1.
1.1	1.	가.
1.1.1	1)	(1)
1.1.2	2)	(2)
1.2	2.	나.
2.	Ⅱ.	2.
2.1	1.	가.
2.1.1	1)	(1)
2.1.2	2)	(2)
2.2	2.	나.

2. 개요 작성의 실제

(1) 개요 작성 순서

한 편의 글을 쓰는 데에도 순서가 있듯이 개요를 만드는 데에도 일반적으로 사용되는 순서가 있다. 개요는 대체로 '브레인스토밍 → 범주화 → 정교화 → 조직화 → 층위화'의 순서로 만들어진다. 각각의 단계를 간단히 살펴보면 다음과 같다.

첫째, '브레인스토밍'(brainstorming)으로서 아이디어를 발산하는 단계이다. 브레인스토밍이란 정해진 주제를 미리 적어 두고 이와 관련한 아이디어를 '폭풍처럼 쏟아내는 것'이다. 이때 중요한 것은 아이디어의 질(quality)이 아니라 양(quantity)이다. 따라서 개요를 만드는 사람은 주제와 관련한 내용이라면 어떠한 제한도 걸지 말고 머릿속에 떠오르는 대로 아이디어를 적는다. 예를 들면 다음과 같다.

〈브레인스토밍의 예〉

문제: 우리 학교는 시험 기간마다 중앙도서관 3층에서 플라스틱 쓰레기가 대량으로 발생한다.
주장: 대량으로 발생하는 플라스틱 쓰레기를 처리할 방안을 마련해야 한다.

발생하는 플라스틱 쓰레기 종류	텀블러 사용은 어떨까?
쓰레기를 처리할 방안	플라스틱 압축기 설치
시험 기간을 조율하는 방법은?	관련 연구나 사례는 무엇?
쓰레기통 추가	치우는 사람을 더욱 많이 고용하자.
음료 반입 금지	음료를 따로 처리하는 방법은?
신문 말고 근거 자료는?	이것이 왜 문제가 되는가?
우리에게 어떤 피해를 주지?	다른 쓰레기는 왜 적게 발생하지?
왜 시험 기간마다 저 문제가 발생하는가?	……

둘째, '범주화'는 브레인스토밍한 결과를 공통된 범주나 성격에 따라 분류하는 단계이다. 유사하거나 상호보완적 아이디어는 하나로 묶거나 상하위 관계로 처리한다. 그 과정에서 글쓰기에 불필요하거나 직접적이지 않은 아이디어들은 삭제하도록 한다. 범주화된 아이디어 중에는 빈칸이 있거나 상하위 관계가 다소 무질서하게 보이는 것이 있을 수

있다. 이러한 것들은 다음 과정들을 통해 다듬으면 된다.

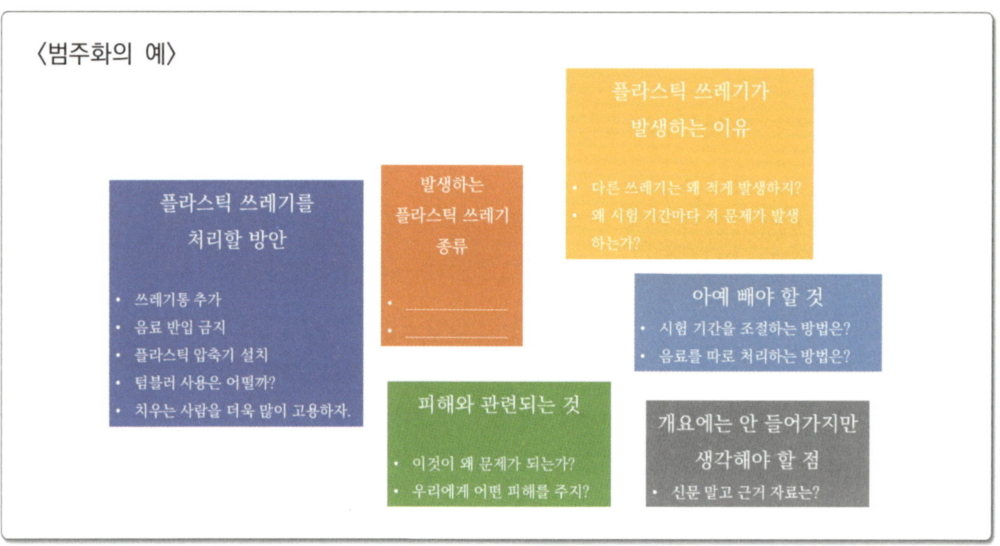

셋째, '정교화'는 범주화된 내용을 간결한 표현으로 다듬는 단계이다. 또한 불필요한 표현이나 아이디어는 덜어내고 글 전체의 구성 속에서 일관된 표현으로 맞추는 과정이기도 하다. 화제식 개요와 문장식 개요 중 무엇으로 표현할지가 결정되는 것도 바로 이 단계이다.

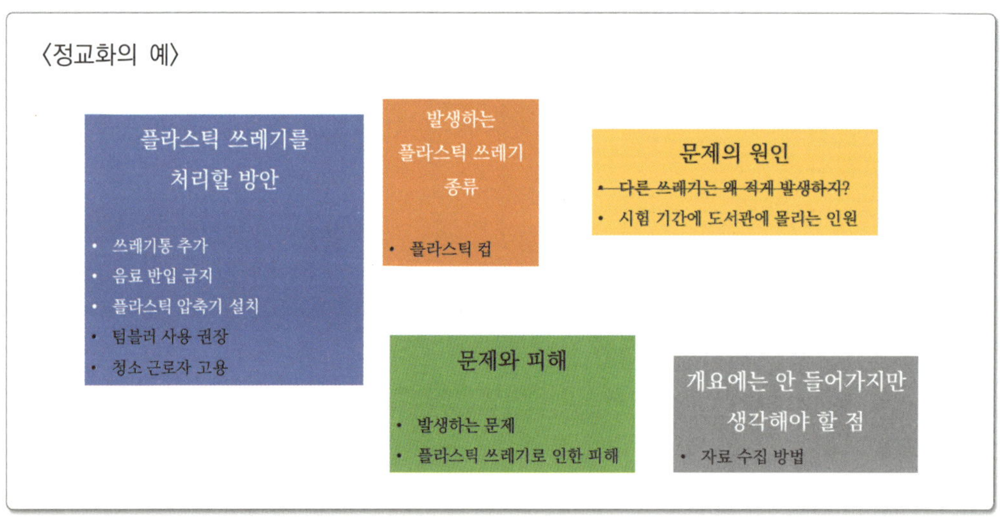

넷째, '조직화'는 정교화된 아이디어를 학술적 글쓰기의 구조와 논리에 맞게 연결하는 단계이다. 이때 원인-결과, 문제-해결 방안, 일반적 내용-구체적 내용 등 해당 글의 내용을 가장 효과적으로 표현할 수 있는 방식을 고르도록 한다. 이 과정은 논리적 연결 관계를 고려하는 단계이므로, 논리적으로 적절하지 않다고 판단되는 아이디어는 삭제하고 포함해야 할 아이디어는 추가하도록 한다.

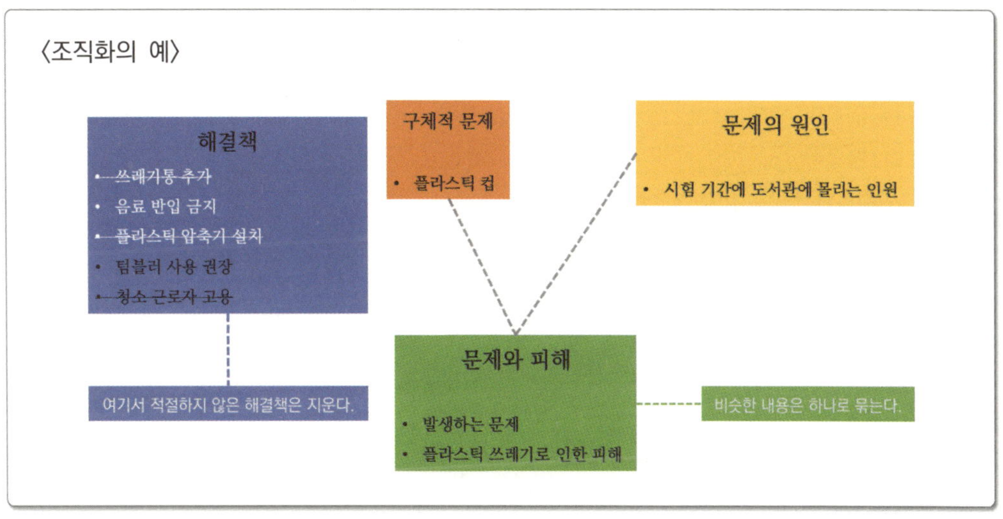

다섯째, '층위화'는 조직화된 아이디어를 위계 구조에 따라 계층을 나누고 번호를 부여하는 단계이다. 이렇게 계층화된 개요를 통해 필자는 글의 전체 구조와 아이디어 간 관계를 한눈에 파악할 수 있다. 이 단계에서 중요한 것은 '장 → 절 → 항 → 목'이라는 층위를 시각적으로 드러내야 한다는 점이다.

‹층위화의 예: 완성된 개요›

주장: 대량으로 발생하는 플라스틱 쓰레기를 처리할 방안을 마련해야 한다.

1. 서론
   1.1. 배경: 시험 기간 동안 중앙도서관 3층에 플라스틱 컵 쓰레기가 많이 발생.
   1.2. 대상과 목적: 플라스틱 컵 쓰레기를 줄이는 방법을 찾는 것.
   1.3. 순서: 문제 원인 → 해결책 제시

2. 문제와 해결책
   2.1. 문제의 원인: 시험 기간 동안 중앙도서관 3층에 몰리는 많은 인원
   2.2. 해결책
      2.2.1. 음료 반입 금지
      2.2.2. 텀블러 사용 권장
   2.3. 반론과 재반박
      2.3.1. 반론
      2.3.2. 재반박

3. 결론: 요약과 정리

(2) 개요 작성 시 주의할 점

개요를 작성하는 과정에서 반드시 지켜야 할 규칙이 있는데, 이는 다음과 같다. 내용이 비교적 간단한 ④와 ⑤를 제외한 나머지를 순서대로 살펴보도록 하겠다.

   ① 상위 범주는 하위 범주를 적절하게 포함해야 한다.
   ② 동위의 범주들은 대등하고 서로 중복되지 말아야 한다.
   ③ 하위 범주로 나눌 때는 반드시 두 개 이상의 세분화된 동위 범주가 있어야 한다.
   ④ 서론, 결론과 달리 '본론'이라는 말은 장 제목이 될 수 없다. 본론에 해당하는 부분에는 각 장의 중심 내용을 표제로 만들어 사용한다.
   ⑤ 참고문헌이나 부록 등에는 층위를 나타내는 숫자나 부호를 붙이지 말아야 한다.

①은 범주화와 관련한 사안으로서 아이디어가 올바르게 묶였는지를 판단하는 잣대이다. 만약 상위 범주와 전혀 관련이 없는 하위 범주가 있거나, 상위 범주가 하위 범주들의 합을 제대로 포괄하지 못한다면 이는 적절한 상위 범주라고 보기 어렵다.

②는 조직화와 관련된 사안으로서 범주별 독립성과 대등함을 살피는 잣대이다. 예컨대 절은 절끼리, 항은 항끼리 내용상 대등해야 하며 그 안에 겹치는 내용이 있어서도 안 된다는 의미이다.

③은 층위화와 관련한 것인데 해당 글의 논리성과 타당성을 확보하려는 목적으로 만들어진 잣대이다. 일반적으로 어떤 상위 범주를 하위 범주로 분류한다는 것은 해당 상위 범주를 일정한 기준에 따라 몇 가지로 변별한다는 의미이다. 그런데 분류한 결과가 하나뿐이라면 그것은 사실상 무가치한 작업에 불과하다. 이는 층위를 불필요하게 추가한 것이기 때문이다.

연습

- 아래의 개요가 적절하지 못한 이유를 범주화, 조직화, 층위화와 관련하여 설명해 보자.

<table>
<tr><td>

2. 학내에서 발생하는 문제점
   2.1. 절대적으로 부족한 학생 식당
   2.2. 부실한 학교 앞 상권

</td><td>

2. 학내 문제점과 이를 해결할 방안
   2.1. 무분별하게 주차된 전동 킥보드
   2.2. 건물에 무단 침입하는 외부인

</td></tr>
</table>

<table>
<tr><td>

2. 학내 도서관 이용 시 발생하는 문제점
   2.1. 부족한 장서 문제
   2.2. 복잡한 열람실 예약 시스템 문제
   2.3. 도서관 옆 공사 현상 소음 문제

</td><td>

2. 외부인의 학내 출입으로 인한 문제점
   2.1. 학내 기물 무단 사용과 손상
   2.2. 컴퓨터 무단 사용으로 인한 고장

</td></tr>
</table>

<table>
<tr><td>

2. 우리 학교와 관련한 문제점
   2.1. 절대적으로 부족한 학생 식당

</td><td>

2. 외부인의 학내 출입으로 인한 문제점
   2.1. 학내 기물 무단 사용과 손상

</td></tr>
</table>

제 7 장

효과적으로 논증하기

1. 논증의 개념

학술적 글쓰기는 독자의 생각을 필자의 방향으로 바꾸도록 하는 데 목적을 두고 있다. 그것은 대학에서 행하는 학문의 성격과 밀접하게 관련되어 있기 때문이다. 대학이란 학문에 임하는 사람들 각각이 자기 영역에 관한 이해도를 높이고 그것을 점검하는 곳이지만 그 과정에서 발생하는 의문을 해결하는 곳이기도 하며, 그것이 학문의 발전에 어떻게 이바지할 것인지를 끊임없이 탐구하는 곳이기도 하다. 그런데 이것은 연구자 혼자서는 해낼 수 없는 일이며 함께 학문을 궁구하는 사람들과의 긴밀한 논의를 통해서만 가능한 일이다. 보통 이렇게 학문을 탐구하는 과정은 학술적 글쓰기를 통해서 행해지므로, 대학에서 학문을 한다는 것은 결국 학술적 글쓰기를 통해 필자가 자기 생각을 얼마나 효과적으로 독자에게 전달하느냐에 달려있다.

학술적 글쓰기에서는 이처럼 필자가 자기 주장에 관해 타당한 이유나 근거 등을 들어 독자를 설득하는 과정을 '논증'(argument)이라고 한다. 따라서 논증은 글쓰기 과정 중에서 집필 단계에 해당한다. 집필 단계에서는 글쓰기의 실제 내용을 구성해야 하는데, 학술적 글쓰기에서는 독자를 설득하는 과정이 바로 글의 핵심 내용 중 하나이기 때문이다. 따라서 논증은 주제 선정과 개요 작성이 끝난 뒤, 실제로 필자가 작성하고자 하는 내용을 기술하는 단계라고 보아도 좋다.

그런데 이러한 논증은 그냥 아무렇게나 되는 것이 아니다. 여기에는 일반적으로 따라야 하는 구조가 있다. 즉 효과적인 논증을 위해서 독자가 고려해야 하는 일련의 방식이 있는데, 이를 '논증의 구조'라고 한다. 여기에는 여러 가지 요소가 포함되어 있는데, 그중에서 논증의 핵심을 이루는 주장과 근거부터 살펴보도록 하겠다.

2. 논증의 핵심, 주장과 근거

'주장'(claim)은 필자가 독자에게 받아들이도록 설득하려는 핵심 의견이나 입장을 뜻한다. 주장은 지나치게 모호하거나 극단적으로 쓰지 않아야 한다. 그러한 방식으로 작성된 주장은 독자의 반감을 불러일으켜 설득의 효과를 떨어뜨리기 때문이다. 가령 "대학은 축제에서 학생을 위해 노력해야 한다."와 같은 모호한 표현이나 "대학은 축제에서 어떠한 연예인도 부르지 말아야 한다."와 같은 극단적 표현보다는 "대학은 축제에서 연예인보다는 학생 중심의 행사를 지향해야 한다."와 같은 표현이 독자에게 공감될 가능성이 높다.

이러한 주장이 홀로 존재한다면 설득력이 없으므로 이것을 효과적으로 뒷받침할 요소가 필요한데 이를 논증의 구조에서는 '근거'(data)라고 한다. 근거는 실제 사실, 객관적 정보, 데이터 등으로 이루어진다. 예를 들면 "학생회의 예산 운용안에 따르면, 최근 3년간 연예인을 초청하는 데 드는 고액의 섭외비는 등록금이나 학생회비로 충당되는 경우가 많았기 때문이다."와 같은 통계가 위 주장에 대한 근거로 활용될 수 있다. 위에서 예로 제시했던 주장과 근거를 함께 제시하면 아래와 같다.

<주장과 근거로 이루어진 논증>
　　대학은 축제에서 연예인보다는 학생 중심의 행사를 지향해야 한다.[주장] 학생회의 예산 운용안에 따르면, 최근 3년간 연예인을 초청하는 데 드는 고액의 섭외비는 등록금이나 학생회비로 충당되는 경우가 많았기 때문이다.[근거]

주장과 근거를 설정할 때는 몇 가지 고려해야 할 점이 있다. 먼저 주장부터 살펴보자. 앞서 주제를 설정하고 주제문을 만드는 과정에서 주의해야 할 사항을 제시할 때 어떤 문제로 접근할지를 정하는 것, 곧 개념 문제냐 실용 문제냐를 정하는 것이 중요하다고 강조한 바 있다. 개념 문제냐 실용 문제냐에 따라 주장은 다음과 같은 조건을 고려해야 한다.

개념 문제라면 주장은 증명이 구체적으로 가능해야 한다. 종종 학생들은 증명하기 어려운 문제를 놓고서 끙끙 앓는 면모를 보여준다. 이때는 애당초 명확성과 정확성을 기대하기 어려운 모호한 문제를 붙잡고 있는 것은 아닌지를 점검할 필요가 있다.

실용 문제라면 주장은 해결 방안이 뚜렷하게 확보되어야 한다. 종종 학생들은 문제가 얼마나 심각한가에 대해서만 잔뜩 서술을 쏟아내고 해결 방안에 대해서는 몇 마디 추상적 서술에 그치는 경우가 많다. 물론 문제가 난해하고 복잡하다면 문제를 알려주는 데에도 많은 분량이 할애될 수 있다. 하지만 일반적으로는 어떤 주장과 마주한다면 문제가 얼마나 심각한가보다는 문제를 어떻게 해결할 수 있는가를 궁금해하기 마련이다. 따라서 적절한 해결 방안을 제대로 확보하지 못한 주장은 긍정적으로 여겨지기가 어렵다.

〈참고〉 해결 방안을 적절하게 확보하는 방법

〈서둘러 판단하지 않는다.〉

- 이는 두 가지로 나뉜다. 하나는 처음 정한 해결 방안을 무작정 밀고 나가는 태도를 경계하라는 의미이다. 글을 쓰다 보면 처음 정한 해결 방안을 계속 견지하기가 어려울 수 있다. 혹은 처음 정한 해결 방안보다 효과적인 해결 방안이 떠오를 수도 있다. 이때는 여태껏 쓴 분량이 아깝더라도 과감하게 방향을 트는 것이 낫다. 다른 하나는 가장 손쉽게 떠오르는 해결 방안은 일단 보류하라는 의미이다. 가령 기업의 수익이 떨어지는 문제가 주어질 때는 광고를 더 많이 해서 수익을 높이자는 해결 방안이 금방 떠오르기 십상이다. 하지만 이는 식상한 해결 방안일 확률이 높다. 그렇기에 또 다른 해결 방안은 없을까를 다각도로 궁리할 필요가 있다. 생산 시설을 현대화해서 생산 단가를 낮추는 방식으로 수익을 높일 수도 있다. 신입사원 채용 및 교육 확대를 통해 서비스를 강화함으로써 수익을 높일 수도 있다. 이처럼 다양한 해결 방안이 있음을 명심하면서 그중에서도 제일의 해결 방안이 무엇일까를 계속해서 모색해야 한다.

〈실제 적용 가능성을 따져본다.〉

- 첫째, 실행할 수 있는 해결 방안인가를 따져보아야 한다. 청년 실업이 심각하다고 해서 청년을 줄일 수는 없다. 이는 실행 불가능한 해결 방안이다. 한편으로 상세한 수준에까지 도달하기 어렵다면 이 또한 실행 불가능한 해결 방안에 해당한다. 가령 기숙사의 학생

수용률이 낮다고 할 때, 기숙사를 더 만들자는 것은 근본적인 해결 방안이라고 할 수 있지만, 정말로 기숙사를 만들 수 있는지를 세세히 검토할 능력이 부재하여 막연한 바람을 드러내는 정도에 그친다면, 결과적으로는 실행 불가능한 해결 방안이라고 여겨질 것이다.
- 둘째, 윤리적인 해결 방안인가를 따져보아야 한다. 공정한지, 합법적인지 등을 염두에 두어야 한다. 예를 들어 수업 시간에 학생들의 집중력이 떨어진다는 문제를 두고서 CCTV를 설치하자는 해결 방안을 내놓는다면 동의를 얻기가 어려울 것이다. 학생들의 인권이 침해되기 때문이다.
- 셋째, 세심한 해결 방안인가를 따져보아야 한다. 기존 상태를 유지하는 것과 비겨 크게 달라지지 않는다거나 오히려 나빠진다면 제대로 된 해결 방안이라고 할 수 없다. 원자력 발전소의 대안으로 태양열 발전소를 많이 설치했으나, 막상 태양열 발전소도 원자력 발전소에 못지않게 환경을 파괴한다는 내용이 어느 신문 기사에 담겨 있었다. 여기에 부합하는 사례라고 할 수 있다.

다음으로 근거를 찾을 때 고려해야 할 사항을 살펴보면 다음과 같다. 첫째, 독자가 어떤 근거를 기대하는지 파악해야 한다. 독자가 기대하는 근거의 유형은 학문 분야마다 다르다. 예컨대 환경과학이라면 보고서에 기재된 데이터를 기대할 것이며 역사학이라면 오래된 책이나 유적을 기대할 것이다. 어떤 학문 분야에 어떤 근거의 유형이 적합한지는 선행 연구를 통해 감을 잡을 수 있다. 선행 연구를 살펴보면 수렴되는 근거의 유형이 분명 존재하기 마련이다. 그렇지만 손쉽게 찾아진다고 해당 학문 분야에서 좀처럼 활용되지 않는 근거의 유형을 제시한다면 설득력이 떨어질 수밖에 없다.

둘째, 독자가 주장에 얼마나 저항할 것인지도 반드시 따져보아야 할 부분이다. 독자는 기존 인식과 상반되는 주장, 시간이나 노력을 들이라고 요구하는 주장, 새로운 문제가 일어날 만한 생각, 행동을 촉구하는 주장 등에 강렬하게 저항하기 마련이다. 따라서 독자를 설득하기 위해서는 근거를 더 많이 제시할 수밖에 없다.

셋째, 주장에 관한 적절한 근거를 마련하기 어렵다면 주장을 바꾸거나 고쳐도 된다. 대체로 주장의 강도를 낮추면 훨씬 수월하게 근거를 마련할 수 있다. 가령 "밤에 공부하는 학생이 많으므로 도서관을 24시간 개방해야 한다."라고 주장한다면, 이를 뒷받침하는 근거를 찾기가 어렵다. 그러나 "시험 기간에는 도서관에서 밤에 공부하는 학생이 많으므로 이 기간만이라도 도서관 심야 이용 시간을 늘려야 한다."라고 주장한다면, 이에 관한 근거를 찾기가 한결 수월해질 것이다.

<참고> 근거의 네 가지 원칙

- 정확성: 두말할 것 없이 가장 중요하다. 근거 중에서 단 한 개라도 어긋난다면 전체가 의심받게 되므로 절대로 틀려서는 안 된다.
- 구체성: "대구 인구는 100만 명에서 1억 명 사이이다."는 100% 정확한 근거이다. 하지만 이러한 근거는 구체적이지 않기 때문에 아무런 쓸모가 없다. 학문 분야에 따라 구체성의 기준은 다르므로 이와 관련한 기술을 할 때 주의해야 한다. 가령 물리학이라면 100만 분의 1초가, 고생물학이라면 50만 년 단위가 기준이 된다.
- 신뢰성: 최근 자료일수록 신뢰성은 높다(이때 인문학은 제외된다). 저명한 사람의 것일수록 신뢰성은 높다. 간혹 이익을 좇아 왜곡된 해석을 내린 연구가 있으므로 유의해야 한다. 또한 인용할 시에는 '재인용'을 지양하고 실제 출처를 직접 확인해야 한다.
- 대표성: 새로운 화학물질을 연구한다면 표본이 적어도 괜찮다. 하지만 복지 정책을 연구한다면 몇백 명, 몇천 명은 되어야 표본으로 인정할 수 있다.

<참고> 근거가 될 수 있는 것과 될 수 없는 것

- 기억, 에피소드는 근거가 될 수 없다. 권위자의 말도 근거가 될 수 없다. 이들은 객관적이라고 볼 수 없기 때문이다.
- 사진, 영화, 영상 등은 근거가 될 수 있다. 다만 조작 가능성을 의심해야 한다.
- 도표는 근거가 될 수 있다. 다만 도표를 곧이곧대로 받아들여서는 안 된다. 작성자의 의도를 따져보아야 한다.

<심화> 이유와 근거

- 논증에서 '근거'를 '이유'와 구분하는 시각도 있다. 이 경우에 '이유'(reason)는 필자의 주장을 '직접적으로' 뒷받침하는 요소가 되고, '근거'는 이유를 '구체적으로' 뒷받침하는 요소가 된다. 예를 들어 "대학 축제 예산이 특정 집단에게만 혜택을 주는 방식으로 사용되고 있기 때문이다."는 이유이고, "올해 발표된 학생회의 예산 운용안에 따르면, 최근 3년간 연예인을 초청하는 데 드는 섭외비는 등록금이나 학생회비로 충당되는 경우가 많았다."는 근거가 된다. 즉, 근거는 필자가 현실에서 직접 찾은 구체적·실체적 자료이며, 이유는 그러한 근거를 모아서 추상화·일반화한 것에 해당한다.

3. 논증의 연결 고리, 보증과 보강

학술적 글쓰기에서 설득력 있는 논증을 만들기 위해서는 주장과 근거만으로는 부족하다. 근거가 제시된다고 해서 독자가 곧바로 자연스럽게 주장을 받아들이지는 않기 때문이다. 만약 위에서 언급된 주장과 근거로만 끝나게 된다면, 독자는 "등록금이나 학생회비를 섭외비로 쓰는 게 뭐가 문제지?"라는 의문을 품을 수 있다. 따라서 이러한 의문을 방어하기 위해 "등록금과 학생회비는 모든 학생의 복지를 위해 쓰여야 하는데 일부 연예인의 팬에게만 즐거움을 주는 방식은 공공성과 형평성에 어긋난다."라는 일반적 원리를 제시해야 한다. 이렇게 주장과 근거를 연결하는 원리를 '보증'(warrant)이라고 한다. 독자가 근거에서 주장으로 넘어가는 것을 당연하게 받아들이려면 이러한 보증이 적절하게 작동해야 한다.

보증이 적절하게 작동하려면 몇 가지 조건을 갖추어야 한다. 첫째, 보증은 그 자체로서 타당해야 하며 주장과 근거와 직결된 것이어야 한다. 그래야 근거로부터 주장을 합리적으로 연결할 수 있기 때문이다. 둘째, 보증은 필자와 다수의 독자가 인정하고 공유할 만한 성질의 것이어야 한다. 즉 보증은 독자와 글쓴이가 기본적으로 받아들일 수 있는 가치나 규범이어야 하는데, 그것이 생소하거나 수용하기 어려운 내용이라면 해당 보증이 포함된 논증은 설득력을 잃게 된다. 셋째, 보증은 내용이나 표현이 명확해야 한다. 지나치게 추상적이거나 모호한 원리는 근거와 주장을 효과적으로 연결하지 못한다.

> **〈심화〉 보증은 논증에서 반드시 필요한가?**
>
> - 보증이 논증에서 항상 명시적으로 드러날 필요는 없다. 필자와 독자가 이미 공유하고 있는 가치나 상식, 믿음 등이 있다면 보증을 생략해도 무방하다. 그러나 필자와 독자의 배경지식이 다르거나 적지 않은 차이가 있다면 보증을 제시하는 것이 독자를 설득하는 데 유리하다.

한편, 보증이 제시되었다고 해서 모든 독자가 곧바로 이를 받아들이는 것은 아니다. 때로는 보증 자체가 정당한지에 대한 의심이 생길 수 있기 때문이다. 이럴 때 논증을 더욱 강화해 주는 요소가 '보강'(backing)이다. 예컨대 "앞서 등록금과 학생회비를 학생이 아니라 연예인에게 쓰는 것은 공공성과 형평성에 어긋난다고 언급했는데 왜 그렇게 생각하지?"처럼 보증에 관하여 의문이 발생할 수 있다. 이러한 의문이 나올 것을 미리 방지하려면 "대학의 예산 집행과 관련한 여러 규정을 살펴보면, 학생회비나 등록금은 '공공성'

과 '형평성'을 전제로 하여 집행되어야 함을 알 수 있다."와 같은 규범을 제시해야 한다. 이렇게 보증을 타당하게 뒷받침하는 요소를 '보강'이라고 한다.

이처럼 보강은 보증이 사회적, 제도적, 학문적 권위를 획득하도록 뒷받침하는 정보이다. 앞선 예시에서 보증이 "학생회비는 공공성과 형평성에 맞게 써야 한다."라면, 보강은 대학의 예산 집행 규정이나 관련 법률 조항처럼 이 원리가 제도적으로 정당하다는 것을 보여주는 '자료'가 된다. 이를 통해 독자는 보증이 글쓴이만의 개인적인 의견이 아니라 제도적으로 인정받은 원칙임을 확인하게 된다.

논증에서 보강이 효과적으로 보증을 뒷받침하려면 다음과 같은 점을 고려해야 한다. 첫째, 보강은 권위가 있어야 하며 사실에 기반해야 한다. 즉 보강에 언급되는 내용은 법률이나 규정, 공식 지침, 혹은 학문적 이론처럼 공신력이 있으며 실재하는 출처에서 제공되어야 한다. 둘째, 보강은 보증을 직접적으로 뒷받침해야 하며 시의적절해야 한다. 보강은 근거 자체를 반복해서는 안 되며 반드시 보증을 정당화하는 자료여야 한다. 지금까지 제시된 논증의 구조에 따라 예문을 정리해 보면 다음과 같다.

〈보증과 보강이 포함된 논증〉

　　대학은 축제에서 연예인보다는 학생 중심의 행사를 지향해야 한다.[주장] 학생회의 예산 운용안에 따르면 최근 3년간 연예인을 초청하는 데 드는 고액의 섭외비는 등록금이나 학생회비로 충당되는 경우가 많았기 때문이다.[근거] 등록금과 학생회비는 모든 학생의 복지를 위해 쓰여야 하는데 일부 연예인의 팬에게만 즐거움을 주는 방식은 공공성과 형평성에 어긋난다.[보증] 대학의 예산 집행과 관련한 여러 규정을 살펴보면 학생회비나 등록금은 '공공성'과 '형평성'을 전제로 하여 집행되어야 함을 알 수 있다.[보강]

〈심화〉 보증과 보강의 차이

- 보증과 보강은 비슷해 보이지만 엄연히 다르다. 보증이 근거에서 주장을 끌어내는 일반적인 규칙이자 논리적인 연결 고리라면 보강은 그 규칙이 왜 정당한지를 보여주는 자료이다.
- 보증이 없다면 근거와 주장은 서로 단절되어 설득력이 약해진다. 보강이 없다면 보증이 쉽게 흔들려 논증이 불안정해진다. 따라서 학술 글쓰기에서 주장과 근거를 제시한 뒤에는 반드시 보증을 점검해야 한다. 또한 보증이 독자에게 충분히 받아들여질지 의심스럽다면 보강까지 제시하여 더욱 견고하게 만들어야 한다.

4. 논증의 균형, 반박과 강조

　지금까지 언급된 근거, 보증, 보강 등은 모두 필자의 주장을 지지하는 요소들이다. 그렇지만 논증에는 '반박'(rebuttal)이라고 하여 필자의 주장을 지지하지 않는 요소도 존재한다. 예를 들어 "대학은 축제에서 연예인보다는 학생 중심의 행사를 지향해야 한다."라고 주장할 때, 반대 측에서는 "연예인을 초청하면 외부인의 참여를 유도하고 축제 분위기를 높일 수 있다."라고 반박할 수 있다. 이러한 반박을 논증에 포함하면 필자가 다양한 관점을 고려했다는 인상을 주어 글의 신뢰성을 높일 수 있다. 그래서 반박은 필자의 주장이 '항상', '언제나' 성립하는 것이 아니며 때때로 반대되는 의견이 존재할 수 있음을 보이는 장치이기도 하다.

　반박을 논증에 포함하는 것은 글의 설득력을 낮추는 행위로 오해되기 쉽다. 그렇지만 반박을 제시하는 행위는 그저 필자의 주장에 대한 반대 의견을 보이는 것이 아니다. 반대 의견을 효과적으로 논파하여 필자의 주장을 한층 강화하는 데 목적이 있다. 따라서 반박 뒤에는 반드시 필자의 주장과 동일한 견해를 나타내고 있는 '재반박'(counter-rebuttal)이 이어져야 한다. 가령 "연예인을 초청하면 외부인의 참여를 유도하고 축제 분위기를 높일 수 있다."라는 반박에는 "그러나 대학 축제의 본래 목적은 학생 자치와 참여에 있다는 점에서 화려한 연예인 공연에 의존하는 방식은 장기적으로 자율성과 공동체 정신을 해치게 된다."라는 재반박이 필수적으로 와야 한다.

　논증에서 반박이 포함될 때는 다음과 같은 점을 고려해야 한다. 첫째, 반박은 실제로 존재하거나 현실적으로 발생할 수 있는 반대 의견이어야 한다. 반박으로 제시되는 의견이 엉뚱하거나 극단적인 것이라면 혹은 필자가 '반박을 위한 반박'으로서 억지로 만든 것이라면, 독자는 이러한 반박을 진지하게 받아들이지 않을 것이다.

　둘째, 반박은 반박으로 제시되는 영향이나 결과를 구체적으로 표현해야 한다. 단순하게 "~하는 주장에 반대되는 의견이 있다/다른 의견이 있다."라고만 하면 필자가 반대 의견을 크게 고려하지 않았다는 인상만 주게 된다. 예컨대 "대학은 축제에서 연예인보다는 학생 중심의 행사를 지향해야 한다."라는 주장에 관한 반박으로서 "대학 축제에는 연예인을 부르는 것이 좋다는 의견도 있다/좋을 수도 있다."라고 쓰는 것보다는 "연예인 초청은 외부 방문객 수를 증가시켜 지역경제 활성화에 기여할 수 있다."처럼 쓰는 것이 훨씬 효과적이다.

셋째, 반박 이후에는 반드시 재반박(반박에 대한 대응)이 뒤따라야 한다. 반박만 제시하면 오히려 필자의 주장이 약화될 수 있다. 따라서 필자는 재반박을 통해 본인의 주장이 여전히 타당하다는 점을 독자에게 보여야 한다.

반박과 재반박까지 이루어졌다면 논증을 마무리할 차례이다. 논증의 마무리는 대체로 주장을 다시 한번 '강조'하는 방식으로 이루어진다. 그렇지만 강조는 '서두에 제시했던 주장을 그대로 다시 사용한 것'이 아니라 '해당 표현을 한층 세련되고 유연하게 바꾼 것'이라는 사실을 기억해야 한다. 마무리에서 쓰이는 강조에는 '한정 표현'(qualifier)이 추가되기 때문이다.

한정 표현이란 주장의 확실성이나 가능성, 적용 범위를 조절하는 표현으로서 논증의 신뢰도를 높이는 핵심 요소 중 하나이다. 우리가 하는 주장이 '언제나/모두/100%' 참이라고 할 수 없으므로 이러한 표현을 통하여 주장에 여지를 남기는 것이다. 예를 들어 "따라서 예산 낭비를 막고 학생 중심의 행사를 만들려면 대학 축제에는 연예인을 부르지 않는 것이 바람직하다."의 "예산 낭비를 막고 학생 중심의 행사를 만들려면"이 한정 표현에 해당한다. 만약 "대학 축제에서 연예인 공연을 무조건적으로 반대한다."라고 주장한다면 독자는 쉽게 반발할 수밖에 없다. 그렇지만 "~한 조건이라면 반대하겠다."처럼 어떤 조건을 걸고 반대한다면 훨씬 합리적이고 설득력 있게 들리므로 독자의 반발을 최소화할 수 있다.

> **〈참고〉 대표적인 한정 표현**
>
> - 확률이나 정도를 나타내는 부사: 대체로/대부분(mostly), 흔히(often), 거의(certainly) 등.
>   - 예 "이 현상은 대체로 중산층 이상의 계층에서 보편적으로 발생한다."
>
> - 조건이나 예외를 두는 절: "~하는 경우에 한해", "~라면", "~을 위해서"
>   - 예 "외부 기업이 비용을 전액 지원한다면 연예인 초청을 고려할 수 있다."

반박과 강조는 논증의 균형을 잡아주는 요소에 해당한다. 반박이 잠재적인 반대 의견을 제시하는 장치라면 강조는 주장이 과하게 보이지 않도록 조절하는 장치이다. 이 두 가지를 효과적으로 제시한다면 필자의 주장이 단정적으로 보이지 않을 뿐만 아니라 반대 의견까지 적절하게 고려했음을 보여주게 되므로 독자가 필자의 주장을 수용할 가능성이 훨씬 높아진다. 지금까지 제시된 예시를 하나의 글로 정리하면 다음과 같다.

<반박과 강조까지 포함된 논증>

대학은 축제에서 연예인보다는 학생 중심의 행사를 지향해야 한다.[주장] 학생회의 예산 운용안에 따르면, 최근 3년간 연예인을 초청하는 데 드는 고액의 섭외비는 등록금이나 학생회비로 충당되는 경우가 많았기 때문이다.[근거] 등록금과 학생회비는 모든 학생의 복지를 위해 쓰여야 하는데 일부 연예인의 팬에게만 즐거움을 주는 방식은 공공성과 형평성에 어긋난다.[보증] 대학의 예산 집행과 관련한 여러 규정을 살펴보면, 학생회비나 등록금은 '공공성'과 '형평성'을 전제로 하여 집행되어야 함을 알 수 있다.[보강] 연예인을 초청하면 외부인의 참여를 유도하고 축제 분위기를 높일 수 있다.[반박] 그러나 대학 축제의 본래 목적은 학생 자치와 참여에 있다는 점에서, 화려한 연예인 공연에 의존하는 방식은 장기적으로 자율성과 공동체 정신을 해치게 된다.[재반박] 따라서 예산 낭비를 막고 학생 중심의 행사를 만들려면 대학 축제에는 연예인을 부르지 않는 것이 바람직하다.[강조]

〈참고〉 논증에서 균형을 잡을 때 주의할 점

- 반박 없이 한정 표현만 쓰면: 주장이 모호해져서 독자가 확신을 갖기 어렵다.
- 한정 표현 없이 강한 어조로만 주장하면: 독자가 쉽게 반발하고 반박 근거를 찾게 된다.
- 재반박 없이 반박만 있으면: 논증이 자기모순처럼 보인다.
- 한정 표현을 남발하면: 주장이 지나치게 약해져 설득력을 잃는다.

〈참고〉 논증에서는 각 요소를 한 문장으로만 써야 하는가?

- 논증의 각 요소는 반드시 한 문장으로만 써야 하는 것은 아니다. 오히려 하나의 요소를 여러 문장으로 전개하는 것이 일반적이며 이는 글의 설득력을 높이는 데 더욱 효과적이다.
- 예를 들어 **근거**에서 "학생회 예산 운용안에 따르면 최근 3년간 연예인 섭외비가 급증했다. 이를 구체적으로 살펴보면 2022년 2,000만 원에서 2024년 8,000만 원으로 400%나 증가했다. 이는 전체 축제 예산의 75%에 해당하는 규모인데 이처럼 과도한 연예인 섭외비로 인하여 학생회 운영비나 동아리 지원비가 크게 부족해진 상황이다."처럼 여러 문장으로 상세히 제시할 수 있다.
- **보증** 역시 "등록금과 학생회비는 모든 학생의 복지를 위해 사용되어야 한다. 특히 공적 성격을 가진 예산은 특정 집단에게만 혜택을 주어서는 안 되며, 교육적 목적과 공공성을 우선 고려해야 한다. 일부 연예인 팬들만을 위한 예산 사용은 이러한 원칙에 명백히 위배된다."와 같이 여러 문장을 통해 논리적 연결 고리를 충분히 설명할 수 있다.
- 마찬가지로 재반박이나 강조 등 다른 요소들도 복수의 문장을 통해 논리를 보다 구체적이고 설득력 있게 전개하는 것이 바람직하다.

〈심화〉 토론에서도 활용이 가능한 논증의 구조

- 지금까지 살펴본 논증의 구조는 토론에서도 그대로 활용된다. 토론은 서로 다른 입장을 가진 사람들이 논증을 통해 상대방과 청중을 설득하는 과정이기 때문이다.
- 토론 준비 단계에서는 자신의 주장과 근거를 체계적으로 정리하고 상대방이 제기할 만한 반박을 예상하여 재반박을 준비해야 한다. 또한 토론 중에는 상대방의 논증에서 보증이 부실한 부분이나 근거가 부족한 지점을 찾아 효과적으로 반박할 수 있다. 결국 논증의 구조를 잘 이해하면 글쓰기뿐만 아니라 토론에서도 더욱 설득력 있게 자기 입장을 펼칠 수 있게 된다.

제 8 장

5단 구성 글쓰기

1. 5단 구성의 개념

학술적 글쓰기는 일반적으로 '서론-본론-결론'의 3단 구성을 취한다. 그중에서도 가장 중요한 것은 본론이다. 바로 글의 핵심 내용을 담고 있기 때문이다. 따라서 본론은 3단 구성 중에서도 가장 분량이 많으며 그 내용 또한 복잡다단할 수밖에 없다. 그런데 학술적 글쓰기라고 하여 본론의 구성이 모두 동일한 것은 아니다. 글의 주제나 작성 목적에 따라 본론을 전개하는 방식은 달라지기 때문이다. 이 경우 보통 본론을 세 부분으로 나누게 되므로 학술적 글쓰기는 결과적으로 '서론 → 본론1 → 본론2 → 본론3 → 결론'이라는 5단 구성이 된다.

이러한 5단 구성은 '본론1'부터 '본론3'까지를 어떻게 구성하느냐에 따라 몇 가지로 유형화되는데 '문제해결형', '반박-재반박형', '근거 나열형' 등이 여기에 해당한다. 즉 이 세 가지 유형은 본론의 내용이나 전개 방식에 따라 구분되는 개념이다. 요컨대 우리가 아래에서 배울 5단 구성은 전통적인 3단 구성의 확장인 셈이다.

앞서 제시된 논증 구조는 한 문단에서 주장을 설득력 있게 전달하기 위한 핵심 구조였다. 주장, 근거, 보증, 보강, 반박, 강조로 이루어진 이 구조는 단일 주장이나 문제에 대해 짧고 강력한 논증을 만들기 위한 틀이다. 그러나 대학에서 작성되는 학술적 글쓰기는 보통 수천 자 이상의 분량을 가지는데, 이를 논증 구조에서 언급된 '하나의 문단'으로만 대응하기에는 턱없이 부족하다. 한 문단의 논증만으로는 학술적 글쓰기에서 요구되는 깊이와 설득력을 담아내기 어렵기 때문이다. 그래서 학술적 글쓰기에는 하나의 주장을 뒷받침하기 위해 세부적으로 여러 갈래의 논리 전개 방식이 필요하다. 그리고 이러한 논리 전개는 문단과 문단의 관계에서 이루어지게 된다. 요컨대 앞서 다루었던 논증 구조가 '하나의 문단 내부의 여러 문장'에 적용되는 개념이었다면, 학술적 글쓰기의 논증 구조는 '하나의 글 내부의 여러 문단'으로 확대되는 개념에 해당한다.

그러나 이를 '주장, 근거, 보증, 보강, 반박, 강조'를 이루는 문장이 각각의 문단으로 확대되는 것으로 오해해서는 곤란하다. 다시 말해 학술적 글쓰기는 이 여섯 개의 논증 요소가 각각의 문단으로 분리되는 방식으로 이루어지는 것이 아니라는 뜻이다. 실제 학술적 글쓰기는 주제와 성격에 따라 논증 요소들이 문단 내부에서 중첩될 수도 있고, 일부 요소가 생략될 수도 있으며, 반대로 더 세분화되어 반복적으로 나타날 수도 있다. 예컨대 어떤 학술적 글쓰기에서는 본문 일부 문단이 근거와 보강을 함께 담아내고, 다른 문단은 반박과 재반박을 연속적으로 제시할 수 있다. 또 어떤 글은 복잡한 문제 상황을 다루면서 원인 분석과 해결책 제시가 여러 장(章)과 절(節)에 걸쳐 나뉘어 서술되기도 한다. 이처럼 학술적 글쓰기는 논증 구조에 기반하지만 글의 목적과 주제, 전개 방식 등에 따라 그 구조는 다양하게 변형될 수밖에 없다. 즉 5단 구성은 논증의 각 요소를 그저 나열만 한 것이 아니라 논증의 구조를 글 전체의 논리적 흐름에 맞게 재설계하여 확장한 결과물이라고 이해해야 한다. 아래에서는 5단 구성의 대표 유형인 문제해결형, 반박-재반박형, 근거 나열형을 순서대로 살펴보겠다.

2. 문제해결형 구성

문제해결형 5단 구성은 학술적 글쓰기에서 보편적으로 활용되는 글쓰기 구조 중 하나이다. 이는 제시된 문제의 원인을 분석하며 적절한 해결책을 도출한 뒤, 대안과 기대 효과까지 검토하여 최종 결론을 제시하는 방식이다.

문제해결형 5단 구성은 '문제 제기 → 원인 분석 → 해결책 제시 → 대안 비교 및 효과 검토 → 결론'과 같은 순서로 이루어져 있는데 이를 자세히 살펴보면 다음과 같다.

① 문제 제기

이것은 학술적 글쓰기의 서론으로서 독자가 문제 해결의 필요성을 명확히 인식하도록 만드는 단계이다. 이 단계는 다시 '공감대 형성 → 불안정 조건 제시 → 손실이나 혜택 제시'로 이루어진다.

먼저 '공감대 형성'은 독자가 흥미를 갖게끔 이끄는 부분이다. 이는 독자에게 해당 문제를 다루는 이유를 인지시키기 위하여 작성한다. 여기에서는 경험 소개, 이슈 언급, 경구 제시, 질문 던지기, 개념 정의 등과 같은 다양한 방법을 활용할 수 있다. 예를 들어 "중앙도서관 3층 쓰레기통은 시험 기간이 되면 플라스틱 쓰레기가 쌓여 학습 환경이 심각하게 훼손된다."와 같은 이슈로 시작하면, 독자는 현실적인 이슈에 공감하게 된다.

다음으로 '불안정 조건'이란 기존에 안정되어 있던 상황을 불안하게 만드는 사건이나 상황 등을 뜻한다. 지금까지 존재하지 않았던 사건이나 상황이 발생하더라도 그것이 문제로 인식되지 않는다면 이 불안정 조건은 성립하지 않는다. 그러나 '시험 기간에 플라스틱 쓰레기가 급격히 증가하는 현상'은 도서관 이용자가 쉽게 적응하고 수용할 만한 상황이 아니므로 불안정 조건에 해당한다.

'손실'이란 불안정 조건으로 인한 비용이나 대가를 뜻하는 것이다. 손실은 다양하게 찾아지기 마련이고, 그중에서 어떤 손실을 내세울지에 따라 전체 맥락이 달라지기 마련이다. 그리고 '혜택'이란 손실을 반대로 진술한 것이다. 불안정 조건에 따라 손실과 혜택 중에서 적절한 것을 선택하면 된다. 가령 '시험 기간 동안 중앙도서관 3층에서 플라스틱 쓰레기 급증'이라는 불안정 조건이 초래하는 손실로서 '도서관 이용자들에게 불쾌감을 줌', '위생 문제가 발생함', '학습 분위기가 저해됨', '도서관 시설 전반에 대한 불만이나 의심이 발생함' 등을 제시할 수 있다. 반면에 해당 불안정 조건을 해결했을 때 생기는 혜택으로서 '쾌적하고 효율적인 학습 환경을 공유함'이나 '도서관 이용자들의 집중력과 만족도가 증가함' 등을 들 수 있다. 예를 들어 이 단계는 다음과 같이 작성할 수 있다.

〈예시〉

시험 기간이 되면 중앙도서관 3층 쓰레기통 주변은 플라스틱 쓰레기가 넘쳐나서 도서관 이용자들이 불쾌해하는 모습을 쉽게 목격할 수 있다.[공감대 형성] 최근 3년간 시험 기간 중 플라스틱 쓰레기 발생량이 평소보다 300% 이상 급증하면서 기존 처리 시스템의 한계가 드러나고 있다.[불안정 조건] 이에 따라 도서관 이용자들은 악취와 위생 문제로 학습 집중도가 떨어지고 도서관 시설 전반에 대한 불만까지 제기하고 있다.[손실]

〈참고〉 〈문제 제기〉에서 사용되는 논증 요소

- 이 단계에서는 주장의 기본 틀이 형성된다. 필자는 독자가 공감할 만한 **근거**를 제시해 문제 상황을 보여주고 왜 이 문제가 해결되어야 하는지를 **보증**을 통해 암묵적으로 전달한다. 이때의 보증은 "이것이 왜 문제인가?"라는 질문에 대한 답이며 일반적으로 사회적 가치나 기준에 호소하는 형태를 띤다. 아직 구체적인 해결책을 제시하지 않지만 글 전체에서 해결해야 할 핵심 주장이 이 단계에서 마련되는 것이다.

② 원인 분석

이것은 문제 제기에서 언급된 문제의 근본을 분석하는 단계이다. 그저 문제를 언급하는 것만으로는 독자를 설득하기 어려우므로 문제가 발생한 원인을 분석하여 제시해야 한다. 여기에서는 '표면 원인'과 '근본 원인'을 구분하는 것이 중요하다. 예를 들어 플라스틱 쓰레기가 급증하는 표면 원인은 '쓰레기통 개수나 쓰레기통을 치울 인력이 부족함'이지만, 근본 원인은 '일회용 플라스틱 용기의 사용량이 급증함'이고 그것은 궁극적으로 '시험 기간 동안 도서관 이용자가 급증함'에 기인한다. 이러한 분석이 이루어져야 단계의 해결책이 더욱 효과적으로 설계될 수 있다. 표면 원인과 근본 원인 중 실제로 해결할 수 있는 것이 무엇인지를 알아야 효과적인 방안을 마련할 수 있기 때문이다.

③ 해결책 제시

이것은 실질적인 해결 방안을 제시하는 단계이다. 독자의 공감을 받기 어렵거나 현실적으로 실행하기 어려운 해결 방안은 여기서 먼저 제외된다. 가령 '시험 기간 동안 도서관 이용자가 급증한다'는 근본 원인을 해결하기 위해 "도서관을 즉각 증축하거나 리모델링해야 한다."처럼 현실적으로 대응하기 어려운 방안이나, "시험을 아예 없앤다."와 같은 극단적 방안은 고려되지 않는다.

해결 방안은 하나만 제시할 수도 있으나 여러 개를 제시할 수도 있다. 이것은 문제를 바라보는 필자의 시각에 따라 결정된다. 예를 들어 표면 원인인 '일회용 플라스틱 용기 급증'과 관련하여 "시험 기간에만 플라스틱 쓰레기통을 임시로 추가한다.", "일회용 플라스틱 용기만 따로 수집하는 통을 마련한다.", "쓰레기통을 주기적으로 치울 인력을 임시로 보강한다.", "플라스틱 압축기를 설치해 부피를 줄인다.", "장기적으로는 텀블러 사용을 유도한다." 등과 같은 해결책을 제시할 수 있는 것이다.

④ 대안 비교 및 효과 검토

이것은 앞서 제시된 여러 해결책 중 가장 나은 방안을 도출하는 단계이다. 해결책을 나열하는 것만으로는 설득력이 부족하기 때문이기도 하지만, 모든 해결책을 동시에 온전히 수행하는 것이 현실적으로 어려운 경우가 많기 때문이다. 따라서 각 대안의 장단점을 비교하고 가장 효과적인 방안을 도출해야 한다.

이 단계에서는 명확한 평가 기준을 설정해야 한다. 비용 효율성, 실현 가능성, 지속 가능성, 부작용의 정도 등을 평가 기준으로 삼을 수 있으며 이러한 기준들 사이에 우선순위를 정하는 것도 중요하다. 이를 위하여 정량적 평가가 가능한 부분(예: 비용, 시간 등)과 정성적 평가가 필요한 부분(예: 만족도, 교육적 효과 등)을 적절히 조합하여 균형 잡힌 비교를 해야 한다. 또한 이 단계에서는 각 해결책에 대한 예상 반박들을 미리 고려해야 한다. 가령 "비용이 너무 많이 든다.", "실현 가능성이 낮다.", "대중의 선호도가 높지 않을 것이다." 등의 반박에 대해 어떻게 대응할 것인지를 고민해야 한다.

> **〈참고〉**〈대안 비교 및 효과 검토〉에서 사용되는 논증 요소
> - 이 단계에서는 **근거**와 **보강**이 주로 활용되며, **보증**과 **반박**도 중요한 역할을 한다. 다른 해결책의 단점들(비용, 효과성, 실현 가능성 등)을 제시하는 것은 선택한 방안의 우월성을 뒷받침하는 근거에 해당한다. 선택한 방안의 타당성을 강화하기 위해서는 대학의 친환경 정책이나 다른 캠퍼스의 성공 사례 같은 보강 자료가 활용할 수 있다.
> - 또한 선택한 해결책에 대해서도 솔직하게 한계나 예외 상황을 인정하는 반박을 제시함으로써 논증의 균형성과 신뢰성을 높일 수 있다. 이를 통해 독자는 필자가 다양한 선택지를 신중히 검토했음을 알게 된다. 특히 이 단계에서는 상대적 우월성을 보여주는 보증이 중요한데, 이는 "왜 이 방안이 다른 방안보다 나은가?"라는 질문에 대한 적절한 방어 논리가 된다. 예를 들어 "단기적 편의성보다는 장기적 효과가 중요하다."라는 가치 판단이 보증 역할을 할 수 있다.

⑤ 결론

이것은 한정 조건을 포함하여 필자의 주장을 강조하는 단계이다. 결론에서는 앞서 논의한 내용을 종합하여 필자의 주장을 제시해야 한다. "결국 중앙도서관의 플라스틱 쓰레기 문제는 단기적으로 청소 인력과 쓰레기통 개수를 늘리고, 장기적으로는 텀블러 사용을 장려하는 방식으로 해결할 수 있다."처럼 해결책을 압축적으로 제시하는

것이 효과적이다. 또한 "시험 기간에만 인력과 시설을 보강하는 방식이 효율적이다."
와 같은 한정 조건을 포함하면 현실성과 설득력이 더욱 강화된다.

> **〈참고〉** 〈결론〉에서 사용되는 논증 요소
> - 이 단계는 한정 조건을 포함한 주장, 즉 **강조**와 직결된다. 해결 방안인 주장을 다시 한번
>   강조하면서도 현실적인 조건과 예외 상황을 고려해서 주장에 유연함을 부여하기 때문이다.

3. 반박-재반박형 구성

반박-재반박형 5단 구성은 학술적 글쓰기에서 상대방 논리를 정면으로 다루면서도
자기 입장을 더욱 견고하게 만드는 방식이다. 그래서 이 구성은 특히 사회적으로 논쟁이
있는 주제나 가치관의 충돌이 있는 주제를 다룰 때 선호된다. 이 구성의 핵심은 상대방의
논리를 온전하게 검토하고 논리적으로 반박하는 데 있다. 이러한 과정을 통해 필자는
독자에게 공정한 관점으로 논증에 임했음을 어필할 수 있다.

반박-재반박형 구성을 효과적으로 활용하려면 상대방의 논리를 충분히 이해하고 그것
을 존중해야 한다. 반박-재반박형 구성은 상대를 이기려는 데 목적이 있는 것이 아니라,
상충하는 두 개의 가치 중에서 더 나은 것을 찾는 데 목적이 있기 때문이다. 이 구성은
'쟁점 제기 → 자신의 핵심 근거 제시 → 상대방 논리 소개 → 상대방 논리에 대한 재반박
→ 결론'와 같은 순서로 이루어져 있다.

① 쟁점 제기

이것은 학술적 글쓰기의 서론에 해당하는 부분으로서 논쟁의 맥락을 제시하고 필자의
입장을 명확하게 밝히는 단계이다. 이 단계는 다시 '배경 제시 → 쟁점의 핵심 부각 →
필자의 입장 표명'의 순서로 이루어진다.

먼저 '배경 제시'는 독자가 해당 주제에 관심을 두도록 만드는 부분이다. 현재 진행
중인 논쟁이나 사회적 이슈를 간략히 소개함으로써 독자의 관심을 끌고, 해당 사안이
논의할 만한 가치가 있음을 보이면 된다. 여기에는 주제를 효과적으로 드러내는 사건이
나 사고, 정책 변화, 사회 갈등 등을 활용할 수 있다.

다음으로 '쟁점의 핵심 부각'은 논쟁하는 양쪽 입장을 간략히 대비하여 논란의 핵심이 무엇인지를 드러내는 부분이다. 이때 양측 입장을 객관적으로 제시하되 이들 사이의 근본적인 차이가 무엇인지를 드러내야 한다. 또한 이러한 차이는 선호의 차원이 아니라 서로 다른 가치관이나 판단 기준에서 비롯된 것임을 보여주어야 한다.

마지막으로 '필자의 입장 표명'은 앞서 제시한 쟁점에 대한 필자의 견해를 제시하는 부분이다. 이때 그냥 "A가 옳다."라고 하는 것보다는 "이러한 맥락에서 A가 더 바람직하다."라는 식으로 판단의 근거가 될 기준이나 관점을 암시하는 것이 효과적이다. 예를 들어 이 단계는 다음과 같이 작성할 수 있다.

〈예시〉

최근 여러 대학에서 축제 예산 편성과 운영 방식을 둘러싼 논란이 지속되고 있다.[배경 제시] 한편에서는 유명 연예인 초청을 통해 화려한 볼거리를 제공하고 대학의 대외적 이미지를 높여야 한다고 주장하는 반면, 다른 한편에서는 학생 중심의 자치적 프로그램을 통해 축제의 교육적 가치를 실현해야 한다고 주장한다.[쟁점의 핵심 부각] 대학의 존재 목적을 고려한다면 대학 축제에는 연예인을 초청하지 않고 학생들이 직접 기획하고 참여하는 프로그램으로 구성하는 것이 바람직하다.[필자의 입장 표명]

〈참고〉 〈쟁점 제시〉에서 사용되는 논증 요소

- 이 단계에서는 논증의 전체 방향을 결정하는 **주장**이 제시된다. 주장은 논쟁할 수 있는 대상이어야 하며 필자의 입장을 명확히 드러낼 수 있는 것이어야 한다. 또한 이 주제가 논의할 가치가 있음을 보이는 **근거**와, 해당 주제가 왜 중요한 문제인지를 설명하는 **보증**이 함께 제시될 수 있다. 이때의 보증은 "왜 이 문제가 중요한가?"라는 질문에 대한 답이므로 사회적 가치나 원칙에 호소하는 형태를 띤다. 가령 위 예문에서는 "대학에서 행하는 모든 활동은 교육기관의 정체성에 부합해야 하는데, 축제 역시 예외가 될 수 없기 때문이다."와 같은 보증이 제시될 수 있다.

② 자신의 핵심 근거 제시

이것은 필자의 입장을 뒷받침하는 가장 강력한 논거들을 제시하는 단계이다. 여기에서는 상대방 논리를 언급하기 전에 필자의 객관적이고 설득력 있는 근거를 제시해야 한다. 예컨대 "대학 축제 예산 분석 결과, 최근 3년간 연예인 섭외비가 전체 축제 예산의 70% 이상을 차지하고 있으며, 이는 학생 동아리 지원비나 학생 기획 프로그램 예산을 크게 압박하고 있다."나 "연예인 공연이 있는 날에는 외부 방문객이 재학생보다 세 배 이상 많아져 정작 축제의 주인이어야 할 학생들이 소외되는 현상이 나타나고 있다."와 같은 것이 대표적이다.

③ 상대방 논리 소개

이것은 상대의 핵심 논리를 제시하는 부분으로서 반박-재반박형 구성에서 가장 중요한 단계이다. 여기에서는 다음과 같은 점에 주의하며 논의를 진행해야 한다.

첫째, 상대의 논리를 왜곡하지 않도록 주의한다. 상대방도 주장, 근거, 보증 등 논증의 요소를 통하여 자기 논리를 펼치기 마련인데, 그중 어떠한 부분도 왜곡하지 말고 온전히 수용하여 제시하는 자세가 필요하다. 상대 논리를 교묘히 자기 입맛에 맞게 조작하는 것은 글쓰기 윤리를 어기는 행위이다.

둘째, 상대방 논리를 비판할 때는 가장 중요한 핵심 논리를 갖고 와야 한다. 핵심과 거리가 먼, 비교적 다루기 쉬운 논리만 선별하여 가지고 오는 행위는 그다지 권장되지 않는다. 논증에서 상대방 입장을 굳이 제시하는 것은 이를 재반박함으로써 필자 논리가 우위에 있음을 보이기 위해서인데, 이러한 목적을 달성하는 데에는 상대방의 핵심 논리를 직접적으로 논파하는 것이 가장 효과적이기 때문이다. 또한 주변적인 것만 건드리는 행위는 자칫 필자가 상대 논리를 제대로 파악하지 못했다는 오해로 이어질 수도 있다.

④ 상대방 논리에 대한 재반박

이것은 앞서 소개한 상대방 논리의 한계를 지적하면서 필자의 입장이 상대방보다 더욱 타당하다는 사실을 보이는 단계이다. 여기에서는 상대 입장을 부분적으로는 인정하면서도 전체적으로는 필자의 입장이 우월하다는 점을 보여야 한다.

재반박의 방식으로는 상대의 논리가 지닌 한계를 지적하거나, 상대의 가치보다 더욱 높은 차원의 가치를 제시하거나, 장기적 관점에서 보았을 때 발생할 수 있는 문제를 제기하는 것 등이 있다. 가령 이 부분은 다음과 같이 기술할 수 있다.

〈예시〉

연예인 초청이 가져다주는 즐거움과 홍보 효과는 분명 인정할 만하다. 그러나 이러한 단기적 효과에만 집중하면 대학 축제의 본래 목적을 잃게 될 위험이 있다. 대학 축제는 단순한 오락 행사가 아니라 학생들의 자치 역량과 창의성을 기르는 교육의 장이어야 한다. 연예인 공연에 의존하면 학생들은 수동적인 관객이 될 뿐이며, 축제를 통한 성장의 기회가 사라지게 된다. 또한 막대한 예산 지출로 인해 학생 중심의 프로그램까지 위축될 것이다.

⑤ **결론**

이것은 필자의 입장을 재확인하고 강조하는 단계이다. 이 단계는 구체적으로 '상대방 논리 재인정 → 필자 입장 재확인 → 종합적 판단 근거 제시 → 실천 방향 또는 미래 전망 제시'로 나뉜다.

첫째, '상대방 논리 재인정'은 상대방 논리가 지니는 합리적 측면을 다시 한번 보여주는 부분이다. 이를 확실하게 인정하여 논의의 공정함을 보여주어야 한다. 둘째, '필자 입장 재확인'은 필자의 의견이 더욱더 타당함을 재차 강조하는 부분이다. 보통 이 부분에는 '그러나', '하지만', '그렇지만', '그럼에도' 등의 연결 표현이 등장하여 필자의 논리가 중요함을 명시적으로 보인다. 셋째, '종합적 판단 근거 제시'는 필자의 입장을 선택한 이유를 종합적으로 설명하는 부분이다. 앞서 제시된 여러 가지 차원의 보증이 이 부분에서 압축적으로 제시된다. 넷째, '실천 방향' 또는 '미래 전망 제시'는 구체적인 행동 방안이나 기대 효과를 제시하는 부분이다. 예컨대 결론에서는 다음과 같이 작성할 수 있다.

〈예시〉

연예인 초청이 가져다주는 즐거움과 홍보 효과를 완전히 무시할 수는 없다. 하지만 대학 축제의 근본 목적과 교육적 가치 그리고 예산의 효율적 사용을 종합적으로 고려한다면 학생 중심의 축제를 운영하는 것이 더욱 바람직하다. 따라서 대학은 연예인 초청보다는 학생들의 창의적 기획력과 참여를 통한 축제 문화를 조성하는 데 주력해야 한다.

〈참고〉 〈결론〉에서 사용되는 논증 요소

- 이 단계에서는 **강조**과 함께 적절한 **한정 표현**이 사용된다. 또한 양측 논리를 종합적으로 검토했다는 점을 보여주는 **보증**을 통해 결론의 신뢰성을 높일 수 있다.

4. 근거 나열형 구성

근거 나열형 5단 구성은 학술적 글쓰기에서 하나의 주장에 대해 다양한 근거를 단계적으로 제시하며 설득하는 구조이다. 제시된 근거들은 논리적이고 상호보완적으로 연결되어 있으므로 이 구성은 특정한 문제나 입장이 타당한 이유를 설명하는 데 탁월하다. 그래서 근거 나열형 5단 구성은 정책이나 제도 개선, 환경·복지 문제처럼 독자에게 변화를 촉구하는 글에서 선호된다. 이 구성은 '주장 제시 → 근거1 제시 → 근거2 제시 → 근거3 제시 → 결론'으로 이루어진다. 자세히 살펴보면 아래와 같다.

① 주장 제시

이 단계에서는 글 전체의 핵심 주장, 즉 개선이나 변화가 필요한 문제를 분명하게 드러낸다. 여기에서도 '공감대 형성', '불안정 조건', '손실', '혜택' 등이 포함될 수 있다. 예를 들어 이 단계는 다음과 같이 작성할 수 있다.

> 〈예시〉
>
> 법학관 앞 흡연구역을 재정비해야 한다.[주장] 학생 대부분은 캠퍼스에서 쾌적하고 건강한 환경에서 학습할 권리가 있다고 생각한다.[공감대 형성] 그런데 현재 우리 대학의 흡연구역은 주요 보행로 바로 옆에 위치해 있어 비흡연자들이 불가피하게 간접흡연에 노출되고 있다.[불안정 조건] 이에 따라 다수의 비흡연자는 불쾌함을 감수해야 하며 흡연자들도 눈치를 보며 담배를 피워야 하는 상황에 놓여 있다.[손실] 따라서 흡연구역을 적절히 재정비한다면 흡연자와 비흡연자 모두가 만족할 수 있는 조화로운 캠퍼스 환경이 조성될 것이다.[혜택]

> **〈참고〉** 〈주장 제시〉에서 사용되는 논증 요소
>
> - 이 단계에서는 핵심 **주장**이 제시되며 관련 **근거**가 간단하게 뒤따른다. 독자가 문제 상황을 직관적으로 이해할 수 있도록 사례나 현황 데이터를 곁들이는 것이 좋다.
> - 한편 이 단계에서는 **보증**이 적절히 활용될 수도 있다. 이때의 보증은 "왜 이 문제가 중요한가?"라는 질문에 대한 답이며 사회적 가치나 기준에 호소하는 형태를 띤다. 가령 위 예문에 등장하는 "학생 대부분은 캠퍼스에서 쾌적하고 건강한 환경에서 학습할 권리가 있다고 생각한다."라는 공감대 형성 뒤에는 "실제로 대학은 모든 구성원의 건강과 학습권을 보장해야 할 기본적 책무를 가지고 있다."와 같은 보증을 추가할 수 있다.

② 근거 제시: 세 가지 근거 제시

이 단계에서는 근거를 통해 필자의 주장을 직접적으로 뒷받침해야 한다. 근거를 제시하는 방법도 여러 가지가 있는데 아래에 몇몇 방식을 제시해 보도록 한다.

첫째, 근거를 입체적으로 제시하는 방식이다. 이것은 하나의 문제를 복수의 관점에서

접근할 때 유용하다. 독자에게 개선이 시급하다는 메시지를 전달할 수 있기 때문이다. 예컨대 '대학 도서관의 열람실 부족 문제'를 다룰 때 '공간적 측면'(열람실 좌석 수가 재학생 대비 40% 부족하다.), '시간적 측면'(시험 기간에는 열람실 이용을 위한 대기시간이 평균 1시간 이상으로 늘어난다.), '질적 측면'(과밀 환경으로 인해 학습 집중도가 떨어진다.)과 같은 다양한 관점에서 접근하는 것이 여기에 해당한다.

둘째, 근거를 점차 심화하는 방향으로 제시하는 방식이다. 객관적 사실을 나타내는 근거에서 심층적 분석을 나타내는 근거로, 표면 현상을 나타내는 근거에서 근본 원인을 나타내는 근거로, 현재 상황을 나타내는 근거에서 장기적 영향을 나타내는 근거로 제시하는 것이다. 예를 들어 '캠퍼스 내 전동 킥보드 사용 규제'를 다룬다면 처음에는 현상(최근 2년간 킥보드 사고가 30% 증가했다.)을, 다음으로는 분석(킥보드 전용 도로와 주차 시설이 거의 없어 보행자 안전이 심각하게 위협된다.)을, 끝으로 장기적 영향(킥보드 이용 증가가 보험료 인상과 학교 법적 책임 문제로 이어져 전체 학생 복지에 악영향을 준다.)을 근거로 제시하는 것이다.

> **〈참고〉** 〈근거 제시〉에서 사용되는 논증 요소
> - 이 단계에서는 핵심 **근거**, 논리적 연결을 설명하는 **보증**, 그리고 신뢰성을 강화하는 **보강**이 활용된다. 근거가 하나 추가될 때마다 주장이 강화되도록 설계하는 것이 핵심이다.

> **〈심화〉** 〈근거 제시〉에서 추가로 주의할 사항
> - 중복된 근거는 피한다. 같은 층위, 비슷한 종류의 사실을 반복하면 독자가 지루해할 뿐만 아니라 독자에게 신뢰를 주기도 어렵다.
> - 각각의 근거는 유기적으로 연결되어야 한다. 각 근거는 따로 제시되는 것이 아니라, '앞 근거 → 다음 근거 → 최종 근거'로 자연스럽게 이어져야 한다.
> - 근거는 시의적절하고 믿을 만한 것이어야 한다. 근거 나열형은 자료의 객관성과 적절성이 가장 중요하므로 통계·보고서·연구 결과처럼 검증된 최신 자료를 활용해야 한다.

③ **결론**

이 단계에서는 필자의 주장을 강조해야 한다. 따라서 여기에서는 서로 다른 근거들이 어떻게 유기적으로 연결되어 있는지 드러내야 한다. 예를 들어 필자가 '학내 흡연 구역이 주요 보행로와 가까워 간접흡연으로 인한 피해가 크다.', '학내 흡연 부스가 개방형이라

연기 차단 효과가 없다.', '학내 흡연 부스의 절대적 개수가 부족해 무단 흡연이 증가한다.'라는 세 가지 근거를 제시했다면, 결론에서는 "결국 교내 흡연 구역의 위치·구조·숫자에서 문제가 있어 현재와 같은 상태로는 간접흡연 피해를 줄일 수 없으며 흡연 구역을 전면적으로 재정비해야 한다."라고 언급함으로써 필자의 주장을 강화해야 한다.

또한 결론에는 한정 조건을 포함하여 작성하는 것이 효과적이다. 예컨대 "모든 흡연 구역을 일시에 철거하여 새롭게 만들 수는 없지만, 먼저 보행로 주변 부스부터 이전한 뒤 이를 밀폐형 부스로 교체하는 것이 좋다. 필요하다면 흡연 수요를 따로 조사하여 흡연 부스의 숫자를 늘릴 수도 있다."라고 작성하면 독자의 호응을 높일 수 있다.

결론에서는 미래에 대한 전망이나 기대 효과를 간단히 제시해 글을 마무리할 수도 있다. 예를 들어 "이러한 정비가 이루어진다면 교내 간접흡연 피해가 크게 줄고 흡연자와 비흡연자 모두가 만족할 수 있는 쾌적한 캠퍼스 환경이 조성될 것이다."처럼 쓰는 것이다. 지금까지 살펴본 5단 구성은 토론의 주제에 따라 적절히 활용될 수 있다.

- 문제해결형은 '대학 기숙사 부족 문제 해결 방안', '캠퍼스 주차난 해소 방안' 등과 같은 실용 주제를 다룬 토론에서 사용할 수 있다. 토론에서는 '현상 파악 → 원인 분석 → 해결책 제시 → 효과 비교'의 순서로 논리를 전개할 수 있는 것이다.
- 반박-재반박형은 '동물실험의 찬반', '사형제도 존폐', '인공지능 윤리'와 같은 가치·도덕을 다루는 토론에서 적합하다. 상대 논리를 정확히 파악하고 이를 논리적으로 반박하는 전략을 사용해야 하기 때문이다.
- 근거나열형은 '온라인 수업의 효과성', '환경세 도입의 필요성' 등과 같은 사실 판단이 필요한 토론에 주로 사용될 수 있다. 다양한 측면에서 고려된 근거를 체계적으로 제시하여 설득력을 강화할 수 있기 때문이다.

요컨대 주제에 따라 적합한 구성을 선택하면 더 체계적이고 설득력 있는 논증을 구사할 수 있다. 또한 이러한 논증의 구조를 잘 이해하면 토론에서도 더욱 설득력 있게 자기 입장을 펼칠 수 있게 된다.

> **〈참고〉**〈결론〉에서 사용되는 논증 요소
> - 결론은 **강조**에 해당하며, 한정 조건을 포함하여 현실적이고 설득력 있게 마무리할 수 있다. 예컨대 "예산 상황을 고려해 단계적으로 개선해야 한다."와 같은 표현이 효과적이다.

〈문제해결형 구성〉

- 문제를 과도하게 단순화하면 안 된다. 복잡한 문제를 단선적 인과관계로 축소하여 논의한다면 설득력이 줄어든다. 예컨대 "청소년 범죄 증가 → 처벌 강화 → 문제 해결"로만 바라본다면 '가정환경'이나 '교육제도', '경제적 불평등'과 같은 다양한 원인을 무시했다는 비판에서 벗어날 수 없다.
- 해결책은 현실적이어야 한다. 문제에 관한 효과적인 해결책을 제시해야 하는 것은 당연하지만 그렇다고 '예산', '기술', '제도적 제약' 등을 고려하지 않는다면 이는 실현되기 어려울 것이다. 가령 "교통체증 해결을 위해 모든 도로를 지하화하자."처럼 막대한 비용이나 시간이 소요되는 방안은 독자의 호응을 받기 어렵다.
- 부작용을 고려해야 한다. 모든 해결책은 완벽하지 않기 때문이다. 제시한 해결책이 초래할 수 있는 새로운 문제들을 충분히 검토하지 못하면 해당 방안은 또 다른 비판의 대상이 될 수 있다. 예를 들어 "보행자 안전을 위한 학내 CCTV 전면 설치"를 주장하려면 사생활 침해나 감시와 같은 부작용을 생각해야 한다.

〈반박-재반박형 구성〉

- 허수아비 공격을 경계해야 한다. 다시 말해 상대방 논리를 왜곡하거나 약한 부분만 선별하여 공격하는 실수를 범하면 안 된다는 뜻이다. 예컨대 "동물실험 반대론자들은 모든 의학 발전을 원천 차단하려 한다."처럼 상대 입장을 극단적으로 왜곡하여 이를 반박하는 것은 적절하지 않다.
- 이분법적 사고에 빠지지 않게 주의해야 한다. 복잡한 쟁점을 흑백논리로 단순화하여 절충안이나 중간 지대를 완전히 배제하면 곤란하다. 가령 원전 정책을 '무조건 찬성 vs 무조건 반대'로만 구분하여, 원전을 단계적으로 감축하거나 원전의 안전성을 강화하려는 방안은 아예 고려하지 않는 태도가 그러하다.
- 재반박은 논리적 완결성을 지녀야 한다. 상대 논리를 소개한 후 이에 대한 충분하고 설득력 있는 반박을 제시하지 못하면 재반박은 무의미하다. 예를 들어 '경제성장이 우선'이라는 상대 논리에 대해 '하지만 환경도 중요하다'라고만 대응하면 이는 피상적이라는 비판을 받을 수밖에 없다.

〈근거 나열형 구성〉

- 근거 간 위계가 분명해야 한다. 필자가 이를 명확하게 밝히지 않으면 독자는 여러 근거 중 어떤 것이 핵심적이고 결정적인 것인지 판단하기 어렵다. 예컨대 대학 등록금 문제에서 '가계 부담', '교육 불평등', '청년 부채', '소비 위축' 등이 모두 동등한 위상을 갖는 근거라면 이는 효과적이라고 보기 어렵다.

- 확증편향을 경계해야 한다. 즉 필자가 자기주장에 유리한 근거만 선별하여 제시하고 불리한 증거는 의도적으로 배제하는 것을 조심해야 한다는 뜻이다. 가령 '재택근무의 효과'를 주장하며 '생산성 향상', '통근비 절약'만 언급하고 '소통의 부족', '관리의 어려움' 등은 언급하지 않는 것이 대표적인 예이다.
- 논리의 비약이 생기면 안 된다. 제시된 근거들로부터 논리적으로 도출하기 어려운 결론을 내리는 행위를 경계해야 한다는 뜻이다. 예를 들어 '사교육비 증가', '학원 증가', '교육 격차 심화' 등을 근거로 하여 "입시제도를 전면 폐지해야 한다."라는 극단적 결론에 다다르는 것이 그러하다.

도표를 활용한 글쓰기

1. 도표의 종류

　도표는 데이터를 요약하고 배열하여 시각적으로 표현한 것을 뜻한다. 도표가 활용된 사례는 무수하다. 도표를 이용한 서술이 글로만 구성된 서술보다 어떤 현상을 더욱 잘 설명하는 경우가 적지 않기 때문이다. 자연·이공계 분야에서는 도표가 필수 불가결이라고 해도 과언이 아니다. 사회계 분야에서도 도표는 만만치 않게 사용된다. 인문계 분야 및 예술·체육계 분야에서도 도표는 점차 널리 쓰이는 추세이다. 이렇듯 도표는 전 분야를 막론하고 쓰임새가 높다.

　도표의 종류로는 표, 그래프, 차트, 다이어그램 등을 들 수 있다. 각각의 유형 중에서 대표적인 것만 제시해 보면 다음과 같다.

표 (table)

수치(numerical) 표

나이별 혈압 정상 수치				
성별	남자		여자	
연령	최대	최저	최고	최저
10대	110~134	59~79	101~123	57~75
20대	113~137	64~84	103~125	60~78
30대	114~142	67~89	106~134	63~83
40대	126~150	71~95	112~146	68~90
50대	121~159	73~97	117~159	70~94
60대	124~166	73~95	124~166	71~93
70대~	128~170	71~95	131~173	68~94

산문(prose) 표

문제 유형	설명	문제 예시
Fact	지문에 직접적으로 언급된 정보를 파악	• Paragraph X answers which of the following • According to the paragraph, which of the following is NOT true?
Inference	지문의 내용을 바탕으로 추론	Which of the following can be inferred from paragraph 1 about X?
Rhetorical Purpose	지문에 특정한 정보가 제공된 이유	Why does the author mention X?
Vocabulary	단어 또는 구의 뜻 파악	• The phrase "X" in the passage is closest in meaning to • In stating "X", the author means that···
Sentence Simplification	제시된 문장과 동일한 뜻을 가진 문장 선택	Which of the sentences below best expresses the essential information in the following sentence? Incorrect choices change the meaning in important ways or leave out essential information.
Insert Text	문장을 삽입할 적절한 위치 선택	Where would the sentence best fit?
Prose Summary	문장의 핵심 내용 파악	An introductory sentence for a brief summary of the passage is provided below. Complete the summary by selecting the THREE (3) answer choices that express the most important ideas in the passage.

그래프 (graph)

막대 그래프

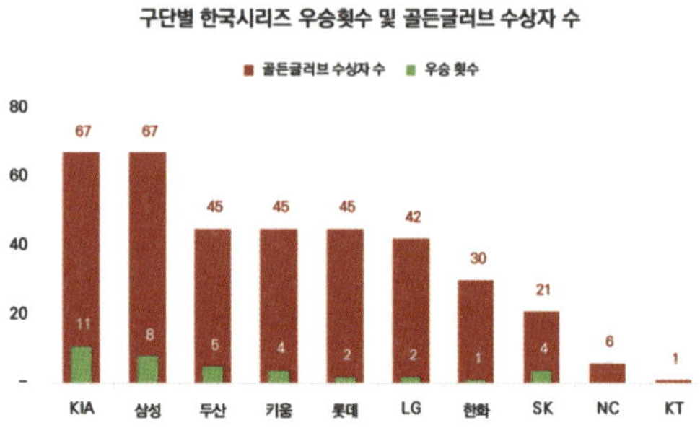
구단별 한국시리즈 우승횟수 및 골든글러브 수상자 수
골든글러브 수상자 수
우승 횟수
80
60
40
20
67
67
45
45
45
42
30
21
6
1
11
8
5
4
2
2
1
4
KIA
삼성
두산
키움
롯데
LG
한화
SK
NC
KT

선 그래프

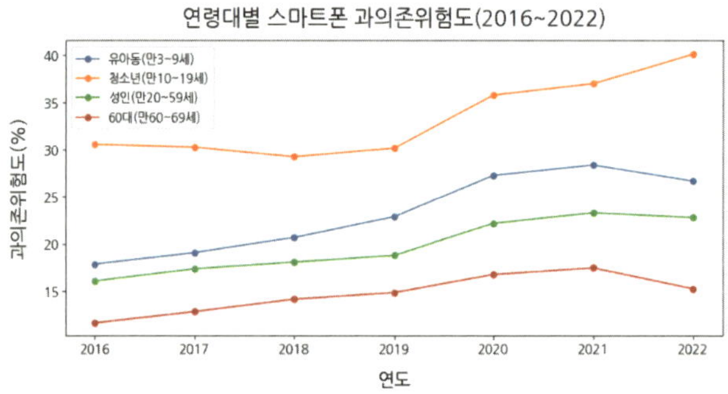
연령대별 스마트폰 과의존위험도(2016~2022)
유아동(만3~9세)
청소년(만10~19세)
성인(만20~59세)
60대(만60~69세)
과의존위험도(%)
40
35
30
25
20
15
2016
2017
2018
2019
2020
2021
2022
연도

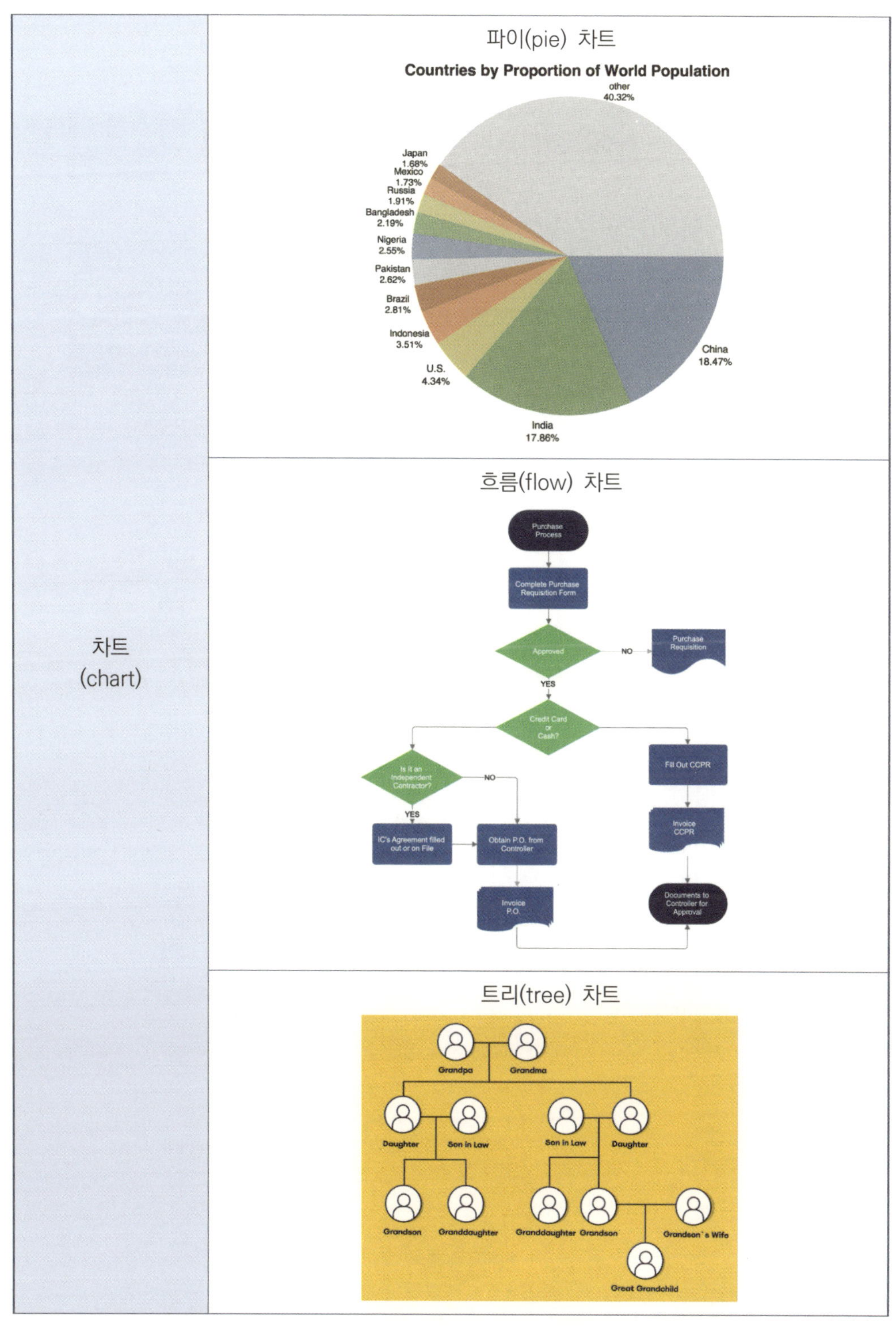
차트
(chart)

파이(pie) 차트
Countries by Proportion of World Population
other
40.32%
Japan
1.68%
Mexico
1.73%
Russia
1.91%
Bangladesh
2.19%
Nigeria
2.55%
Pakistan
2.62%
Brazil
2.81%
Indonesia
3.51%
U.S.
4.34%
India
17.86%
China
18.47%

흐름(flow) 차트
Purchase Process
Complete Purchase Requisition Form
Approved
NO
Purchase Requisition
YES
Credit Card or Cash?
Is it an Independent Contractor?
NO
Fill Out CCPR
Invoice CCPR
YES
IC's Agreement filled out or on File
Obtain P.O. from Controller
Invoice P.O.
Documents to Controller for Approval

트리(tree) 차트
Grandpa
Grandma
Daughter
Son in Law
Son in Law
Daughter
Grandson
Granddaughter
Granddaughter
Grandson
Grandson`s Wife
Great Grandchild

다이어그램
(diagram)

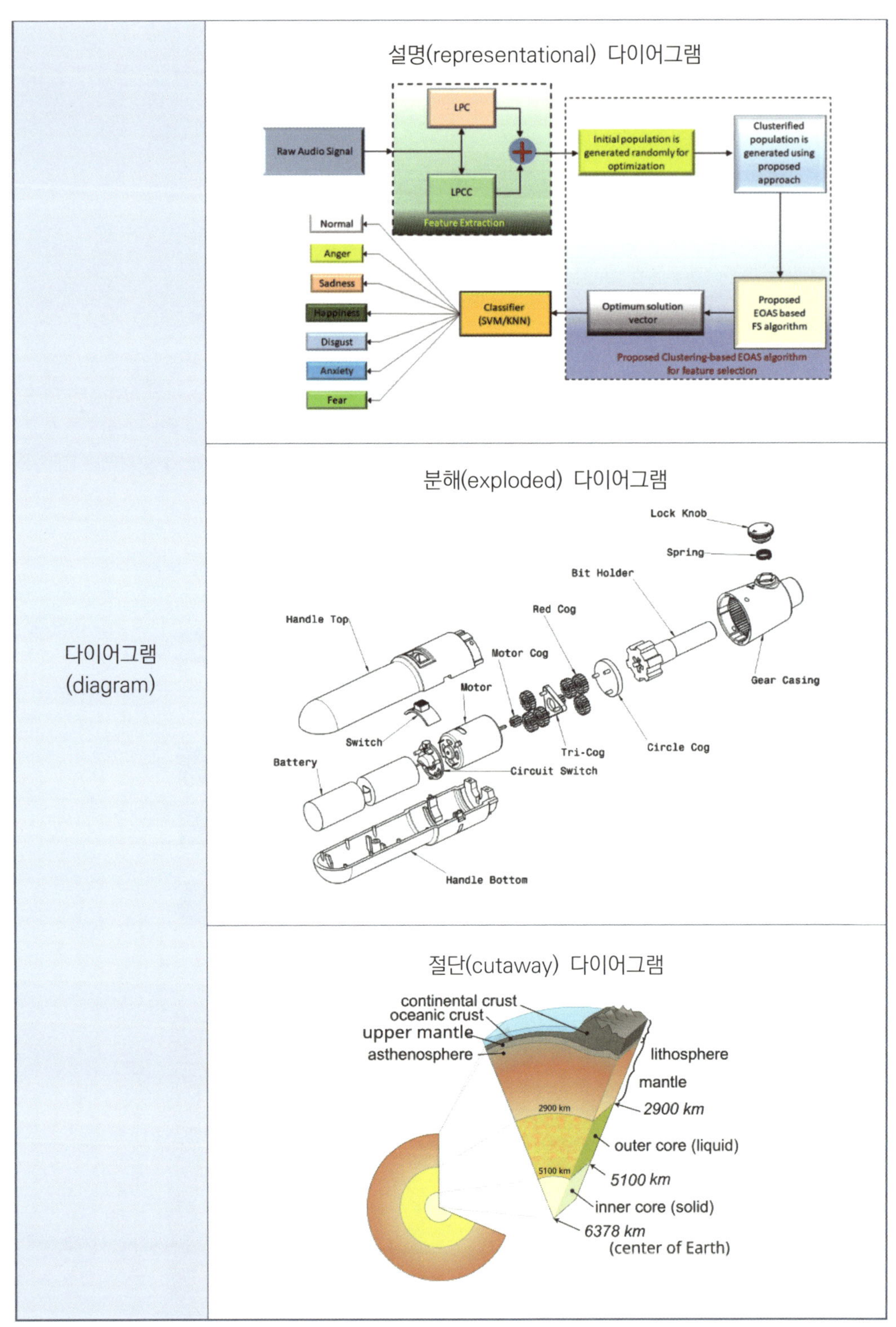

2. 도표의 기능

도표는 복잡한 자료와 수치를 독자가 손쉽게 개관할 수 있게 만든다. 또한 도표는 과정이나 결과를 독자가 알기 쉽게 밝히는 데 특히 유용하다. 이로 보면 도표는 데이터를 분석하는 도구로서의 기능과 데이터를 설명하는 도구로서의 기능을 동시에 지닌다.

데이터는 그저 숫자들의 집합에 불과하다. 데이터를 도표로 변환할 때 비로소 경향성이 뚜렷하게 드러날 수 있다. 곧 도표를 이용해서 데이터를 시각적으로 나타내면 어떤 변수들을 고려해야 하는지가 구별될 수 있다는 의미이다. 이유인즉 도표는 변수 간 상관관계를 드러내기 때문이다. 한편, 도표는 독자의 흥미를 유발하기도 한다. 글로 작성하기 어려운 미묘한 내용을 효과적으로 제시할 수 있다. 다양한 변수들을 일목요연하게 표현할 수 있다. 또한 그 가운데서 중요한 부분을 강조할 수 있다. 생동감과 함께 몰입도도 높일 수 있다.

- 우리나라 성인 흡연율은 2019년에는 21.5%, 2020년에는 20.6%, 2021년에는 19.3%, 2022년에는 17.7%, 2023년에는 19.6%, 2024년에는 16.7%로 나타났다.

우리나라 성인 흡연율			
2019	21.5%		-
2020	20.6%		-0.9%
2021	19.3%	전년 대비 증감률	-1.3%
2022	17.7%		-1.6%
2023	19.6%		+1.9%
2024	16.7%		-2.9%

- 한국대학교의 등록금 인상률은 2019년부터 2022년까지 높은 증가율을 보였다. 재학생의 경우 2019년 6.7%, 2020년 7.5%, 2021년 10.2%, 2022년 11.9%에 달하는 증가율을 보였다. 그런데 재학생과 견주어 신입생의 등록금 인상률이 월등히 높았다. 2019년 신입생의 등록금 인상률은 9.1%를 기록한 데 이어, 2020년에는 10.6%, 2021년에는 11.8%, 2022년에는 12.3%로 해마다 증가폭이 늘어났다.

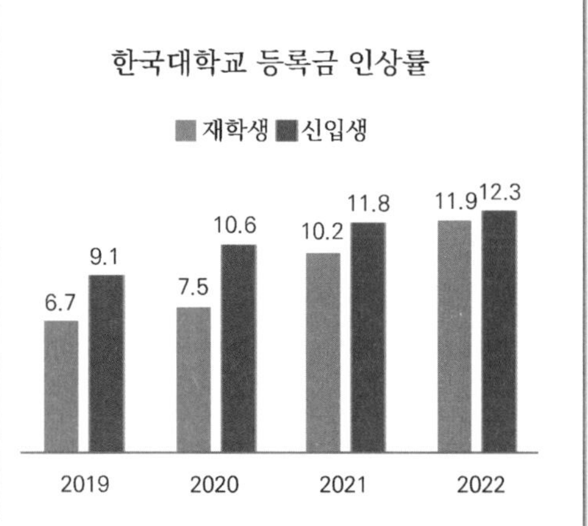

3. 적절한 도표 활용의 중요성

도표는 글이 목적한 바에 따라 또 데이터의 성격에 따라 적절히 쓰여야 한다. 따라서 도표의 위치나 유형은 글을 구상하는 단계부터 미리 고민하는 것이 효율적이다. 표는 제한된 공간에 방대한 양의 데이터를 제시할 때, 항목별 상세한 비교가 요구될 때, 개별 데이터를 정확히 보여주고자 할 때 주로 사용한다. 수치 표는 정량 정보를 제시한다. 산문 표는 정성 정보를 제시한다.

그래프는 데이터의 추이를 통해 현재 상황을 파악하거나 이후 상황을 예측하도록 도울 때, 여러 데이터의 관계를 한눈에 알아볼 수 있도록 할 때 주로 사용한다. 막대 그래프는 시간에 따라 구별되는, 다시 말해 간격을 통해 포착되는 데이터를 보여주는 데 유용하다. 선 그래프는 시간에 걸쳐 측정한 데이터를 보여주기에 적합하다.

차트는 좌표(x축과 y축)에서 나타낼 수 없는 (정량적인 또는 인과적인) 관계들을 드러내 보이고자 할 때 주로 사용한다. 파이 차트는 전체/부분 및 부분/부분을 비교하기에 효과적이다. 흐름 차트, 트리 차트는 절차나 과정을 추적하는 데 쓸모가 크다.

다이어그램은 다양한 종류의 관계를 표현하고자 할 때 주로 사용한다. 설명 다이어그램은 글말만으로는 독자의 이해가 충분치 못하다고 판단될 때 이용한다. 분해 다이어그램은 보통 대상이 어떻게 조립되는지를 드러낸다. 절단 다이어그램은 물건의 내부가 어떻게 구성되어 있는지를 보여준다.

〈참고〉 도표를 만들 때 유의 사항

- 공통 고려 요소
  - 꼭 번호와 제목을 붙인다.
  - 이때 제목은 간결해야 한다.
  - 적절한 유형을 선택한다.
  - 과도하게 복잡해서는 안 된다.
  - 가로축에는 독립 변수를, 세로축에는 종속 변수를 배치한다.

표1. 부산과 인천의 인구 변화			
지역	연도		
	2010	2017	2024
부산	358만 명	347만 명	326만 명
인천	276만 명	294만 명	305만 명

표1. 부산과 인천의 인구 변화		
연도	지역	
	부산	인천
2010	358만 명	276만 명
2017	347만 명	294만 명
2024	326만 명	305만 명

- 표를 만들 시 고려 요소
  - 행과 열의 첫머리에는 항목의 명칭 및 단위를 표시한다.
  - 데이터가 너무 많아서는 안 된다.
  - 자기 완결적이어야 한다(이는 "자세한 내용은 본문을 참조하라"와 같은 단서가 있어서는 안 된다는 의미이다).

- 그래프를 만들 시 고려 요소
  - 너무 많은 변수를 동시에 하나의 그래프에 표시해서는 안 된다.
  - 막대, 선 등의 모양이 데이터를 과장하거나 왜곡하지 않도록 한다(가령 x축과 y축의 숫자 단위가 적절한가, 축 간의 거리가 촘촘하지도 빽빽하지도 않게 잘 배치되었는가 등을 따져야 한다).

- 차트를 만들 시 고려 요소
  - 디자인을 잘못하면 왜곡된 정보가 전달될 수 있다.
  - 변수의 절댓값이나 백분율 등을 함께 기록할 필요가 있다.

- 다이어그램을 만들 시 고려 요소
  - 너무 많은 도형이 활용되면 전달 효과가 떨어질 수 있다.
  - 동일한 대상을 나타낼 때는 동일한 도형을 활용해야 한다.

연습

• 아래 데이터를 적절한 도표로 만들어 보자.

지난 4개월 동안 A지역의 평균 기온과 강수량을 조사한 결과는 다음과 같다. 6월의 평균 기온은 23도, 강수량은 95밀리미터였다. 7월에는 기온이 27도로 높아지고, 강수량도 180밀리미터로 크게 늘었다. 8월에는 평균 기온이 29도로 가장 높았으나, 강수량은 150밀리미터로 다소 줄었다. 9월에는 기온이 25도로 내려가고, 강수량은 110밀리미터로 조사되었다.

한 중학교에서 학생들의 아침 식사 습관을 조사했다. 1학년은 전체 100명 중 78명이 아침을 먹는다고 응답했고, 2학년은 70명, 3학년은 65명이 아침을 먹는다고 답했다. 아침을 먹는 이유로는 '건강을 위해서'가 전체 응답자의 55%, '공부에 집중이 잘 돼서'가 30%, '습관이라서'가 15%로 나타났다. 아침을 거르는 이유로는 '시간이 없어서'가 60%, '입맛이 없어서'가 25%, '다이어트를 위해서'가 15%였다.

한 지역의 중학생 300명을 대상으로 통학 시 이용하는 교통수단을 조사했다. 그 결과, 1학년은 도보 40명, 자전거 50명, 버스 35명, 자동차 25명이었고, 2학년은 도보 30명, 자전거 40명, 버스 50명, 자동차 30명이었다. 3학년은 도보 25명, 자전거 35명, 버스 55명, 자동차 40명으로 나타났다. 또한 전체 학생 중 통학 거리가 1km 미만인 학생은 110명, 1~3km는 130명, 3km 이상은 60명으로 조사되었다.

4. 기존 도표 활용 시 유의 사항

　직접 도표를 만들 때도 있지만 기존 도표를 활용할 때도 있다. 이때는 각별한 유의가 필요하다. 의도적이었든, 의도적이지 않았든 간에 기존 도표 중에는 독자의 착각을 불러 일으키는 것들이 적지 않기 때문이다.

　도표는 겉보기에 일목요연하다. 그래서 독자들은 해당 정보를 금방 파악했다고 생각하기 십상이다. 하지만 자세히 살펴보면 표 안의 숫자는 어떻게 도출된 것인지, 다이어그램 속의 화살표가 의미하는 것은 무엇인지 등 의문을 자아내는 것들 또한 적지 않다. 출처가 불분명하여 마냥 신뢰하기 어려운 것도 있다. 따라서 기존 도표를 가져올 때는 세심한 주의가 요구된다.

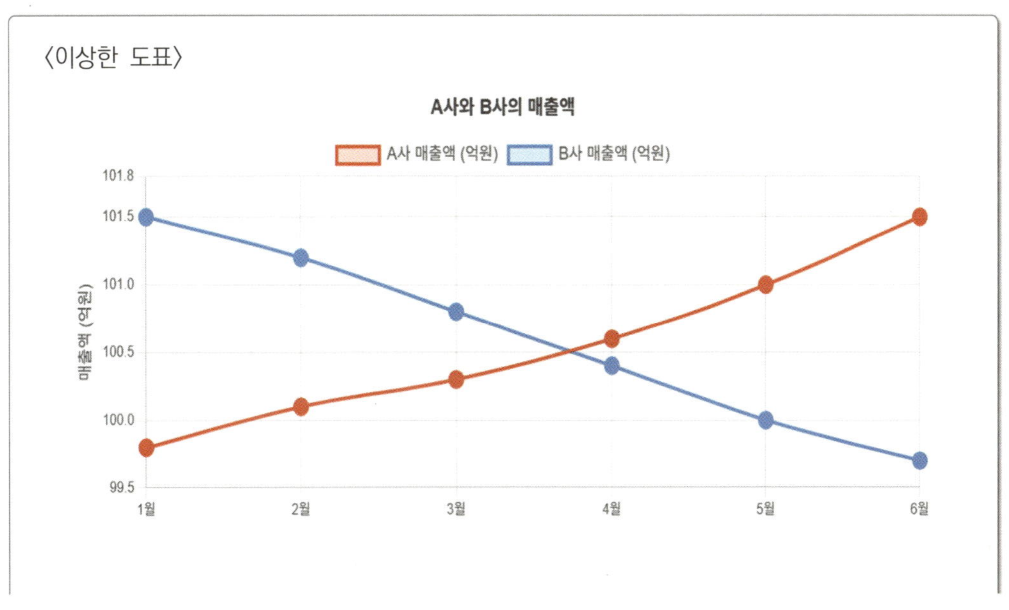

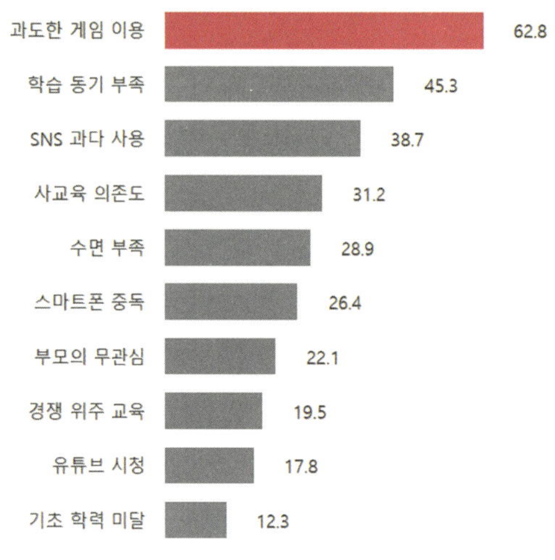

유기농 식품 섭취율에 따른 건강 상태 분포

*유기농 식품을 주 1회 이상 섭취하는 가구의 건강검진 결과를 100점 만점으로 환산

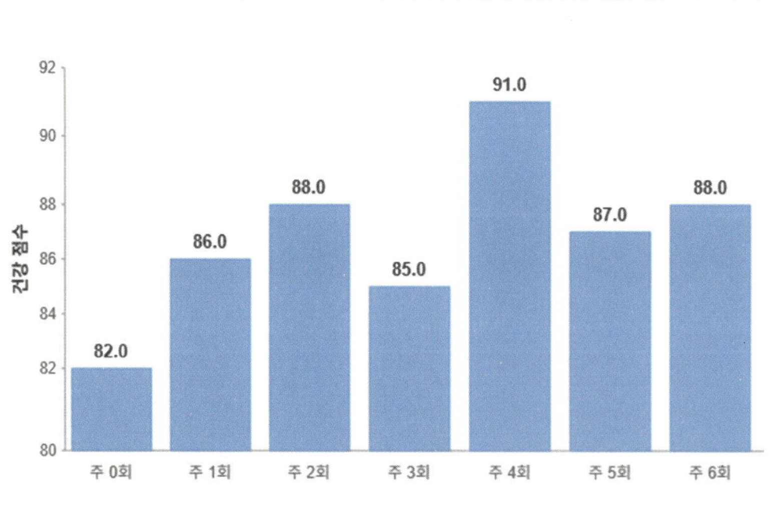

5. 도표를 활용한 글쓰기 방법

서론, 본론, 결론의 구성을 취한다. 서론에는 주제문, 선택 배경, 논의 필요성, 자료 출처 등이 포함된다. 본론에는 도표 소개, 도표 분석, 도표 분석을 통한 효용 등이 포함된다. 결론에는 요약 및 정리가 포함된다.

<서론의 경우>

　이 글은 한국이 초고령 사회로 변화하는 현황을 보여주고 그에 대한 대응 방안을 제시하고자 한다.[주제문] 2017년까지만 해도 고령화 사회였던 한국 사회가 2018년에 들어서는 고령 사회로 진입했다. 노령 인구의 비율이 높아질수록 각종 사회 문제가 발생하게 된다. 그중에서도 가장 큰 문제는 국가 경제 성장의 둔화와 노동 계층의 노인 부양 부담 증가라고 할 수 있다.[선택 배경] 이러한 문제들은 해결이 요구된다. 이를 위해서는 새로운 정책을 구상해야 할 뿐만 아니라 한국 사회 구성원의 인식 변화도 필수적으로 이루어져야 한다.[논의 필요성] 이 글에서 사용된 도표는 통계청에서 발췌한 것이다.[자료 출처]

<본론의 경우>

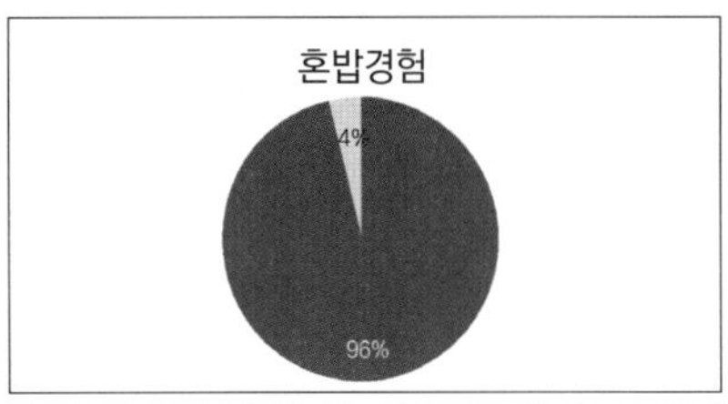

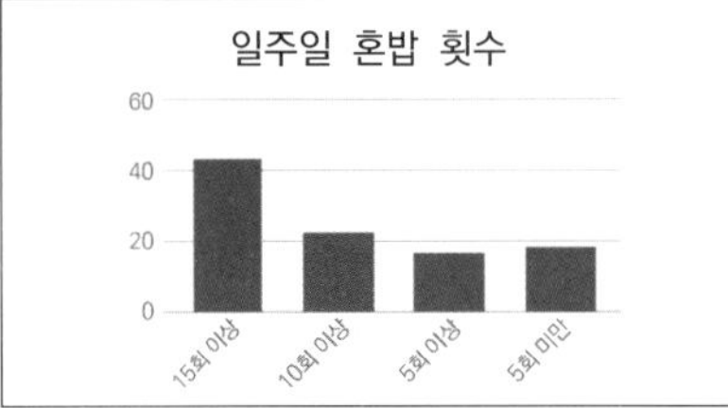

〈도표1〉 대학생·직장인의 혼밥 경험 및 일주일 혼밥 횟수

〈도표1〉은 대학생·직장인의 혼밥 경험과 일주일 혼밥 횟수를 나타낸다.[도표 소개] 혼밥 경험이 있다는 대답은 96.4%로 나타났으며. 이를 통해 대학생·직장인에게 혼밥 경험은 특이한 것이 아님을 알 수 있다. 또한, 일주일에 혼밥을 하는 횟수도 많은 쪽으로 응답률이 높게 나타났다.[도표 분석] 우리 사회에서 혼밥은 대학생·직장인에게는 일반적으로 자리 잡았다고 할 수 있다.[도표 분석을 통한 효용]

구분		빈도	비율(%)	구분		빈도	비율(%)
혼밥요일 (복수)	평일	509	73.4	미래 혼밥 횟수 예측	감소	47	12.5
	주말	184	26.4		유지	245	65.0
혼밥시간대 (복수)	아침	152	22.0		증가	85	22.5
	점심	321	46.4	미래 혼밥 비용 예측	감소	34	9.0
	저녁	219	31.6		유지	257	68.2
혼밥장소 (복수)	집	428	61.6		증가	86	22.8
	직장/학교	54	7.8	혼잡 만족도	매우불만족	9	2.4
	식당	184	26.8		불만족	27	7.2
	기타	27	3.9		보통	148	44.5
1회 평균 혼밥 비용	5천원 이하	127	33.7		만족	151	40.1
	7천원 이하	131	34.7		매우만족	22	5.8
	1만원 이하	103	27.3				
	1만원 초과	16	4.2				

〈도표 2〉 연구대상자의 혼밥 관련 특성

〈도표2〉는 〈도표1〉을 보완하는 것으로, 혼밥과 관련한 여러 가지 특성을 담아내고 있다.[앞 도표와의 관계] 〈도표2〉에서는 혼밥 요일, 혼밥 시간대, 혼밥 장소, 1회 평균 혼밥 비용 등이 제시되어 있다.[도표 소개] 이를 통해 주말보다는 평일에, 아침·저녁보다는 점심에, 직장/학교 및 식당보다는 집에서 혼합을 더 많이 하는 것을 알 수 있으며, 1회 평균 혼합 비용은 1만 원을 넘지 않는 선임을 알 수 있다.[도표 분석] 집에 혼자 있는 낮 시간대에 사람들은 한 끼를 낮은 비용으로 해결하고자 혼밥을 한다고 추정할 수 있다.[도표 분석을 통한 효용]

〈참고〉 도표를 활용한 글쓰기의 유의 사항

- 내용의 단순 나열: 학생들이 가장 많이 실수하는 문제이다. 즉 글쓴이의 성실성은 인정되지만, 문제의식이 약한 경우라 할 수 있다.
- 과거에 만들어진 도표 활용: 도표가 5년에서 길게는 10년 전의 것이어서 신뢰성을 떨어뜨리는 경우이다. 특히 최근의 이슈나 실태를 주제로 삼았다면 최신 도표를 제시해야 한다.
- 가공된 도표 활용: 이때는 가공자의 분석과 논리를 그대로 따르거나, 글의 방향이 가공된 도표에 맞추어지기 십상이다.

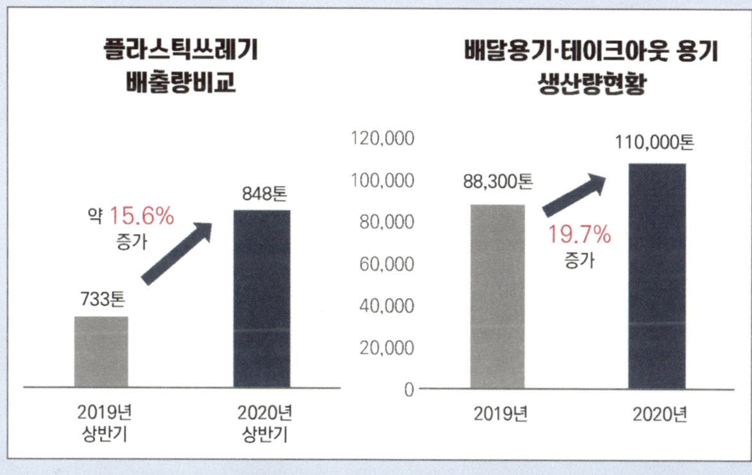

준비

도표 활용 글쓰기 예비 단계

(1) 주제의 발견과 설정(평소의 관심 사항 중에서 선택)

(2) 스마트폰을 이용하여 도표 검색(e-나라지표, 서울 열린 데이터 광장, 통계청, 국가통계 포털 등의 사이트를 이용하면 다양한 도표를 찾을 수 있음)

(3) 개요 짜기

〈서론〉

- 주제문["~을 조사(분석)하고 ~한 해결방안을 제시하고자 한다."라는 식으로 작성]

- 선택 배경(글을 쓰는 목적)

- 논의 필요성

- 자료 출처

〈본론〉

도표1

- 도표 소개

- 도표 분석

- 도표 분석을 통한 효용

도표2

- 앞 도표와의 관계

- 도표 소개

- 도표 분석

- 도표 분석을 통한 효용

도표3

- 앞 도표와의 관계

- 도표 소개

- 도표 분석

- 도표 분석을 통한 효용

〈결론〉

- 요약 및 정리

과제

- '갈등'과 관련한 적절한 주제를 찾은 다음, 기존 도표를 최소 3개 이상 활용하여 글쓰기를 수행해 보자.

  ※ 작성 요령 및 유의 사항
  - 지나치게 난해한 도표나 너무 평이한 도표는 되도록 피해야 한다.
  - 도표에 제시된 데이터를 넘어서는 추측이나 짐작은 바람직하지 않다.
  - 도표의 모든 데이터를 설명하면 글이 탄력성을 잃기 때문에 집중적으로 분석할 것과 부수적으로 제시할 것을 구분해야 한다.

(예문)

국내 대학의 여성 교수 채용의 문제점과 해결책

21세기는 양성평등의 시대라 해도 과언이 아니다. 우리나라 역시 다양한 분야에서 양성평등이 이루어지고 있으며, 이에 따라 많은 분야의 직업군에서 남녀 성비가 점점 비슷해지고 있다. 이제는 성별이 아닌, 능력 그 자체로 직업을 가질 수 있게 되었다. 하지만 이러한 사회적 분위기에도 불구하고, 여전히 대학에서 여교수는 찾아보기 힘들다. 그래서 이 글에서는 대학 내의 여교수 비율에 대한 문제를 다루고자 한다. 우선 여성 교수 채용률이 어느 정도인지 그 문제점을 확인하고, 그러한 비율이 나타나는 원인이 무엇인지 분석한 후, 그 해결책에 대해 서술하고자 한다.

(단위: 명, %)

구분		인문사회	자연과학	예체능	공학	의학	계
국공립	전체(A)	5,408	4,101	1,074	5,033	2,879	18,495
	여성(B)	1,168	901	339	159	526	3,093
	비율(B/A)	21.6	22.0	31.6	3.2	18.3	16.7
사립	전체(A)	21,633	8,952	4,593	10,602	8,571	54,351
	여성(B)	6,503	3,180	1,645	741	2,083	14,152
	비율(B/A)	30.1	35.5	35.8	7.0	24.3	26.0
전체	전체	27,041	13,053	5,667	15,635	11,450	72,846
	여성	7,671	4,081	1,984	900	2,609	17,245
	비율(B/A)	28.4	31.3	35.0	5.8	22.8	23.7

〈도표 1〉 2018년 4년제 대학 계열별 여교수 비율
(출처: 박경미 국회의원 국정감사 제출자료)

먼저, 여교수의 비율에 대해 살펴보고자 한다. 〈도표 1〉을 보면 공학 계열에서는 여교수가 15,635명 가운데 900명밖에 되지 않으며, 그 비율은 5.8%로 매우 저조하다. 이는 의학 계열(22.8%), 예체능 계열(35.0%)과 4배 이상의 격차를 보인다. 국·공립대학의 경우 공학 계열(3.2%)과 예체능 계열(31.6%)은 10배 정도의 심각한 차이를 나타냈다. 비교적 여학생이 선호하는 인문사회 계열도 7,671명의 여교수가 있는데, 이는 비율로 따지면 겨우 28.4%에 불과하다. 사립대학은 그나마 나은 편이다. 국·공립대학은 겨우 16.7%라는, 처참한 여교수 비율을 보여준다. 그렇다면 이렇게 여교수가 적은 이유는 무엇일까? 혹시 박사학위를 취득한 여성 수 자체가 적은 것은 아닐까?

전공계열별(1)	2018 여성 비율 (%)	2017 여성 비율 (%)	2016 여성 비율 (%)	2015 여성 비율 (%)	2014 여성 비율 (%)
인문계열	55.1	55.4	50.8	53.5	55.4
사회계열	39.8	37.1	38.8	35	33.3
공학계열	13.9	14	12	12.8	11.8
자연계열	39	39.8	36.5	40	37.3
의약계열	50.5	49	48	48.6	48.1
교육/사범 계열	74.5	74	63.9	66.3	66.3
예술/체육 계열	56.1	58	49.4	52.7	50.1

〈도표 2〉 국내 신규 박사 학위취득자 성별/전공계열별 분포
(출처: 한국직업능력개발원·교육부, 국내 신규 박사 학위취득자조사)

〈도표 2〉는 국내 신규 박사학위 취득자의 현황을 나타낸 것이다. 도표를 보면 인문 계열에서 박사학위를 취득한 여성의 비율은 5년간 평균 54%임을 알 수 있다. 심지어 여성이 박사학위를 가장 적게 취득한 공학 계열도 5년간 평균 13%의 여성이 박사학위를 취득했다. 따라서 박사학위를 취득한 여성 수가 너무 적어서 여교수 수가 적다는 가설은 옳지 않다. 여성 박사학위 취득자의 비율에 비해 여교수는 너무 적다. 가령 의학 계열 박사학위 취득자는 49% 정도이나, 현재 여교수의 비율은 겨우 22.8%밖에 되지 않는다. 무려 27% 정도의 괴리가 있는 것이다. 그렇다면 여성 박사학위 취득자가 남성 박사학위 취득자보다 연구 능력이 부족한 것으로 추론해 볼 수 있다.

구분별(1)	구분별(2)	구분별(3)	2018 국내 평균 (편)	2017 국내 평균 (편)	2016 국내 평균 (편)	2015 국내 평균 (편)	2014 국내 평균 (편)
전공계열	남자	인문	1.89	1.86	2.19	2.25	2.32
		사회	1.76	2.02	2.04	1.95	2.21
		공학	2.35	2.49	2.85	2.77	3.11
		자연	1.81	2.02	1.99	1.87	2.09
		의약	2.31	2.39	2.51	2.14	2.37
		교육/사범	2.54	2.53	2.45	3.23	2.95
		예술/체육	2.27	2.43	2.83	2.86	2.90
	여자	인문	2.18	2.29	2.33	2.43	2.21
		사회	1.88	2.22	2.36	2.30	2.39
		공학	1.61	2.64	1.91	2.32	2.60
		자연	1.76	1.80	1.91	1.70	1.97
		의약	2.11	2.33	2.06	1.99	2.45
		교육/사범	2.28	2.83	2.27	2.60	2.32
		예술/체육	1.59	2.04	2.14	2.30	2.35

〈도표 3〉 박사과정 중 학술지 논문 게재
(출처: 한국직업능력개발원·교육부, 국내 신규 박사 학위취득자조사)

일반적으로 논문 수는 연구자의 연구 능력을 객관적으로 보여주는 지표 중 하나로 판단된다. 2014년부터 2018년까지 계열별 학술지 논문 게재 수를 정리한 〈도표 3〉에서 남성 박사학위 취득자와 여성 박사학위 취득자의 평균 논문 수를 비교해보면 인문(2.1 : 2.3), 사회(2 : 2.2), 공학(2.7 : 2.2), 자연(1.9 : 1.83), 의학(2.3 : 2.2), 교육(2.7 : 2.5), 예체능(2.6 : 2.1)이다. 가장 큰 차이가 나는 예체능 계열도 고작 연간 0.5편의 차이만 있었다. 이를 통해 동일 계열의 박사학위 취득자는 성별에 구분 없이 비슷한 논문 수를 쓴다는 것을 알 수 있다. 이러한 논문 작성 지표에 따르면 여성 박사학위 취득자가 결코 연구 능력이 부족한 것은 아니다. 여교수가 적게 채용되어야 하는 자명한 원인은 없어 보인다. 그렇다면 전임, 비전임교원을 모두 포괄하는 현황은 어떨까.

고용형태별(1)	성별(1)	2017 자연·공학계열				
		합계	박사	석사	학사	기타
합계	전체	71,764	44,683	19,929	5,639	1,513
	여성	18,918	9,385	7,421	1,633	479
	남성	52,846	35,298	12,508	4,006	1,034
전임교수	전체	29,585	26,238	2,932	354	61
	여성	4,712	3,950	716	42	4
	남성	24,873	22,288	2,216	312	57
비전임교수	전체	13,851	7,584	4,368	1,400	499
	여성	3,326	1,531	1,450	225	120
	남성	10,525	6,053	2,918	1,175	379
시간강사	전체	18,779	7,957	8,262	1,882	678
	여성	7,925	3,105	3,933	643	244
	남성	10,854	4,852	4,329	1,239	434
기타 연구원	전체	9,549	2,904	4,367	2,003	275
	여성	2,955	799	1,322	723	111
	남성	6,594	2,105	3,045	1,280	164

〈도표 4〉 2017년 이공계 직위별 교원 현황
(출처: 교육부, 여성 과학기술 인력 활용실태조사)

대학 교원은 전임교원(정교수, 부교수, 조교수)과 비전임교원(비전임교수, 시간강사)으로 나뉜다. 정규직이라 볼 수 있는 전임교원은 대략 85%가 남성이고, 15% 정도가 여성이다. 그에 반해 시간강사의 50% 정도를 여성 교원이 차지한다. 전체 여성 교원의 수가 늘어나고 있는 추세에도 불구하고 여성 교원의 대부분은 비전임교원이다. 앞서 〈도표 3〉에서 보았던 것처럼, 비전임교원으로 일하는 여성이 결코 능력적으로 뒤처지지 않지만, 아직도 전임교원은 남성으로 채우려는 의식에서 벗어나지 못했다고 해석할 수 있다.

그렇다면 어떻게 이러한 문제를 해결할 수 있는가? 국·공립대는 교육공무원법 제11조에 따라 교원 임용 시 특정 성별에 치우침이 없도록 적극적인 조치를 해야 한다. 이러한 법 조항이 있음에도 불구하고 현재 국·공립대 여교수 비율은 16% 정도이고, 사립대 여교수 비율은 26% 정도로 국·공립대 여교수 비율이 사립대보다 낮은 것은 큰 문제이다. 과거 정부에서는 이렇게 지나치게 적은 국·공립대의 여교수 비율을 높이기 위해 국정과제의 하나로 그 비율을 20% 정도로 끌어올리겠다는 목표를 세운 바 있다. 그러나 이는 여전히 최소 수치에 불과하다. 아직 대학에 남아 있는 '유리천장'을 없애고 능력 있는 여성을 교수로 채용하여 여성 교수의 비율을 높일 필요가 있다.

　　결론적으로 현재 대학에서 여교수의 비율은 매우 심각한 수준이며, 그 이유는 박사학위를 받은 수가 적어서도 아니고, 연구 역량이 부족해서도 아니다. 여성 연구자는 남성 연구자 못지않은 능력이 있지만, 여전히 전임교원을 남성으로 채우려는 의식 때문에 차별받고 있다. 그러므로 이 문제를 해결하기 위해서는 특히 국·공립대의 경우 법에 정한 규정을 지켜야 하며, 국정과제에서 정한 비율 이상으로 여교수의 비율을 증가시켜야 할 것이다. 이를 통해 대학에서 여성에 대한 차별적인 인식을 개선한다면 우리 사회는 좀 더 평등한 사회로 진보할 수 있을 것이다.

요약과 비평을 활용한 글쓰기

1. 요약문 쓰기

(1) 요약의 개념

글쓰기에서 요약이란 글의 요점을 잡아서 간추리는 행위이다. 그렇지만 글쓰기의 요약은 내용의 축약만을 뜻하지 않는다. 글의 요점을 잡는다는 것은 결국 요약자가 본래 글의 중요한 내용이 무엇인지 파악해야 함을 의미하기 때문이다. 즉 요약이란 텍스트의 논리적 구조를 파악한 다음, 이를 요약자의 방식으로 표현하는 글쓰기이다. 여기에는 요약자의 관점과 의도에 따라 원문의 특정 부분을 부각하거나 논증 구조를 재편성하는 과정이 포함된다. 따라서 요약은 '텍스트를 이해하고 중요한 내용을 짚어내는 읽기'와 '해당 텍스트를 분석하여 재구성하는 쓰기'를 아우르는 개념이다. 그러한 의미에서 학술적 글쓰기의 요약은 '재구성적 요약'이라 부를 만하다. 본래 학술적 글쓰기라는 갈래가 자료의 모든 내용을 균일하게 다루는 것이 아니라 필자의 연구 목적에 부합하는 부분만을 선별하여 다루는 것이기 때문이다.

(2) 요약의 필요성

우리가 글쓰기에서 요약을 배워야 하는 까닭은 무엇일까? 누군가는 오늘날과 같은 생성형 AI가 대두하는 시대에 요약을 배울 필요가 없다고까지 말한다. 생성형 AI에게 요약을 맡기면 어떠한 유형의 글이든 빠르고 깔끔하게 줄여주는 것처럼 보이기 때문이다. 그렇지만 요약은 본래 글을 신속하게 축약하는 것만을 뜻하지 않는다. 여기에서는 스스로 요약해야 하는 이유를 알아보도록 하겠다.

첫째, 요약은 우리의 문해력 향상과 깊이 관련되어 있기 때문이다. 텍스트에 관한 온전하고 적절한 해석, 다시 말해 문해력이 전제되어야 우리의 쓰기 역량도 함께 성장할 수 있다. 요약 과정에서 독자는 텍스트의 논리적 구조를 파악하고 핵심 개념을 구분하게 되므로 문해력이 자연스럽게 강화된다.

둘째, 요약은 우리의 정보 재구성 능력도 높이기 때문이다. 생성형 AI는 정보를 요약할 수 있지만 거기에는 어떠한 가치 판단이나 맥락이 전제되어 있지 않다. 똑같은 정보라고 하더라도 이것을 받아들이는 사람마다 정보의 분석이나 정보에 관한 가치 판단은 다를 수밖에 없다. 즉 인간만이 목적과 맥락에 맞게 정보를 재구성할 수 있는데, 요약은 이러한 능력을 효과적으로 높이는 데 이바지한다.

셋째, 스스로 하는 요약은 우리의 기억력을 오랫동안 유지할 수 있게 하기 때문이다. 우리는 텍스트를 읽고 요약하는 과정에서 자연스럽게 해당 텍스트의 구조와 내용, 그리고 핵심어 등을 자주 접하게 된다. 따라서 우리가 요약하면 AI가 요약해 준 내용을 활용하는 것보다 훨씬 오래, 그리고 더욱 정확하게 해당 텍스트 내용을 기억할 수 있다.

넷째, 요약은 글쓰기가 아닌 다른 의사소통 역량을 함양하는 데에도 효과적이기 때문이다. 요약은 정보의 핵심을 간결하게 전달하는 행위에 속한다. 그런데 이렇게 핵심을 파악하여 해당 내용을 간결하게 전달하는 역량은 듣기와 말하기에서도 매우 중요하게 여겨진다. 즉 발표나 토론, 그리고 토의와 같은 다양한 환경에서 능동적이고 적절하게 대처하기 위해서라도 요약을 꾸준히 연습할 필요가 있다. 이것은 생성형 AI가 즉각적이고 유연하게 해결하기 어려운 영역이다.

다섯째, 요약은 학술적 글쓰기의 기본 요소 중 하나이기 때문이다. 요약은 학술적 글쓰기의 다양한 부분에서 활용된다. 논문에서는 선행 연구를 정리할 때나 인용할 때, 논증에서는 근거나 반론을 제시할 때 요약이 반드시 사용될 수밖에 없다. 따라서 우리가 앞으로 여러 가지 학술적 글쓰기를 효과적으로 수행하기 위해서라도 요약은 제대로 익혀 둘 필요가 있다.

(3) 요약의 단계와 방법

요약은 선택하기, 삭제하기, 일반화하기, 연결하기 등의 단계로 진행할 수 있다. 첫째, '선택하기'는 요약할 글(=본래 글)에서 핵심 내용을 찾아서 말 그대로 선택하는 단계이다. 핵심 내용을 찾으려면 우선 본래 글에 관한 온전한 이해가 선행되어야 한다. 본래 글을 정독하여 온전하게 이해한 뒤에는 핵심 내용에 밑줄을 친다거나, 따로 메모하는 방식으로 해당 부분을 표시해야 한다.

〈참고〉 선택하기 방법

- 각 문단의 주제문을 찾아 표시한다.
- 글쓴이의 결론과 중요한 해석을 파악한다.
- 원문에서 핵심 개념과 주요 주장을 식별한다.
- 중요한 통계, 연도, 발견 사항 등을 선별한다.

〈선택할 내용의 예시〉

- 핵심 논점: "온라인 수업의 가장 큰 장점은 시공간의 제약이 없다는 점이다."
- 최종 결론: "따라서 온라인 교육의 질적 향상을 위해서는 ~해야 한다.", "이러한 결과는 코로나19 상황에서 급작스럽게 도입된 온라인 교육의 한계를 보여준다."
- 핵심 개념: '학습자 만족도'(learner satisfaction), '교수-학습자 상호작용'(instructor-learner interaction), …
- 주요 주장: "온라인 교육은 전통적 교육을 완전히 대체할 수 없다."
- 중요 통계와 연도: '2023년 조사', '응답자 2,000명', '만족도 평균 3.8점', '상호작용 부족 응답률 73%' …
- 주요 발견 사항: "예상과 달리 연령대별 차이는 유의미하지 않았다."

둘째, '삭제하기'는 본래 글에서 핵심 내용을 제외하고 나머지 필요하지 않은 부분을 지우는 단계이다. 선택하기를 통해 글의 핵심 내용을 골랐다면, 그 외의 부분은 상대적으로 중요하지 않거나 굳이 요약에 들어갈 필요가 없는 내용이므로 과감하게 지우도록 한다.

셋째, '일반화하기'는 하나로 처리할 수 있는 여러 내용을 하나의 범주로 묶는 단계를 뜻한다. 선택하기와 삭제하기를 통해 정리된 핵심 내용 중에는 하나의 범주로 묶을 수 있는 것들도 있다. 그런데 본래 글을 더욱 요약하려면 이러한 내용은 하나의 범주로 처리하는 것이 좋다. 따라서 이 단계에서는 기존의 핵심 내용을 포괄하는 개념이나 용어가 등장하는 때가 많다. 즉, 일반화하기는 본래 글에 존재하지 않는 표현이 등장하는 단계라고 보아도 좋다.

넷째, '연결하기'는 지금까지 요약한 각 문장을 하나의 매끄러운 요약문으로 만드는 단계이다. 삭제하기와 일반화하기 단계를 거친 요약문은 문장 간 연결이 다소 매끄럽지 못할 가능성이 크다. 삭제하기와 일반화하기는 본래 글을 효과적으로 줄이는 데에만 집중한 단계이기 때문이다. 따라서 이제부터는 이렇게 압축한 문장과 문장을 어떻게 하나의 매끄러운 요약문으로 만드느냐에 몰두해야 한다. 다시 말해 연결하기 단계는 다소 거친 문장의 요약문을 하나의 깔끔한 요약문으로 만드는 단계라고 보아도 좋다.

〈참고〉 연결하기 방법

- 정리된 내용을 논리적으로 연결한다.
- 적절한 접속어를 사용하여 문장 간 연결을 강화한다.
- 전체 요약문이 독립된 글로서 완결성을 갖도록 한다.
- 원문의 흐름을 유지하면서 자연스러운 문장으로 재구성한다.

(4) 요약의 평가 기준

요약된 글은 내용의 충실성, 요약의 정확성, 표현의 간결성, 요약의 완결성 등의 잣대로 평가할 수 있다.

〈내용의 충실성〉

- 중요한 근거나 사건이 빠지지 않았는가?
- 원문의 핵심 내용(주장/주제)을 정확히 포함했는가?
- 원문의 논리적 흐름이나 서사 구조가 유지되었는가?

〈요약의 정확성〉

- 원문에 없는 내용이 추가되지 않았는가?
- 원문의 내용을 왜곡 없이 정확하게 전달했는가?
- 인용이 필요한 부분은 적절히 인용 표시를 했는가?

〈표현의 간결성〉

- 적절한 길이를 유지하고 있는가?
- 복잡한 내용을 명료하게 표현했는가?
- 불필요한 세부 사항이나 반복을 제거했는가?

<요약의 완결성>

- 문장과 문단이 논리적으로 연결되어 있는가?
- 시작과 끝이 명확하고 완결된 글로 구성되었는가?
- 요약문만 읽어도 원문의 핵심을 이해할 수 있는가?

연습

- 다음 예문에 선택하기, 삭제하기, 일반화하기, 연결하기를 적절히 적용하여 요약해 보자.

(예문1)

　스마트폰 사용 시간이 하루 3시간을 초과하면 인간의 집중력 저하와 수면 장애에 영향을 줄 수 있는 것으로 밝혀졌다. 특히 자기 전 스마트폰을 사용할 경우 뇌의 활동 패턴이 변화하여 깊은 수면에 도달하는 시간이 늦어진다고 한다. 해당 연구진은 스마트폰을 사용하는 시간을 적절하게 관리할 필요가 있다고 강조했다.

(예문2)

　환경부는 2024년 환경백서를 발간하여 지난해 정부가 추진한 환경 정책의 성과와 올해 환경 정책 추진 계획을 종합적으로 소개했다. 백서에는 기후위기 대응, 환경복지, 무탄소 녹색성장 등 다양한 분야의 정책이 포함되어 있으며, 특히 AI 기반 스마트 홍수예보 도입, 순환경제사회 전환 촉진법 시행, 세계적 수준의 환경규제 혁신 등의 주요 정책이 강조되었다. 또한 녹색산업 수주·수출 22조 원 달성 등 구체적인 경제적 성과도 상세히 담겼다. 이번 백서는 환경 정책의 현재 위치를 점검하고 앞으로 나아갈 방향을 제시하는 중요한 자료이다.

(예문3)

　초미세먼지(PM2.5)가 폐암·심혈관 질환 등 만성질환의 주요 원인으로 지목되며 '침묵의 살인자'로 불린다. 전 세계적으로 대기오염 때문에 연간 약 700만 명이 사망하고, 이 가운데 25만 명 이상이 초미세먼지로 인해 폐암으로 추정된다는 분석이 있다. 영국 프랜시스 크릭 연구소 연구진은 동물실험을 통해 초미세먼지가 EGFR·KRAS 유전자 변이를 촉진하고, 염증을 유발해 폐세포 종양 성장을 가속한다는 결과를 발표했다. 특히 초미세먼지 농도가 높을수록 뇌 대뇌피질 위축 등 신경 퇴행성 질환 위험도 증가한다는 연구도 나왔다. 국내에서는 PM2.5 농도 $5\mu g/m^3$ 증가마다 폐암 사망 위험이 10% 상승한다는 통계가 보고되었다. 정부는 산업·발전·수송 부문 배출 규제 강화, 노후 경유차 조기 폐차 지원 등 대기오염 저감 정책을 추진 중이다. 또한 실내·외 공기질 센서 확충과 앱 기반 실시간 모니터링 시스템 도입, 도시 녹지 공간 확대 계획도 포함됐다. 전문가들은 장기적으로 탈탄소 전환과 대중교통 인프라 확충, 녹지 공동체 조성이 핵심 해결책이라고 지적했다.

2. 비평문 쓰기

(1) 비평의 개념

비평은 필자가 하나의 텍스트(논문, 보고서, 정책안 등)를 읽고 그 핵심 내용을 간결하게 정리한 뒤, 자신의 분석을 덧붙이는 행위이다. 그리고 비평의 방법으로 작성한 글을 비평문이라고 한다.

비평의 대상은 매우 다양하다. 우리가 평소에도 종종 하는 것이 바로 문화 콘텐츠에 관한 비평이다. 우리는 평소 영화나 유튜브 영상 등을 보면서 "이 영화는 ~한 측면에서 ~하다."라거나 "이 영상은 ~한 기준에서 ~하다."라면서 나름의 평가를 내리는데 이것도 비평의 일부이다.

자료를 골라내는 과정도 비평이라 할 수 있다. 대학에서 이루어지는 가장 높은 빈도를 차지하는 것이 학술적 글쓰기이다. 학술적 글쓰기를 작성하려면 자료가 많이 필요한데 자료 중에는 상대적으로 더 중요한 것과 그렇지 않은 것이 있다. 따라서 자료의 가치를 비판적으로 분석하고 평가하여 꼭 필요한 자료만을 선별해야 한다. 이처럼 자료의 옥석을 가리는 행위가 바로 비평의 한 종류라 할 수 있다.

그래서 비평은 특히 많은 텍스트를 해석하여 활용해야 하는 학술적 글쓰기에 유용하고 적합하다. 필자는 대상 텍스트를 특정 관점으로 요약하고 정리한 뒤, 그것이 가지는 의의와 한계를 분석함으로써 해당 텍스트에 대한 이해를 높일 수 있기 때문이다.

비평을 하려면 재구성적 요약이 필요하다. 필자가 자기 관점에서 중요하다고 판단되는 내용을 선별하고, 이를 비평에 적합하도록 재구성해야 하기 때문이다. 예를 들어 교육 정책 연구를 비평할 때 필자가 '형평성'의 관점에서 접근한다면, 원문에서 형평성과 관련된 데이터, 분석, 결론 부분을 중심으로 요약하게 된다. 이때 원문의 다른 중요한 내용(예: 효율성, 경제성 등)은 상대적으로 간략하게 처리하거나 생략될 수 있다. 그러므로 재구성적 요약이야말로 비평의 핵심이며, 비판적 분석을 위한 기반이라 할 수 있다.

(2) 비평의 필요성

비평은 다음과 같은 이유에서 필요하다. 첫째, 비평은 우리의 비판적 사고력을 높인다. 비평은 대상 텍스트에 관해 "이것을 왜 이렇게 기술했을까?", "이것은 과연 타당한가?"

등의 질문을 던지기 때문이다. 따라서 비평은 텍스트에 대한 이해는 물론, 우리가 당연하게 여기고 넘어갈 수 있는 사안에 관하여 끊임없이 의심하고 고민하게 만든다. 가령 특정 연구의 표본이 대표성을 가지는지 혹은 연구자의 해석이 데이터를 과도하게 일반화하는 것은 아닌지 등을 지속적으로 고민해 보는 것이 그러하다.

둘째, 비평이야말로 인간의 고유한 해석 능력을 드러내는 활동이다. 생성형 AI는 기존 자료를 기반으로 정보를 제시하거나 글을 생성하는 데 능숙하다. 그렇지만 어떤 대상을 새로운 관점으로 바라보거나 사회적 맥락에 따라 평가하는 영역은 여전히 인간의 몫이다. 예컨대 생성형 AI는 논문의 연구 방법이나 결과에 관하여 효과적으로 설명할 수 있으나, 그 연구가 현재의 학문적 패러다임에서 어떠한 의미를 갖는지 또는 연구자 개인의 학문적 관심사에 어떻게 기여하는지는 해석할 수 없다.

셋째, 비평은 정보를 적극적으로 해석하는 행위이다. 학문이나 직업의 세계에서 어떤 정보를 얼마나 아느냐도 중요하지만, 그보다 더욱 중요한 것은 그러한 정보를 어떻게 해석하고 평가하느냐이다. 따라서 비평은 대학의 글쓰기나 연구, 논문 발표는 물론, 사회에서 요구하는 실무 능력까지 연결되는 기초 역량이라고 보아도 무방하다. 예를 들어 교육학 전공자가 특정 교육 정책 연구를 비평하는 것은 정책의 이론적 배경과 실효성을 검토하여 자신의 학문적 식견과 전문성을 드러내는 행위로 이해된다.

넷째, 비평은 공감과 소통을 위한 도구이기도 하다. 비평은 다른 연구자의 학술적 성과를 비판하는 것만이 아니라 동료 연구자의 결과물을 존중하면서 비평자의 관점을 더하는 대화에 해당한다. 비평자는 비평을 통해 자기와 다른 이론적 배경이나 방법론을 가진 연구자의 작업을 이해하고 평가하게 되며, 그것은 결과적으로 학문과 학문의 소통으로 이어지게 된다.

요컨대 비평은 비평의 대상을 더욱 깊이 이해하며, 이를 비평자의 시각으로 재해석하는 과정이라고 보아도 무방하다. 그러한 의미에서 비판을 위한 비판, 지적을 위한 지적은 건전한 비평과는 거리가 멀다.

(3) 비평문의 분석 관점

비평문은 요약한 내용을 바탕으로 대상 텍스트의 특성과 한계를 평가하는 글이다. 필자는 자기의 판단 근거를 구체적이고 합리적으로 제시하여 분석에 임해야 한다. 즉 비평문의 분석은 필자의 감정이나 개인적 주관에 따라 이루어지는 것이 아니라 학술적 관점에 따라 이루어지는 것이다.

이처럼 대상 텍스트를 어떤 기준으로 분석하고 평가할 것인가는 매우 중요한 문제이다. 대상 텍스트를 그저 '좋다/나쁘다', 혹은 '괜찮다/그렇지 않다'와 같은 호오(好惡)의 결과로 이어지는 것은 좋지 않다. 분석에는 다양한 관점이 동원될 수 있는 만큼 대상 텍스트에 관한 평가 역시 다양하게 나오기 마련이다.

다만 너무 복잡한 이론이나 전문적인 잣대를 들이대는 것도 그다지 선호되지는 않는다. 이론이나 전문 지식에 매몰되면 정작 비평이 필요한 부분을 간과하게 되기 때문이다. 그러한 의미에서 아래에서는 어느 비평문에서도 폭넓게 활용할 수 있는 기본적인 질문을 다루고자 한다. 이 질문들은 대상 텍스트의 성격이나 분야에 상관없이 적용할 수 있으며, 앞서 살펴본 세 가지 논증 구조(문제해결형, 반박-재반박형, 근거나열형) 중 어디에나 활용할 수 있다.

① 내용은 믿을 만한가?

이는 대상 텍스트의 신뢰성을 점검하는 질문이다. 아무리 흥미롭고 참신한 내용이라 하더라도 그 내용이 믿을 만하지 않다면 대상 텍스트의 가치는 반감된다.

<체크 포인트>
- 과도한 일반화나 성급한 결론은 없는가?
- 인용된 자료나 사례는 검증할 수 있는 것인가?
- 제시된 통계나 수치는 정확하고 출처는 명확한가?
- 필자의 주장과 근거는 논리적으로 연결되어 있는가?
- 객관적 사실과 주관적 해석은 적절히 구분되어 있는가?

예를 들어 "한국 대학생의 80%가 취업을 포기했다."라는 주장이 있다면 이 수치의 출처가 어디인지, 조사 방법은 적절했는지, 표본은 대표성을 갖는지 등을 따져보아야 한다. 소수의 인터뷰나 특정 사례만으로 전체를 일반화했다면 신뢰성에 문제가 발생할 수 있다.

② 설명이 명확한가?

이는 대상 텍스트가 독자에게 얼마나 이해하기 쉽게 작성되었는지를 평가하는 질문이다. 복잡한 내용이라고 하더라도 명확하게 전달할 수 있어야 한다.

가령 경제학 논문에서 별다른 설명 없이 'GDP 디플레이터'라는 용어를 계속 사용한다면, 비전공자들은 해당 개념이 포함된 내용을 따라가기 어려울 것이다. 또한 논증의 순서가 뒤바뀌거나 갑자기 다른 주제로 넘어가게 되면 독자는 혼란을 느끼게 된다.

③ 실제로 도움이 되는가?

이는 대상 텍스트가 독자나 사회에 이바지하는 바가 무엇인지를 확인하는 질문이다. 학술적 완성도가 높더라도 현실과 동떨어진 내용이라면 그 가치는 그리 높지 않을 것이다.

예를 들어 교육 정책에 관한 연구라면 실제 교육 현장에서 적용할 수 있는 구체적인 방안을 제시했는지, 예산이나 인력 등 현실적 문제를 고려했는지 등이 여기에 해당한다.

④ 새로운 점이 있는가?

이는 대상 텍스트가 선행 연구나 통념과 어떻게 차별화되는지를 평가하는 질문이다. 학문의 발전은 새로운 발견이나 관점에서 비롯되기 때문이다.

다만 여기서 '새롭다'는 것은 반드시 '무에서 유를 창조해야 한다'는 뜻이 아니다. 선행 연구를 더 정교하게 발전시키거나, 다른 맥락에 적용해 보는 것도 충분히 의미 있는 일이다.

⑤ 아쉬운 점은 무엇인가?

이는 대상 텍스트의 한계나 보완점을 찾아내는 질문이다. 완벽한 연구는 존재하지 않으므로 건설적인 비판을 통해 발전 방향을 제시하는 것이 중요하다.

중요한 점은 '비판을 위한 비판'이 아니라 '발전을 위한 비판'이 되어야 한다는 것이다. 예컨대 그냥 "표본이 부족하다."라고 지적하는 것보다는 "어떤 집단을 추가로 조사하면 더 풍부한 결과를 얻을 수 있을 것이다."라고 제안하는 것이 훨씬 건설적이다.

이상의 질문은 서로 독립적이지만 서로 연관성을 갖기도 한다. 예를 들어 내용이 믿을 만하지 않다면(①) 실제로 도움이 되기 어렵고(③), 설명이 명확하지 않다면(②) 새로운 점을 파악하기도 어렵다(④). 따라서 비평자는 이 질문들을 바탕으로 대상 텍스트를 균형 있게 평가해야 한다.

(4) 5단 구성을 활용한 비평문 쓰기

앞서 학습한 5단 구성의 세 가지 유형은 모두 비평문에 적용할 수 있다. 따라서 비평문 역시 문제해결형, 반박-재반박형, 근거나열형 등의 구성을 거의 그대로 사용할 수 있다. 다만 비평문에는 논증의 5단 구성과 달리 작성해야 하는 부분도 존재한다. 하나는 비평의 핵심인 재구성적 요약과 분석이 구성에 포함되어야 한다는 것이고, 다른 하나는 비평의 주제나 대상에 걸맞은 유형이 있다는 점이다. 논증에서 주제나 대상에 따라 선택되는 유형이 다른 것처럼 비평문도 마찬가지이다. 아래에서는 이 세 가지 5단 구성을 비평문의 관점에서 간략하게 소개해 본다.

① 문제해결형 구성을 활용한 비평문

이 유형은 기본적으로 문제해결형 구성을 취하므로 전체 구성은 앞서 언급했던 문제해결형 5단 구성과 동일하다. 즉 문제를 먼저 제기하고 원인을 분석하며 그에 대한 해결책을 제시한다. 이후 대안을 비교하거나 효과를 검토한 뒤 결론을 작성한다.

재구성적 요약은 주로 원인 분석 단계에서 이루어진다. 대상 텍스트에서 문제가 되는 부분들을 선별적으로 요약하여 한계점을 부각한다. 분석은 원인 분석 단계에서, 평가는 해결책 제시 단계에서 이루어진다. 이 유형은 방법론적 결함이 있는 연구, 현실 적용성이 부족한 정책, 논리적 비약이 있는 이론 등을 비평할 때 유리하다.

② 반박-재반박형 구성을 활용한 비평문

이 유형의 비평문 역시 기본적으로는 반박-재반박형 구성에 기반하여 이루어진다. 가장 먼저 쟁점을 제기한 뒤 필자의 핵심 근거를 제시한다. 이후 상대방 논리를 소개하고 그 논리를 재반박한 뒤 결론으로 마무리한다.

이 유형의 재구성적 요약은 주로 상대방 논리 소개 단계에서 이루어진다. 추후에 이어질 재반박을 위해 상대방의 논리를 적절히 선별하여 요약해야 한다. 자신의 핵심 근거 제시 단계에서는 비평자의 평가 기준과 관점을 논리적으로 분석해서 제시해야 하며, 재반박 단계에서는 대상 텍스트의 논리를 비판적으로 분석하고 평가한다. 이 유형은 논쟁이 되거나 기존 통설을 뒤집는 연구, 가치관이나 이념이 충돌하는 주제를 비평할 때 유용하다.

③ 근거나열형 구성을 활용한 비평문

이 유형의 비평문도 근본적으로는 근거나열형의 5단 구성에 기반한다. 먼저 필자의 주장을 제시하고 해당 주장을 뒷받침하는 근거들을 적절한 순서대로 나열한다. 이후 결론을 작성하면 된다.

이 유형의 재구성적 요약은 각 근거의 제시 단계에서 이루어진다. 동일한 텍스트를 각 관점(이론적, 방법론적, 실용적)에 맞게 선별적으로 요약한다. 분석과 평가 역시 근거의 제시 단계에서 각각 이루어진다. 예컨대 근거 1에서는 이론의 타당성 측면에서 분석과 평가를, 근거 2에서는 연구 방법의 적절성 측면에서 분석과 평가를, 근거 3에서는 연구 의의의 측면에서 분석과 평가를 시도한다는 뜻이다. 이 유형은 종합적 평가가 필요하거나 다면적 접근이 필요한 주제, 혹은 이론과 실무를 아우르는 정책 등을 비평할 때 유용하다.

연습

- 〈학생글〉은 『인공지능은 나의 읽기-쓰기를 어떻게 바꿀까?』를 읽고 이를 비평한 것이다. 논거의 설정이 타당한지, 논지의 전개가 자연스러운지, 글의 형식이 적절한지 평가해 보자.

〈학생글〉

인공지능이 써준 편지, 진실성이 있을까?

최근 인공지능의 발달로 인해 읽기-쓰기 과정이 빠르게 변화하고 있다. 이에 따라 인공지능이 쓴 글이 진실성을 가질 수 있는지에 대한 논쟁도 활발해지고 있다. 구글이 AI 편지를 홍보한 사례는 인간의 글쓰기를 AI의 글쓰기에 의존하게 되면서 진정성이 떨어진다는 지적을 받는가 하면, 한 설문조사에서 다수의 응답자가 밸런타인데이에 챗GPT가 쓴 편지로 연인에게 자신의 마음을 표현할 것이라 응답하기도 했다.

김성우는 『인공지능은 나의 읽기-쓰기를 어떻게 바꿀까?』에서 "인공지능의 글은 인간만이 가지고 있는 경험과 감정을 가지고 있지 않기 때문에 진실한 글이 될 수 없다"라고 말한다. 하지만 과연 저자의 주장이 타당할까? 정말 인공지능이 쓴 편지나 일기는 인간의 경험과 감정을 담을 수 없을까? 그렇다면 과연 그런 글은 진실성이 있는 글이 될 수 없는 것일까? 이 글에서는 인공지능이 쓴 글의 진실성에 관한 저자의 견해를 비판적으로 검토해 보고자 한다.

김성우는 소중한 사람에게 감동을 주기 위해 쓴 인공지능의 편지를 진실하지 않다고 평가할 것이다. "인공지능의 글은 인간만이 가지고 있는 경험과 감정을 가지고 있지 않기 때문에 진실한 글이 될 수 없다"라고 보는데, 이는 그가 인간의 경험이나 감성을 진실성의 토대로 보고 있기 때문이다. 이와 더불어 "인공지능은 객관적이고 과학적 사실이 주가 되는 글을 많이 생성하며, 감정이나 고유한 특정 가치관을 인공지능에 묻기는 어려울 것"이라고 주장한다.

그러나 인공지능의 글은 인간이 던진 질문과 인간이 썼던 글을 기반으로 구성된 것이다. 또한 인공지능의 편지나 일기가 사람들에게 감동을 주고 그들의 가치관을 변화시키는 사례들이 적지 않다. 예를 들어 펫로스 증후군을 겪는 보호자들이 먼저 떠난 반려동물과 AI의 편지를 주고받으며 슬픔을 극복한 사례는 인공지능의 글이 사람들에게 감동을 줄 수 있다는 것을 보여준다. 이외에도 AI가 생성한 미래의 나와 편지를 주고받는 방식으로 청년들이 구체적인 미래상을 그려나가도록 한 사례도 있는데, 이는 인공지능이 개인의 가치관을 구체화시키거나 변화시킬 수 있다는 것도 보여준다. 즉 인공지능이 쓴 글은 인간이 쓴 글 이상으로 사람들에게 감동을 주고 내면적 성장을 일으킬 수 있는 것이다.

저자는 편지나 추모의 글은 사적인 관계성을 기반으로 하기 때문에 AI를 활용한 글쓰기의 홍수 속에서 더욱 중요해질 것이라고 말한다. 그러나 그 글의 경우에도 필자의 경험과 선택이 반영되고, 필자가 직접 검토하고 수용한 경우는 충분히 진실성이 담긴 글이 될 수 있을 것이라고 본다. 이 경우 인공지능이 쓴 글은 필자가 온전히 작성한 것이 아니기 때문에, 아무리 검토한다고 하더라도 진실성이 담긴 글이 될 수 없다고 반박할 수 있다. 하지만 오히려 인공지능이 쓴 글이 필자의 감정이나 의도를 더 솔직하고 정직하게 드러낼 수도 있지 않을까? 코넬 대학교의 한 연구에서 글쓰기가 AI를 통해 이루어지더라도 글의 전달과 검토에 대한 최종 결정권이 개인에게 있다면 진실성은 유지된다고 분석한 바 있다. 이처럼 글의 진실성은 누가 글을 썼는가보다는 그 글 속에 필자의 내면과 의도가 얼마나 솔직하게 담겼는지에 따라 판단될 수 있는 것이다.

이와 관련하여 저자는 "인공지능이 쓴 글의 생산성에 대한 집착이 아닌 과정성의 가치를 인식하는 것이 중요하다"라고 강조하고 있다. 즉 글의 완성만을 강조하는 태도를 경계하고, 글을 완성해 나가는 과정이 중요하다고 지적한 것이다. 이와 같은 맥락에서 인공지능이 쓴 글이라 하더라도 글을 쓰는 과정에서 필자의 경험이나 언어, 이에 대한 선택과 결정이 충분히 반영되고, 이 과정을 통해 완성된 글이 소중한 사람에게 내 마음을 더 잘 전달한다면 인공지능의 글도 충분히 진실성이 있는 글이라고 볼 수 있다.

이 글에서는 인공지능이 쓴 편지글이나 일기가 인간의 감정을 담은 진실한 글이 될 수 있는지 살펴봤다. 먼저 AI가 쓴 편지가 사람들에게 긍정적인 감정을 주고 내면적 성찰을 할 수 있도록 도와줬다는 점을 확인했다. 두 번째로는 저자의 주장과는 다르게 인공지능의 글쓰기는 필자의 경험적 선택과 검토가 개입됐을 때는 충분히 진실한 글이 될 수 있음을 확인했다. 이 책은 인공지능의 발달에 따른 읽기-쓰기의 변화를 성찰적으로 바라볼 수 있는 기회를 제공한다는 점에서 상당히 유익하다. 하지만 인공지능이 인간의 정서를 완벽하게 다루지 못한다는 전제 아래에서 인공지능이 작성한 편지나 일기의 가치가 낮게 평가됐다는 점은 아쉽다. 앞으로 인공지능이 더 발전함에 따라 편지와 일기 같은 사적인 글쓰기 영역에서도 인공지능을 활용해 나 자신을 발견하고, 타인에게 새롭고 더 큰 감동을 주는 기회가 많아질 것이라 기대해 본다.

과제

- 다음 글을 읽고 요약과 비평을 활용한 글쓰기를 수행해 보자.

  ※ 작성 요령 및 유의 사항
    - ①과 ②를 아우를 수 있는 비평을 해야 한다.
    - 비평문의 세 가지 구성 중 하나를 선택해야 한다.

① "티나지 않게 써야" "AI 글쓰기도 능력"…대기업 자소서 평가 엇갈려 ……… 

② 인간의 삶 투영하는 글쓰기 … AI가 진화해도 작가 대체 못해 ………………… 

Ⅲ. 모둠 활동을 통한 논문 쓰기

제 9 장

논문 이해하기

1. 논문의 개념 및 역할

논문은 인문계, 사회계, 자연계, 이공계, 예술계, 체육계 등 분야에 따라 연구 대상이나 연구 방법이 다를 수 있다. 하지만 근본적인 지향점은 동일하다. 앎의 타당성을 입증하려는 동시에 이를 전달하려는 목적을 지니는 것이다. 일반적으로 논문은 ① 지금까지 논의되지 않은 것, ② 불충분하게 논의가 이루어져 보충이 요구되는 것, ③ 기존 논의가 잘못되어 바로잡을 필요가 있는 것을 다룬다. 논문을 쓰고자 할 때는 다음과 같은 사항을 유념할 필요가 있다. 그래야만 독자가 논문을 합당하다고 여기기 때문이다.

첫째, 논문은 새롭고 독특해야 한다. 누구나 아는 상식을 재확인하는 수준에 그쳐서는 안 된다. 일부 구성원들에게만 국한될지언정 그 사이에서 이미 널리 퍼진 지식을 나열하는 정도에 머물러서도 곤란하다. 여태껏 활용되지 않은 자료를 바탕으로 한 연구, 이전과 다른 방법에 입각한 연구, 아직 제기된 적 없는 신선한 해석을 시도한 연구, 근래 주창된 이론 혹은 최근 발견된 현상을 다룬 연구 등이어야 새롭고 독특하다고 인정받을 수 있다.

둘째, 논문은 검증할 수 있어야 한다. 당연하게도 논문은 모두가 동의할 수 있는 명백한 근거에 바탕을 두어야 한다. 실험에 기반한 논문일 경우에는 당시 환경을 재현할 수 있을 정도로 근거를 모자람 없이 보여주어야 한다. 참신한 내용을 담았을지라도 근거가 그릇되거나 불충분하여 설득력이 떨어진다면 제대로 된 논문이라고 간주할 수 없다.

셋째, 논문은 논리성, 정합성, 응집성, 통일성을 갖추어야 한다. 제기하는 주장이 일관되어야 할뿐더러 근거와도 긴밀하게 연결되어야 한다. 논지를 전개하는 과정에서 자의적이거나 억지스러운 분석을 지양해야 한다. 문장들 사이에서 문단들 사이에서 어떠한 비약도 있어서는 안 되며 부드럽게 흐름이 이어져야 한다. 못다 한 말을 남겨서는 안 되며 거론한 문제에 대해서는 꼭 완결을 지어주어야 한다.

넷째, 논문은 연구 윤리를 준수해야 한다. 위조, 변조, 표절 등의 부정행위를 절대로 해서는 안 된다. 동일한 연구를 여러 학술지에 나눠서 발표하는 행태 또한 엄금해야 한다. 더하여 의약품 개발, 인간 행동 패턴 조사 등과 같이 인간을 대상으로 삼은 연구일 때는 〈생명윤리 및 안전에 관한 법률〉을 따르는 동시에 기관생명윤리위원회(IRB)에서 제공하는 가이드라인을 지켜야 한다.

> **〈참고〉** 연구 윤리와 관련하여 참고할 만한 사이트
>
> - 서울시립대학교 연구 윤리 규정 ···
>
> - 연구 윤리 정보 포털 ···
>
> - 기관생명윤리위원회 정보 포털 ···

교수나 대학원생이 아니라 학부생이더라도 논문 쓰기는 중요하다. 우선 앎에 대한 깊은 이해를 도모할 수 있기 때문이다. 지식을 단순히 나열하는 수준에 그친다면 논문이 될 수 없다. 지식을 연결된 구조로 만들어서 자기 생각을 설득력 있게 펼쳐야만 논문이 될 수 있다. 다음으로 학문 공동체의 규범을 습득할 수 있기 때문이다. 논문은 정해진 규식을 따라야 한다. 이는 담론을 생산하는 효율적인 방식을 훈련하는 것이다. 끝으로 다양한 영역에서 쓰임새를 가지는 역량을 키울 수 있기 때문이다. 문제를 설정하는 능력, 자료를 수집, 정리, 분석하는 능력 등은 학계에만 한정되지 않고 어느 곳에서건 긴요하게 인정된다.

2. 논문의 종류

논문은 규모와 용도에 따라 몇 가지 유형으로 구분된다. 학술논문, 학위논문, 학기말 소논문, 보고서, 에세이 등이 대표적이다. 그 각각에 대해 간략한 설명을 덧붙이면 다음과 같다.

- 학술논문(article): 자신의 연구 결과를 10~20쪽 내외로 정리하여 학술지에 게재하는 논문이다. 학술지마다의 평가 기준에 따라서 동료평가 등의 심사 절차가 전개되고 이를 통과한 논문이 해당 학술지에 게재된다.

- 학위논문(thesis, dissertation): 석사, 박사와 같은 학위 취득을 위해 자신의 연구 결과를 100~300쪽 정도의 분량으로 작성하는 논문이다. 일반적으로 공개 발표가 먼저 진행되고 대학원 심사위원회의 심의가 이어서 진행된 다음 학위논문이 최종적으로 제출되는 순서를 따른다.

- 학기말 소논문(term paper): 보통 학부생이나 대학원생이 학기 말경에 제출하는 10쪽 내외의 글이다. 대개 학술논문의 형식을 준용하여 작성한다. 학술논문에 비겨 다소 짧은 분량으로 쓰인 비공식적인 논문이 곧 학기말 소논문이라고 이해하면 된다.

- 보고서(report): 관찰, 답사, 설문, 실험 등을 통해 얻은 연구 결과를 정리한 글이다. 분야별로 정해진 형식을 갖추어 작성해야 한다. 가령 자연계, 이공계에서 주로 작성하는 실험보고서의 경우를 살펴보면, 실험 이전에 작성하는 예비보고서와 실험 이후에 작성하는 결과보고서로 나뉜다는 것을 알 수 있다. 예비보고서는 실험 목적, 관련 이론과 수식, 실험 방법, 실험에 사용된 도구(시약, 기구 등) 등을 기술한다. 결과보고서는 자연계, 이공계 쪽 학술논문의 표준 양식 IMRAD(서론, 연구 방법, 연구 결과, 토의)에 기초하여 작성하는 것이 보통이다.

- 에세이(essay): 특정 주제에 대한 자기 생각을 개진하는 글이다. 보고서와 비교할 때 형식이 자유롭다는 특징을 가진다. 이는 아무렇게나 자기 생각을 써 나가면 그만이라는 뜻이 아니다. 정밀한 읽기, 세밀한 분석, 적절한 비교 등을 바탕으로 자기 생각을 조리 있게 전개해야 한다.

이 중에서 학술논문과 학위논문은 학계로부터 검증을 받는다. 심사를 통해 학적 가치를 지닌 것만 게재되는 것이다. 따라서 학술논문과 학위논문은 학문 공동체의 의사소통에 따른 결과물이라고 할 수 있다.

3. 논문 작성 시 고려할 점

학부생 단계에서 논문을 쓰고자 할 때 미리 가늠해 볼만한 사항은 어떤 것이 있을까. 움베르트 에코의 견해를 참고하여 다음과 같은 몇 가지를 제언한다.

① 연구 대상, 연구 목적, 연구 방법에 흥미가 있는가. 또한 관련 지식이 어느 정도 있는가?

논문 쓰기는 상당한 시간과 노력이 요구되는 작업이다. 따라서 논문을 성심성의껏 쓰기 위한 내적 동기를 스스로가 지니고 있어야 한다. 화젯거리가 되는 주제보다 좋아하는 주제를 선택하기를 권장한다. 더불어 논문 작성이 단기간에 이루어져야 한다면 연구 대상, 연구 목적, 연구 방법을 익숙한 데서 찾기를 권장한다.

② 연구 주제가 너무 크지 않은가?

연구 주제는 파노라마식 주제와 단일 주제로 나뉠 수 있다. 파노라마식 주제란 다양하게 흩어져 있는 대상을 묶어 총체적으로 설명하는 것을 뜻한다. 이를테면 고전소설부터 웹소설까지 반복적으로 나타나는 영웅 모티프를 도출하겠다거나 한국 애정 소설의 변천 과정을 탐사하겠다거나 등을 들 수 있다. 파노라마식 주제는 논의가 얕아 보이거나 논점이 불분명하게 보일 위험성이 존재한다. 따라서 논문 쓰기가 아직 능숙하지 못하다면 단일 주제로 접근하는 것이 낫다.

③ 연구 수행에 필요한 자료를 입수할 수 있는가. 또한 해석할 수 있는 능력을 갖추었는가?
　　제아무리 빼어난 아이디어일지라도 이를 뒷받침할 만한 자료가 확보되지 않는다면 논문으로 완성할 수 없다. 더하여 자료를 확보하더라도 이를 활용할 만한 능력이 뒷받침되지 않는다면 논문으로 완성할 수 없다. 자료에 대한 접근은 용이한가, 자료를 움켜쥘 역량은 충분한가 등을 고려한 후에 주제를 정해도 늦지 않다.

④ 연구 방법은 매력적인가?
　　자료가 같을지라도 연구 방법이 다르면 결과는 차이를 띨 수 있다. 문헌, 설문조사, 통계 등을 어떻게 바라보느냐에 따라 다양한 해석이 가능하기 때문이다. 독창적인 연구 방법을 통해 남들과 변별되는 가치를 획득하려는 자세가 필요하다.

　이상을 통해 논문 쓰기에 대한 대략적인 얼개가 마련되었다면, 다음으로는 제목을 한 번 지어 보기를 권장한다. 잘 구성된 제목은 연구가 실제로 추진 가능한가를 판단하는 데에 도움을 준다. 적절한 범위 여부를 가늠할 수 있게 해줄뿐더러 전반적인 흐름을 떠올릴 수 있게 해주기 때문이다.

　일반적으로 제목에는 논제(연구 대상)와 논지(연구 목적과 연구 방법)가 포함된다. 〈동대문구 대학가 상권 분석〉이란 제목을 가정한다면 논제인 "동대문구 대학가"와 논지인 "상권 분석"을 각각 확인할 수 있는 것이다. 그런데 〈동대문구 대학가 상권 분석〉이란 제목을 미루어 볼 때 이것이 구체적인 연구로 나아가기란 어려우리라고 판단된다. 동대문구에는 대학가가 세 개 존재하는데, 그 모두를 대상으로 상권을 분석할 것인지 아니면 그중에서 하나를 정하여 상권을 분석할 것인지 등이 해결되지 않았고, 다시 그중에서 하나를 정하여 상권을 분석한다고 하더라도 상권 내 어떤 업종에 초점을 맞출 것인지 등이 해결되지 않았기 때문이다.

　그런 관계로 구체적인 연구로 나아가려면 논제와 논지를 좀 더 구체화할 필요가 있다. 개선책으로 〈서울시립대학교 정문 앞 커피 전문점의 활성화 방안 연구〉라는 제목을 떠올려 보자. 논제는 "서울시립대학교 정문 앞 커피 전문점"이고 논지는 "활성화 방안 연구"이다. 구체적인 연구로 나아가기에 "동대문구 대학가"보다 "서울시립대학교 정문 앞 커피 전문점"이 또 "상권 분석"보다 "활성화 방안 연구"가 훨씬 더 적합하다는 것은 구태여

부연이 필요치 않다.

　더군다나 〈서울시립대학교 정문 앞 커피 전문점의 활성화 방안 연구〉라는 제목을 놓고서는 연구에 필요한 자료까지 추론이 가능하다. 몇몇 카페를 선정해서 매출액, 인기 상품, 가격대 등을 찾아볼 수 있을 것이다. 관계자 면담, 소비자 만족도 조사 등도 생각해 볼 수 있을 것이다. 이 밖에도 본문을 어떻게 꾸려갈지에 대한 잠정안 마련이 가능하다. '판매 현황 → 문제 파악 → 활성화 방안' 정도의 개괄적 구조가 자연스럽게 도출되기 때문이다.

연습

1. 모둠 활동 시작하기

1) 모둠원들과 인사하기
   (간단한 자기소개: 학과와 이름, 성장지와 거주지, 현재 관심사, 방학을 하면 제일 먼저 하고 싶은 일 등을 말하면서 모둠원들 사이의 공통점 찾기)

2) 모둠 조장 정하기

3) 모둠 이름 정하기

4) 모둠 규칙 정하기
   (“비참여자를 방지할 방법은?”, “모두가 적극적으로 참여할 방법은?”, “활발하게 의사소통할 방법은?” 등에 대한 토론)

5) 모둠원들 간 소통을 위한 연락 수단이나 공유 문서 만들기

2. 모둠별로 문제의식과 주제문을 구체화하기

화제 찾기
유의점
	(1) 보편적인 화제의 경우:
	    (자신이 더 알고 싶어 하는 것이 무엇인가? 공적인 이슈 중에서 특히 관심이 있는 것이 있는가? 이번 학기나 다음 학기에 수강 과목은 무엇인가?)
	
	(2) 특정한 분야의 화제인 경우:
	    (수업 시간에 다룬 내용 중에 심화할 내용은 무엇인가? 그 분야의 신간에 대한 서평이나 논문은 무엇인가?)

화제 (핵심어)	예 서울시립대학교
한정된 주제 유의점	- 화제에 대한 자료를 모아 관련 지식을 쌓은 후, 한정된 범위 내에서 구체적인 키워드를 가지고 글에서 다룰 문제의식과 주제문을 찾아가야 한다. (화제를 구성하는 개념들은 무엇이고, 서로 어떤 관련이 있는가? 화제는 시간에 따라 어떻게 변화했는가? 화제는 다른 화제와 어떠한 연관을 맺는가? 화제에 대해 어떠한 평가를 내릴 수 있는가?)
한정된 주제	예 서울시립대학교 법학관 입구에 위치한 흡연구역의 적절성 여부
문제의식 유의점	- 한정된 주제를 문제의식으로 구체화하는 과정에서도 양질의 자료를 바탕으로 한 선행 지식이 필요하다. 주제의 역사, 구성, 범주에 대해 질문을 하면서 문제의식을 구체화할 수 있다. (어떤 맥락에서 왜 이 주제가 등장했는가? 주제가 시간에 따라 어떻게 변해왔는가? 주제는 큰 구조나 기능의 일부로서 어떤 역할을 하는가? 주제의 부분은 하나의 체계로서 어떤 구성을 가지고 있는가? 주제는 종류별로 어떻게 분류되는가? 주제는 다른 것들과 어떻게 비교, 대조되는가?)

문제의식	예 법학관 입구의 흡연구역은 보행자의 동선을 고려했을 때 적절한 위치인가?
예상 주제문	예 법학관 앞의 흡연 구역은 자작마루에서 법학관으로 들어갈 때 1층의 경우 흡연 구역 옆을 지나가고, 2층의 경우 보행로로 담배연기가 올라오기 때문에 적절하지 않다.

논문 형식 갖추기

1. 논문의 구성

논문은 일반적으로 통용되는 규준을 따라야 한다. 그렇게 하지 않는다면 작성자의 연구 능력이 미흡하다고 의심받기 쉽다. 간혹 정형화된 틀에 얽매이지 않고 자유롭게 논문을 쓰면 안 되느냐고 의문을 품는 경우가 있다. 하지만 논문도 여느 글과 마찬가지로 소통을 전제로 한다는 점을 고려한다면, 여러 학자가 각자의 경험을 바탕으로 이런저런 논의를 거친 끝에 합의한 최적의 양식을 따르는 편이 문제가 없을 것이다. 일반적인 논문의 구성은 다음과 같다.

1. 제목
2. 이름 및 소속
3. 국문 초록
4. 목차
5. 본문
   - 서론

　　　　- 본론
　　　　- 결론
　6. 주석(본문에 포함됨)
　7. 참고문헌
　8. 외국어 초록
　9. 부록

논문에서 가장 높은 비중을 차지하는 본문은 다음 절에서 설명하도록 하고, 그 외 구성 요소들을 아래에서 살펴보자.

- 제목: 무엇이 어떻게 다루어졌는지를 단적으로 보여주는 표지이다. 독자는 제목을 통해 자신에게 필요한 내용이 담겨 있을지를 추측하기 마련이다. 그러므로 제목은 간결하면서도 명료해야 한다.

- 국문 초록: 주요 내용을 간추려 제시한다. 또한 끝 지점에 핵심어(Keyword)를 5~6개 제시한다. 학위논문이라면 1~2쪽 정도로, 학술논문이라면 10줄 내외로 작성하는 것이 일반적이다. 학술논문의 경우에는 국문 초록을 뒷부분에 배치하기도 한다.

- 목차: 어떤 순서로 진행되는가를 밝힌다. 보통 학위논문은 장, 절을 나열한 후 쪽수까지 함께 표기하고, 학술논문은 장, 절만 나열한다.

- 주석: 각주냐 미주냐에 따라 위치가 다르고, 각주 중에서도 내각주냐 외각주냐에 따라 위치가 다르다.

- 참고문헌: 인용한 자료를 일정한 기준에 따라 일목요연하게 정리하여 제시한다.

- 외국어 초록: 앞서 적었던 국문 초록을 외국어로 번역해서 싣는다. 이는 외국인에게도 연구 내용을 소개하기 위함이다. 영어로 작성하는 경우가 대부분이지만, 연구 내용이 특정 언어와 밀접한 경우라면 그 언어를 활용하기도 한다.

- 부록: 본문에 포함하기 어려울 만큼 분량이 많은 자료 혹은 본문에 포함하면 번잡하다 싶은 자료를 별도로 모아놓은 부분이다. 그러므로 꼭 필요한 항목은 아니다. 주로 설문조사 문항, 실험 데이터, 통계 자료 등이 해당한다. 새롭게 발굴한 자료를 소개한 사례도 간간이 볼 수 있다.

2. 본문의 성격과 특징

본문은 서론, 본론, 결론으로 구성된다. 아무리 방대한 분량일지라도 본문은 서론, 본론, 결론으로 이루어진다. 서론, 본론, 결론을 어떻게 써야 하는가에 대해서는 다들 머릿속에 떠오르는 바가 없지 않을 것이다. 다만 논문은 여타의 글과 다르게 훨씬 전문적이고 학술적이므로 여기에서만 필요로 하는 요소들이 존재한다. 이를 중심으로 살펴보자.

(1) 서론

서론에서는 '무엇', '왜', '어떻게'가 반드시 다루어져야 한다. '무엇'은 연구 목적과 범위이다. '왜'는 연구 배경, 연구사 검토, 연구 필요성을 아우르는 것으로서 논의의 맥락을 짚고 선행 연구의 빈틈을 찾아내어 자기가 수행하려는 연구의 정당성을 확보하는 과정이다. '어떻게'는 연구 관점과 방법인데 어떤 시각과 절차로 논의를 전개할 것인지를 의미한다. 서론은 '연구 배경 → 연구사 검토 → 연구 필요성 → 연구 목적 → 연구 범위 → 연구 관점과 방법'의 순서로 구성되는 경우가 많다.

그렇지만 서론의 구성 요소들이 언제나 이러한 방식으로만 작성되는 것은 아니다. 필자의 전공이나 주제 혹은 성향 등에 의해 위의 순서는 적절히 조절될 수 있다. 가령 연구 목적을 가장 먼저 제시한 뒤에 연구 배경이나 연구사 검토를 작성할 수도 있다. 심지어 논문의 성격이나 규모에 따라 서론의 요소 일부가 본론으로 옮겨져서 기술되는 경우도 있다. 보고서나 학기말 소논문처럼 규모가 작다면 서론에서 구성 요소들이 모두 제시되지만, 학술논문이나 학위논문에서는 그렇지 않다. 특히 학위논문은 연구사 검토 혹은 연구 관점과 방법이 매우 방대하므로 이를 서론에서 간략히 언급한 다음 본론에서 독립된 장(예 2장 이론적 배경, 3장 연구 방법 등)으로 분리하여 구체화한 사례가 많다. 즉 서론의 기능을 본론의 형식으로 확장한 것이다. 여기에서는 일반적으로 통용되는 서론의 구성 요소들을 하나씩 살펴보도록 한다.

- 연구 배경: 논의의 출발점에 해당하는 부분이다. 주제가 놓인 거시적 상황과 맥락을 제시하는 역할을 한다. 해당 주제가 현재 사회적으로 어떤 위치에 있는지 혹은 학술적으로 어떤 흐름 속에 있는지를 독자가 파악할 수 있도록 서술이 이루어져야 한다.

- 연구사 검토: 연구하려는 주제에 대해 어떤 선행 연구가 있었고 또 여기서 어떤 학술적 빈틈이 있었는지를 확인하는 부분이다. 이는 스스로의 연구가 놓인 위치를

파악하기 위함이다. 우선 연구하려는 주제가 이미 다루어지지는 않았는가를 살펴야 한다. 의도치 않은 표절이 발생할 수 있기 때문이다. 다음으로 선행 연구를 비판적으로 검토해야 한다. 이로써 정당성을 확보할 수 있기 때문이다. 관련된 선행 연구를 모두 섭렵하는 것은 현실적으로 불가능하다. 그러므로 연구하려는 주제와 직접적인 연관성을 가진 선행 연구를 중심으로 살펴보되, 점차 탐사의 범위를 넓혀가는 방식이 권장된다.

- 연구 필요성: 앞서 발견한 학술적 빈틈을 토대로 삼아 이 연구가 왜 수행되어야 하는지를 밝히는 부분이다. 연구 배경과 연구사 검토가 일종의 상황을 보여주는 과정이라면 연구 필요성은 그 상황 속에서 연구가 이루어져야 하는 이유는 무엇인지, 해당 연구가 학문이나 사회에 어떠한 기여를 하는지 등을 설득하는 과정이다.

- 연구 목적: 최종적으로 증명하고자 하는 핵심 질문을 제시하는 부분이다. 연구 배경과 연구 필요성이 "왜 이 길을 가야 하는가?"를 말하는 것이라면 연구 목적은 "이 길의 끝에서 무엇을 손에 넣을 것인가?"를 분명히 밝히는 것에 해당한다. 이 부분은 "이 연구의 목적은 ~이다." 혹은 "이 연구는 ~을 목적으로 한다."와 같은 명시적 표현이나 "이 글에서는 ~을 하고자 한다."와 같은 표현으로 간단히 대체되기도 한다.

- 연구 범위: 지면은 한정되어 있고 시간 또한 무한하지 않으므로 한 편의 논문에서 주제와 관련한 모든 사항을 다루는 것은 불가능하다. 따라서 해당 논문에서 무엇을 어디까지 논의할 것인지를 정확하게 명시하여 초점을 분명하게 맞추어야 한다. 대체로 이 부분은 "연구 범위는 ~으로 한정한다."라거나 "연구는 ~부터 ~까지로 한정하여 진행할 것이다." 혹은 "본 연구는 ~을 중심으로 논의하겠다." 정도로 표현된다.

- 연구 관점과 방법: 주제에 어떤 관점으로 접근할지 및 주제를 어떤 방법으로 다룰지 등을 밝히는 부분이다. 연구의 관점과 방법을 제시하는 이유는 다음과 같다. 첫째, 논의 방향 및 순서를 알려주기 위해서이다. 이는 논문이 앞으로 어떻게 전개될지를 간략하게 소개하여 독자의 이해를 돕는 역할을 한다. 둘째, 논의 재현 가능성을 확보하기 위해서이다. 연구의 관점과 방법이 명확하지 않다면 해당 연구가 논리적인 과정에 따른 결과인지 우연의 결과인지 판단할 수 없다. 다른 연구자가 동일한 절차를 밟아 동일한 결과를 얻을 수 있을 때야 비로소 해당 연구는 검증되었다고 볼 수 있다.

가 있다면 가치와 의의를 인정받을 수 없을 것이다. 둘째, 연구 윤리를 확인하는 수단이 되기도 한다. 특히 생명을 다룬 연구라면 연구 윤리 심의 승인 여부, 참여자의 동의, 개인정보 보호 등을 밝혀주어야 한다. 셋째, 후속 연구에도 도움을 줄 수 있다. 후속 연구는 이미 제시된 연구 관점과 방법을 동일하게 활용하거나 혹은 수정, 변형을 가해 활용할 수 있기 때문이다. 이로써 연구자 간의 대화가 이루어지는 동시에 해당 분야가 발전할 수 있다.

(2) 본론

본론은 서론에서 제기한 문제를 본격적으로 풀어 가는 부분으로 글의 중심에 해당한다. 논문의 성패는 본론에서 결정된다고 해도 지나친 말이 아니다. 본론에서는 주장과 근거가 명확히 제시되어야 한다. 또한 분석과 해석을 통해 일관된 결론으로 나아가야 한다.

본론에서는 두괄식 전개가 선호된다. 두괄식 전개란 주장을 앞에 두고 뒤이어 그것을 뒷받침하는 논거를 제시하는 방식을 뜻한다. 이렇게 하면 독자는 글의 방향을 처음부터 파악할 수 있다. 이후 논거가 쌓이는 흐름을 따라가며 논리를 이해할 수 있다. 반대로 미괄식 전개는 독자에게 긴장감을 줄 수 있으나 자칫 글의 방향이 불분명해질 수 있다. 따라서 독자의 이해를 고려한다면 글을 두괄식으로 전개하는 것이 효과적이다.

본론은 크게 세 요소로 나눌 수 있다. 첫째는 '논거 제시'이다. 논거란 어떤 이론, 주장, 현상 등이 논리적으로 타당하다는 것을 입증하기 위해 제시하는 근거를 뜻한다. 사실과 관련된 자료를 활용하는 경우는 '사실 논거'라 하고 전문가의 견해나 기존 학설을 인용하는 경우는 '소견 논거'라 한다. 논거는 정확하고 신뢰할 수 있어야 하며 독자가 이해하기 쉽게 제시되어야 한다. 그저 분량을 채우기 위해 불필요한 자료를 나열하기보다는 주장과 직결되는 자료만 선택하는 것이 좋다. 경우에 따라 시각 자료나 용어 정의를 함께 제시하면 논증의 밀도를 높일 수 있다.

둘째는 '논의'이다. 논의란 제시된 논거를 토대로 잠정적 해법을 검증하고 그 타당성을 점검해 가는 과정이다. 이 과정에서는 논거에 문제가 없는지, 논거와 잠정적 해법이 잘 맞물리는지 등을 살펴야 한다. 특히 순환 논법이나 성급한 일반화와 같은 오류를 피해야 한다. 더 나아가 독자가 제기할 수 있는 반박 가능성을 예측하고 이에 대응할 논리를 마련해야 한다. 반박 대비는 글의 신뢰도를 강화하며 중심 생각을 객관적으로 드러내는 데 효과적이다.

셋째는 '논지 전개'이다. 논지는 논의하는 중심 생각을 뜻한다. 논지를 어떤 방식으로 조직하느냐는 글의 설득력을 좌우한다. 작은 문제에서 큰 문제로 확장하는 귀납적 방식과 큰 틀에서 세부 사항으로 내려오는 연역적 방식 중 하나를 선택하거나 상황에 따라 그 둘을 절충할 수 있다. 또한 배열도 중요하다. 독자를 가장 잘 설득할 수 있는 근거를 앞에 두고 보조적 근거를 뒤따르게 하는 방식이 일반적이다. 경우에 따라 선행 연구의 비판과 대조 구조를 활용할 수도 있다.

〈참고〉 학문 분야별 본론의 구성 방식 비교

- 인문·사회 계열의 본론은 대체로 주장을 밝히고 논거를 제시하며 결과를 도출하는 방식으로 전개된다. 주장에 적합한 논거를 가져와야 한다는 것, 논리적 비약이나 자의적 판단을 경계해야 한다는 것, 결과가 보편적으로 받아들여질 만한 내용이어야 한다는 것 등에 충분히 유의할 필요가 있다.
- 자연·이공 계열의 본론은 실험과 결과를 중심으로 이루어진다. 실험 대상, 실험 도구, 실험 설계, 실험 과정 그리고 실험 결괏값 및 이에 대한 추론과 분석이 포함되어야 한다. 무엇보다 객관성, 검증성, 재현성이 얼마나 확보되었느냐가 중요하다.
- 예술·체육 계열의 본론은 창작, 실기 과정을 제시하고 이에 대한 의의를 부여하는 방식으로 구성된다. 정량적 자료와 정성적 관찰이 함께 활용되는 경우가 많다. 이론과 실제 간 연계성을 밝히는 작업이 중심에 놓이며 독창성, 응용성 등이 핵심 요소로 삼아진다.

(3) 결론

결론은 본론의 논의를 요약하고 정리하여 글을 마무리하는 부분이다. 서론에서 제기한 '무엇', '왜', '어떻게'라는 문제의식을 본론에서 충분히 검토했다면 결론에서는 그 과정을 압축적으로 제시하고 연구의 의의를 명확히 밝혀야 하는 것이다. 결론에서는 필요할 경우 연구의 한계나 향후 과제를 덧붙일 수 있다. 하지만 이때는 본론에서 다루었던 내용의 연장선상에서 제언이 이루어져야 하지 본론에서 일절 다루지 않았던 새로운 내용을 바탕으로 한 제언이 이루어져서는 안 된다.

3. 논문의 계열별 특성

논문은 그 성격에 따라 구성에서 차이를 보인다. 특히 학술논문이나 학위논문은 보고서나 학기말 소논문에 비해 훨씬 정교한 체계를 갖춰야 한다. 따라서 전술했던 것처럼 앞서 서론의 요소로 설명했던 연구배경, 연구 관점과 방법 등이 본론의 독립된 장으로 옮겨져서 다루어지는 경우가 많다. 이는 논문을 작성하는 목적이나 학문의 전문성 등을 효과적으로 드러내기 위한 방책이라 할 수 있다.

또한 같은 학술논문이나 학위논문의 범주에 있다고 하더라도 학문 분야에 따라 그 구성이 다른 경우가 많다. 이는 학문 분야마다 사고하는 방식이나 문제에 접근하는 방식이 다르기 때문이다. 각각의 학문 분야에서 실제로 선호되는 논문의 구성 방식을 목차의 형식으로 제시해 본다.

(1) 인문·사회 계열

1. 서론
    1.1. 연구 배경 및 필요성
    1.2. 연구 목적과 범위
2. 이론적 배경
    2.1. 개념 정의
    2.2. 선행 연구 검토
3. 분석 및 논의
    3.1. 연구 방법 및 자료 제시
    3.2. 결과 도출
4. 연구의 시사점
    4.1. 도출된 결과의 의미
    4.2. 사회적·학문적 함의
5. 결론
    5.1. 요약 및 결론
    5.2. 연구의 한계와 제언

인문·사회 계열 논문은 문제를 제기한 뒤 그 주제가 왜 중요한지 설명하고 선행 연구와의 관련성을 확인하면서 방향을 잡아간다. 개념이나 용어를 먼저 정리하고 앞서 어떤 연구들이 있었는지를 살펴본 다음 그 위에서 자신의 분석을 진행하는 방식이 일반적이다. 본론에서는 자료를 해석하거나 사례를 검토하면서 주장에 타당성을 부여하고 결론에서는 그 결과가 학문적 또는 사회적으로 어떤 의미가 있는지를 함께 제시한다. 이 분야에서는 글의 흐름과 논리의 연결이 중요하며 주장과 근거가 자연스럽게 이어져야 제대로 된 결과로 인정받는다.

(2) 자연·이공 계열

1. 서론
    1.1. 연구 주제 소개
    1.2. 연구의 목적과 중요성
2. 이론적 배경 및 가설
    2.1. 관련 이론 및 원리
    2.2. 가설 설정
3. 실험 방법 및 절차
    3.1. 실험 대상 및 도구
    3.2. 실험 설계와 과정
4. 실험 결과
    4.1. 결과 제시
    4.2. 결과에 대한 추론과 분석
5. 결론
    5.1. 연구 결과 요약
    5.2. 연구의 한계와 향후 과제

자연·이공 계열 논문은 실험이나 관찰을 통해 문제를 확인하고 가설을 검증하는 것을 중심에 둔다. 연구 주제를 밝힌 후 어떤 원리나 이론을 바탕으로 했는지 간단히 설명하고 실험 방법과 절차를 자세히 제시한다. 실험 결과는 수치나 표 같은 형태로 제시되며 그 결과가 어떤 의미를 갖는지는 결과 분석에서 다루게 된다. 이 분야는 주장보다 증거와 절차가 우선이기 때문에 누가 읽어도 따라 할 수 있을 정도의 설명과 명확한 결과 제시가 핵심이 된다. 결론에서는 실험을 통해 확인된 사실과 남은 과제 또는 한계를 정리한다.

(3) 예술·체육 계열

1. 서론
    1.1. 연구의 배경과 주제 선정 이유
    1.2. 연구 목적과 범위
2. 이론적 고찰 및 사례 검토
    2.1. 이론적 배경과 미학적 접근
    2.2. 대표 사례 또는 선행 연구 검토
3. 창작(실기) 과정 및 결과
    3.1. 창작 또는 실기 과정
    3.2. 창작 또는 실기 결과
4. 창작(실기) 평가
    4.1. 창작 또는 실기의 기술적·미학적 의의
    4.2. 창작 또는 실기의 예술적 가치
5. 결론
    5.1. 연구의 요약 및 정리
    5.2. 연구의 한계와 향후 연구 방향

예술·체육 계열 논문은 창작 활동이나 실기 과정이 중심이 된다. 연구자가 특정 주제를 선택한 이유와 그 범위를 먼저 밝히고 관련 이론이나 기존 사례를 살펴본 뒤 실제 과정이나 결과물을 본론에서 다룬다. 창작 활동이나 실기 과정을 단계별로 설명하고 그 결과를 분석하거나 가치와 의의를 해석하는 방식으로 전개된다. 이 분야는 완성된 결과만 제시하는 것이 아니라 거기에 이르기까지의 과정과 선택 근거까지 함께 보여주는 것이 특징이다. 결론에서는 그 작업이 어떤 의미를 지니는지를 밝힌다.

연습

- 논문 쓰기를 위한 기초 작업

1. 우리 모둠의 주제는 ________________________________ 이다.

2. 이 연구의 배경은 다음과 같다.

    1)

    2)

3. 이 연구의 필요성은 다음과 같다.

    1)

    2)

4. 이 연구의 목적은 다음과 같다.

    1)

    2)

5. 이 연구의 범위는 다음과 같다.

    1)

    2)

6. 이 연구의 관점과 방법은 다음과 같다.

    1)

    2)

    3)

    4)

7. 이 연구의 제목은 ____ 이다.
   (※ 주제문을 명사형으로 만들면 가장 무난하다.)

8. 참고문헌 정리하기

	글쓴이	글의 제목 / 출처	활용 방법
1			
2			
3			
4			
5			
6			
7			
8			
9			
10			

제11장

논문 작성하기

1. 논문 작성을 위한 단계별 요령

어느 글이건 체계적인 과정을 밟아나가야 수준이 높아진다. 논문 역시 마찬가지이다. 정해진 절차를 충실히 이행해야 비로소 짜임새 있는 논문을 만들 수 있는 것이다. 물론 논문은 그 모두가 똑같은 방식으로 진행되지 않는다. 인문·사회계, 자연·이공계, 예술·체육계 등의 학문 분야에 따라 세부적인 순서나 방법이 다르다. 하지만 전체적인 흐름이나 핵심적인 요소는 어느 학문 분야이건 상관없이 거의 동일하다.

논문이 착수될 때부터 완수될 때까지의 공정은 다양하게 구분이 가능하지만, '논문 준비 → 논문 작성 → 퇴고 및 수정'이라는 세 단계로 나누는 것이 가장 손쉬운 방식이자 가장 일반적인 방식이다. 그리고 이때는 각각의 단계마다 알아두면 요긴한 사항들이 존재한다. 지금부터 찬찬히 살펴보도록 하자.

(1) 논문 준비

가. 문제 발견

연구는 해당 분야에서 문제를 발견하는 것에서부터 시작한다. 문제로 인식하기 위해서는 대체로 다음의 두 가지를 충족해야 한다. 하나는 해당 분야에서 무엇인가 새로운 것이어야 한다는 것이고, 다른 하나는 해당 학문의 발전에 어떠한 방식으로든 이바지해야 한다는 것이다. 이는 곧 해당 분야의 연구 수준에 걸맞은 문제이자 기존 지식을 심화, 확대하거나 혹은 기존 지식에 수정이 이루어지는 문제를 고려해야 한다는 뜻이다. 또한 아무리 새롭더라도 연구자 본인이 흥미가 없거나 감당할 만한 대상이 아니라면 이는 적절한 문제라고 할 수 없다. 따라서 새로움, 학적 가치, 수행 가능성을 동시에 충족해야 한다. 이를 위해 다음과 같은 세 가지 지침을 고려할 수 있다.

- 흥미의 영역 찾기: 다루고자 하는 대상을 시·공간으로 나누어 보고 그중에서 흥미로운 영역을 선택한다.
- 논의의 구체화: 흥미로운 영역 중에서도 특정 요소나 부분에 초점을 맞춘다.
- 연구 대상 특정하기: 특정 요소나 부분 중에서도 여태껏 연구가 덜 되었으면서도 학문적으로 의의가 있는 대상을 찾는다.

나. 잠정적 해법 모색

문제를 도출하고 이와 관련한 자료가 일정하게 축적되면 그로부터 결론을 도출하기 위한 분석과 해석이 필요하다. 이 과정에서 중요한 것이 바로 잠정적 해법 모색이다. 잠정적 해법이란 〈a라는 생물체에 b라는 자극을 주면 c라는 반응이 나타날 것이다〉 혹은 〈d가 도발 행동을 한 것은 e라는 요인이 결정적이었을 것이다〉와 같이 가정법 형태로 서술된다. 이러한 잠정적 해법은 연구 과정에서 반드시 검증되어야 하며, 당연하거나 일반적인 수준에 머무른다면 의미가 없다. 단순한 추론은 기존 통념을 재확인하는 것에 그칠 뿐이기 때문이다. 따라서 잠정적 해법은 어느 정도 모험성을 띠어야 하며 그 검증을 통해 새로운 지식을 만들어낼 수 있어야 한다.

다. 연구 관점과 방법 결정

논문은 기본적으로 일정한 연구 관점과 방법을 통해 진행된다. 연구자가 속한 학문 분야나 논문의 주제에 따라 연구 관점과 방법은 매우 다양하게 존재한다. 따라서 연구자는 다양한 연구 관점과 방법 중에서 가장 효과적인 것을 찾아야 한다. 이런저런 연구 관점과 방법을 혼용한다고 해서 좋은 결과물이 나오는 것은 아니기 때문이다. 연구자는 본인이 설정한 연구 문제에 가장 적합한 연구 관점과 방법을 선택해야 하는데 이는 학문의 특성과 긴밀하게 연결되어 있다.

- 인문·사회 계열: 주로 인간의 사유와 사회 현상을 탐구한다. 텍스트를 정밀하게 읽고 해석하는 '문헌 연구법'이나 특정 집단이나 개인을 대상으로 자료를 수집하는 '질적 조사법(심층 인터뷰, 사례 연구 등)'이 주로 활용된다.
- 자연·이공 계열: 현상의 인과관계를 입증하고 객관적 법칙을 발견하는 데 집중한다. 통제된 환경에서 변수의 변화를 관찰하는 '실험법'이나 수집된 수치 데이터를 통계적으로 처리하고 예측하는 '정량적 분석 및 데이터 모델링'이 선호된다.
- 예술·체육 계열: 창작 과정의 원리나 신체 활동의 효율성을 분석한다. 작품 제작의 원리와 기법을 체계적으로 분석하는 '실무·창작 연구법'이나 동작의 메커니즘을 과학적으로 측정하고 분석하는 '현장 수행 및 동작 분석법' 등이 대표적이다.

어떠한 연구 관점과 방법이든 세 가지 원칙이 준수되어야 한다. 첫째는 개인의 선입견을 배제하는 객관성, 둘째는 절차와 결과가 논리적으로 이어지는 합리성, 셋째는 자료와 해석의 오차를 최소화하는 정밀성이다.

(2) 논문 작성

가. 제목

제목은 주제를 압축적으로 보여주어야 하며 과도하게 모호한 표현은 피해야 한다. 독자가 제목만 보고도 연구의 대상과 범위 그리고 관점과 방법을 예상할 수 있도록 해야 하기 때문이다. 그러므로 제목에는 핵심 개념이나 문제의식이 반영되는 것이 좋다. 가령 〈한국 영화에 대해서〉, 〈소셜 미디어와 청년 세대〉 등과 같은 제목은 호기심을 자극할 수 있을는지는 몰라도 지나치게 광범위하거나 추상적이어서 내용을 짐작하기 어렵다. 또한 〈드라마 《이상한 변호사 우영우》 연구〉, 〈대학로 연구〉 등과 같은 제목도 핵심 개념이나 문제의식을 드러내지 못하므로 적절하지 않다.

제목을 구체적으로 지으려다가 지나치게 길어지는 경우도 있는데, 이럴 때는 부제를 달아주는 것도 좋다. 예컨대 〈20대 대학생의 스마트폰 의존도와 학업 성취도의 상관관계〉라는 제목 아래 〈수도권 4년제 대학 재학생 500명을 대상으로〉라는 부제를 단 경우를 들 수 있다. 제목에서는 연구 대상을, 부제에서는 연구 범위를 보여준다면 제목이 너무 길어지는 것을 방지하면서도 연구가 어떻게 진행될지를 명확하게 보일 수 있다.

그렇다고 해서 부제만 믿고 제목을 너무 거창하게 다는 것도 곤란하다. 부제는 제목을 보조하는 수단일 뿐이므로 제목 자체만으로도 연구의 핵심이 무엇인지 충분히 드러나야 하기 때문이다. 예를 들어 〈한국 경제의 발전 방향 연구〉라는 제목에 〈OO시 전통시장 상인들의 인터뷰를 중심으로〉라는 부제를 덧붙이는 것은 적절하다고 보기 어렵다. 제목에서는 마치 한국 경제 전체를 다룰 것처럼 해놓고 실제로는 매우 지엽적인 사례만 다루기 때문이다.

나. 문장 표현

논문에서 자주 쓰이는 표현을 정리하면 다음과 같다.

- 논의를 매끄럽게 하는 표현: 논문에서는 주장도 중요하지만 주장을 뒷받침하는 이유나 근거도 상당히 중요하다. "무엇을, 왜, 어떻게 말하는가"를 독자가 납득할 수 있도록 서술해야 하기 때문이다. 그러한 의미에서 "~라는 점에서 주목할 필요가 있다", "~로부터 다음과 같은 시사점을 도출할 수 있다", "~을 통해 드러난 바와 같이" 등과 같은 표현을 적절히 사용할 필요가 있다.

- 문제/논거/반론과 관계된 표현: 문제를 제기할 때는 "선행 연구에서는 ~에 대한 논의가 충분히 이루어지지 않았다.", "~에 대한 관심에도 불구하고 체계적인 분석은 많지 않았다."와 같은 표현을 주로 사용한다. 논거를 제시할 때는 "이에 따라 이 글에서는 다음과 같은 점을 분석의 대상으로 삼고자 한다"라는 식의 표현을 활용할 수 있다. 반론을 검토하거나 시각을 전환할 때는 "물론 이러한 견해에도 한계가 존재한다.", "다른 시각에서 보면 ~이라고도 해석할 수 있다."와 같은 표현이 자연스럽다.

- 논의의 객관성을 나타내는 표현: 논문은 객관적으로 써야 한다. 그러므로 필자의 주관이나 감정을 직접 드러내는 표현은 지양하고 제시된 주장과 근거 사이의 인과 관계를 중심으로 서술해야 한다. 이를 위해 "~라고 할 수 있다", "~로 이해된다", "~로 간주된다"와 같이 간접적이고 중립적인 표현을 사용하면 객관성을 높일 수 있다. 반면 "~라고 생각한다.", "~일 것 같다."와 같이 주관적 추측을 드러내는 표현은 되도록 사용하지 않는 것이 좋다.

- 인용과 관련된 표현: 타인의 연구나 이론을 인용할 때는 범위와 출처를 명확히 밝혀야 한다. 원문을 그대로 옮기기보다 요지와 논지를 자신의 언어로 재구성하는 것이 바람직하다. 이때 "~에 따르면", "~은 다음과 같이 설명한다.", "~에 의거하면" 등과 같은 표현을 활용하면 인용이 곧 주장처럼 보이는 것을 방지할 수 있다.

- 자료를 제시하거나 해석하는 표현: 수치나 사례를 제시한 후에는 반드시 그 의미나 시사점을 설명하는 문장을 덧붙여야 한다. 예를 들어 "이러한 수치는 ~한 경향을 보여준다.", "해당 사례는 ~라는 점에서 주목할 만하다"와 같은 문장은 단순한 정보 나열을 넘어 글의 주장을 뒷받침하고 논의의 흐름을 자연스럽게 이어주는 기능을 수행한다.

- 핵심 개념을 제시하는 방법: 논문에서는 다양한 학술 개념이 등장하므로 이를 적절히 한정하거나 정의할 필요가 있다. 중요한 개념은 서론에서 정의하거나 선행 연구에서 어떻게 사용되어 왔는지를 언급한 후 제시하는 것이 바람직하다. 예를 들어 "이 글에서는 '디지털 리터러시'라는 용어를 ~의 의미로 사용한다."라는 식의 문장을 통해 개념의 적용 범위를 명확히 할 수 있다. 이는 독자와의 해석 차이를 줄이고, 이후 전개될 논의의 초점을 일관되게 유지하는 데 도움이 된다.

(3) 퇴고 및 수정

1차적으로 작성한 글을 초고라고 일컫는다. 당연하게도 논문은 초고에서 끝나지 않는다. 초고는 다듬거나 보완할 여지가 많기 때문이다. 따라서 초고는 수 차례 검토와 타인의 피드백을 거쳐야 보다 설득력 있는 논문으로 발전할 수 있다. 잘 쓴 논문은 결코 한번에 이루어지지 않는다. 초고가 필자의 생각을 비교적 자유롭게 펼치는 과정이라면, 퇴고는 그것을 다듬고 정리하여 독자에게 정확하고 효과적으로 전달되도록 만드는 과정이다.

초고를 작성한 뒤 곧바로 퇴고하는 것보다는 일정한 시간이 흐른 다음 퇴고하는 것이 좋다. 글에서 한 발짝 떨어져야 비로소 논문의 구조와 흐름, 논리적 허점이 더 명확하게 보이기 때문이다. 가능하다면 원고를 출력하여 조용한 환경에서 소리 내어 읽어볼 것을 권한다. 평소 눈으로만 읽어서 지나치기 쉬운 어색한 표현이나 오류가 귀로 들을 때는 쉽게 파악되기 때문이다. 타인에게 글을 읽어보게 하거나 자기가 초고를 읽은 목소리를 녹음해서 들어보는 것도 효과적이다.

퇴고는 두세 번 이상 반복하되 일정한 단계별로 진행하는 것이 효과적이다. 체계적으로 퇴고할수록 논문은 내용이 탄탄해지고 문장이 간결해지기 때문이다. 퇴고의 첫 번째 단계에서는 글 전체의 구조와 논리 전개를 점검한다. 주제에 맞게 글이 흐르고 있는지, 각 문단이 중심 생각을 뒷받침하고 있는지, 단락 간 연결이 자연스러운지 등을 꼼꼼히 살핀다. 이 과정을 통해 글의 긴밀성과 유기성을 높이고 독자의 이해를 돕는 것이 중요하다.

퇴고의 두 번째 단계에서는 논문의 표현을 점검한다. 문장이 지나치게 장황하거나 모호하지는 않은지, 같은 의미의 어휘가 반복되고 있지는 않은지 등을 점검한다. 또한 전문 용어나 추상적인 개념을 사용한 경우라면, 독자의 수준에 맞게 정의나 예시를 덧붙였는지도 확인해야 한다. 문장을 과감히 줄이거나 단어를 대체하는 용기도 필요하다.

퇴고의 마지막 단계에서는 맞춤법, 띄어쓰기, 문장 부호, 문단 정렬 등을 점검 확인한다. 사소한 오탈자 혹은 띄어쓰기 실수 하나에도 논문은 허술해 보이거나 신뢰하기 어렵다고 여겨질 수 있다. 철저하게 확인하여 독자의 쓸데없는 오해를 받지 않도록 한다.

학생들이 글을 쓸 때 쉽게 간과하는 것이 퇴고이다. 학생들은 대체로 초고를 작성한 것만으로 글쓰기가 끝났다고 생각하지만, 사실 진짜 글쓰기는 그 이후부터 시작이다. 훌륭한 글은 퇴고를 통해 탄생한다. 따라서 글을 쓴 후에는 글을 다시 읽고 고치는 습관을 들이도록 하자.

2. 논문 완성도를 높이는 모둠 활동

논문은 모둠 활동을 통해 몇 단계 더 발전할 수 있다. 혼자라면 발견하지 못했을 오류를 모둠에서 찾아낸다거나, 혼자는 떠올리지 못할 아이디어를 모둠 간 토론을 통해 제시받을 수 있기 때문이다. 이러한 과정에서 얻은 피드백은 논문을 완성하는 데 크게 도움을 준다. 모둠 활동은 크게 '모둠 구성 → 구성원별 발표 → 구성원 간 토론 → 피드백 반영' 순서로 이루어진다.

(1) 모둠 구성하기

모둠 활동은 모둠을 구성하는 것부터 시작하는데 보통 3~5명의 소규모로 진행하는 것이 효율적이다. 이 정도 규모면 모둠에 속한 구성원 각자의 의견을 충분히 수용하고 검토할 시간이 확보되기 때문이다. 모둠을 만들 때는 같은 전공으로만 묶는 것보다는 여러 전공을 아우르는 것이 좋다. 같은 전공끼리만 모이면 아무래도 사고의 폭이 좁을 수 있기 때문이다. 여러 전공이 모여 의견을 교환하는 가운데서 새로운 시각이 도출될 가능성은 커진다.

(2) 발표하기

발표는 모둠에 속한 구성원 각각이 자기 의견을 피력하는 단계이다. 발표는 글의 논리 구조와 전개 의도를 청중이 쉽게 파악하도록 전달하는 데 목적이 있다. 이 과정에서 발표 자는 스스로 글의 강점과 약점을 인식하게 된다. 발표자는 글의 주제, 연구 목적, 주요 주장과 근거, 글의 구성 등을 간결하고 명확하게 설명해야 한다. 중요한 부분을 발췌해 낭독하거나 도표 등과 같은 시각 자료를 함께 제시하면 효과적이다.

(3) 토론하기

토론은 발표 내용에 관하여 건설적인 피드백을 주고받는 단계이다. 여기서는 왜 이러한 주장을 하는가, 그 이유는 무엇인가, 주장을 뒷받침할 근거는 어디에 있는가 등을 논리적으로 살피는 것이 중요하다.

이때 쟁점이 발생한다. 쟁점은 구체적이고 분명한 입장이 담긴 명제로 표현해야 한다. 쟁점에 포함된 핵심어나 주제문이 모호하면 안 된다. 정책 논제라면 문제점만 지적하지 말고 대안이나 해결책까지 마련해야 한다. 자기 논거를 마련하기 위해 선행 연구 검토가 필요하다. 이로써 주장을 증명하거나 상대방 주장을 반박할 수 있다. 그러나 선행 연구에 만 의존하면 자기 생각을 펼치는 데 한계가 있다. 자칫하다가는 자기 생각이 선행 연구에 묻힐 위험성도 크기 때문이다. 따라서 선행 연구가 우선이 아니라 자기 생각이 우선이라 는 인식을 늘 가지고 있어야 한다. 선행 연구는 자기 생각을 뒷받침하는 용도임을 주지해 야 한다.

토론은 논문을 작성할 때도 유용하게 사용된다. 자기주장을 뒷받침할 이유와 근거를 미리 점검함으로써 논리를 정리할 수 있기 때문이다. 예를 들어 환경 보호를 주제로 논문 을 준비한다면, 찬성 측은 규제 강화의 필요성을 주장하고 반대 측은 경제적 부담이나 실효성 문제를 제기하게 된다. 이후 교차 질문 단계에서 서로의 약점을 지적하고 근거를 요구하면서 주장은 더욱 정교해진다. 이 과정에서 나온 비판은 초고를 수정하거나 내용을 보완하는 데 활용될 수 있다.

〈참고〉 수업에서 CEDA 토론을 활용하는 방법

- 하나의 논제를 놓고 토론할 때 유용한 방식 중 하나로 'CEDA(Cross Examination Debate Association) 토론'을 들 수 있다. CEDA 토론은 교차 질문과 반박을 통해 입장을 검증하는 토론 방식이다. CEDA 토론은 주장에 대한 근거를 분명히 제시하도록 요구하고 상대의 논리를 점검하게 함으로써 논증 과정을 구체화한다. 이러한 특징 때문에 CEDA 토론은 참여자들의 논증 능력을 강화하는 데 효과적이다.

1. 주제 선택
   - 찬성 측은 '방안 제안'을, 반대 측은 '현상 유지 또는 대안'을 가져온다.

2. 시간 조정
   - 원래 CEDA 토론은 90분 이상이 소요된다. 따라서 수업에서는 시간을 단축하는 경우가 많다.

예	구분	시간	역할
	(찬성 1차 발언)	5분	방안 제안 및 근거 제시
	(반대 1차 발언)	5분	반대 입장 및 반박 제시
	(교차 질문)	3분×2	찬반 팀 간 질문
	(찬성 2차 발언)	3분	반론 대응 및 주장 강화
	(반대 2차 발언)	3분	최종 반박 및 주장 강화
	(찬성 최종 정리)	3분	최종 주장 요약

3. 발표 및 토론에 대한 평가 요소
   - 명료한 주장 구조[서론-본론(주장과 근거)-결론]
   - 신뢰할 수 있는 자료
   - 설득력 있는 어조와 태도
   - 상대방에 대한 예의와 공손한 반박
   - 질문에 대한 정확한 대응력

(4) 피드백 반영하기

피드백 반영은 토론에서 오간 여러 가지 아이디어나 제안을 검토하여 수용하는 단계이
다. 토론에서 나온 피드백은 수용해야 할 것과 그렇지 않은 것으로 나누어야 한다. 모든
피드백이 유용한 것은 아니기 때문이다. 또한 수용해야 할 피드백이라고 하더라도 직접
적으로 수용해야 할지 혹은 간접적으로만 다루어야 할지 등도 결정해야 한다.

피드백을 수용하다 보면 한두 단어를 수정하는 것이 아니라 문장이나 문단을 통째로
바꾸어야 하는 경우도 적지 않다. 필요하다면 새로운 자료를 추가하여 논의를 보완할
수도 있다. 이런 과정을 반복할수록 논문의 내용은 풍성해지고 짜임새도 튼튼해진다.

연습

1. 개요 짜기

주제문:

1. 서론: 연구 배경, 연구사 검토, 연구 필요성, 연구 목적, 연구 범위, 연구 관점과 방법 등

2. 본론: 단락 구성 조정 가능
    ① 각 주장(소주제)에 대한 근거를 밝힌다.
    ② 각 주장 및 근거에 대한 예상되는 반론을 고려해야 한다.

  2.1 소주제 1:
      근거:
      예상 반론:

  2.2 소주제 2:
      근거:
      예상 반론:

  2.3 소주제 3:
      근거:
      예상 반론:

3. 결론: 요약과 강조

2. 목차 구성하기

-목 차-

준비

체크 리스트

1) 논문 준비 단계
   - 주제가 너무 넓지 않고 다루는 범위가 정해져 있는가?
   - 선행 연구에서 많이 다루지 않은 구체적인 대상을 골랐는가?
   - 자료 조사 후 예상되는 결론이나 방향을 설정했는가?
   - 주제와 목적에 맞는 연구 관점과 방법을 정했는가?
   - 자료 수집과 분석이 실제로 가능한가?

2) 논문 작성 단계
   - 제목이 모호하거나 지나치게 포괄적이지 않은가?
   - 서론에서 연구 배경, 연구사 검토, 연구 필요성, 연구 목적, 연구 범위, 연구 관점과
     방법 등이 드러나는가?
   - 본론의 내용이 서론에서 제시한 문제와 연결되고 있는가?
   - 결론에서 본론의 내용을 요약하고 성과와 한계 등을 밝히고 있는가?
   - 도표를 활용할 때 수치 제시와 함께 의미와 해석을 적절하게 덧붙였는가?
   - 인용 시 출처를 정확히 표기했는가?
   - 참고문헌을 일정한 형식으로 정리했는가?

3) 퇴고 및 수정 단계
   - 초고를 쓰고 시간을 두고 다시 읽어보았는가?
   - 문단의 흐름과 순서가 자연스러운가?
   - 문장이 불필요하게 길거나 모호하지 않은가?
   - 같은 표현이나 단어를 반복 사용하지 않았는가?
   - 맞춤법, 띄어쓰기, 문장 부호, 문장 정렬 등을 확인했는가?

어휘와 표현

우리말 바로쓰기 1

맞춤법과 표준어

1. 어문 규범의 필요성

표준어 규정, 한글 맞춤법 등을 어문 규범이라 한다. 우리는 지금까지의 일생을 어문 규범과 함께 살아왔다고 해도 과언이 아니다. 초등학교 시절의 받아쓰기부터 시작하여 대학 수학능력시험을 치를 때까지 우리는 끊임없이 어문 규범을 배워왔다. 인제는 어문 규범에 익숙해질 때도 되었는데, 우리는 다시금 대학교 글쓰기에서 배워야 할 어문 규범을 눈앞에 두고 있다.

그런데 지금은 '맞춤법 검사기'라는 유용한 도구가 널리 쓰이는 시대인 동시에, 그보다 훨씬 강력한 성능을 자랑하는 '생성형 AI'가 대세로 자리 잡은 시대이기도 하다. 그리고 이러한 맞춤법 검사기나 생성형 AI는 우리가 평소에 쉽게 틀리거나 잘못 사용하는 어문 규범을, 몇 번의 클릭만으로 손쉽게 바로잡아주는 매우 기특한(?) 도구이다. 그러한 의미에서 우리가 어문 규범을 '직접' 배워야 하는 이유 역시 점점 줄어드는 것처럼 여겨지기도 한다.

맞춤법 검사기가 널리 사용되는 시대, 생성형 AI의 시대에도 우리가 대학에서 각종 어문 규범을 배워야 하는 이유는 무엇일까? 혹은 우리가 어문 규범을 배움으로써 얻는 것은 과연 무엇일까? 아래에서는 이러한 질문을 해결해 보고자 한다.

맞춤법 검사기는 어문 규범에서 오류가 나타나는 텍스트를 자동으로 찾아서 이를 규범에 맞게 고쳐주는 프로그램을 뜻한다. 명칭이 '맞춤법 검사기'라서 띄어쓰기나 문장 기호의 사용법을 포함한 한글 맞춤법만 수정해 줄 것처럼 보이지만, 현재 운용되고 있는 대부분의 맞춤법 검사기는 한글 맞춤법, 표준어 규정, 외래어 표기법, 국어의 로마자 표기법 등 네 가지 어문 규범을 포함하고 있다. 그러한 의미에서 맞춤법 검사기는 대상 텍스트에서 나타나는 상당한 오류를 효과적으로 교정해 주고 있는 셈이다. 따라서 맞춤법 검사기를 한 번 거친 글이 그렇지 않은 글보다는 어문 규범에서 조금 더 나은 모습을 보이는 것은 어쩌면 당연한 결과일 것이다.

그렇지만 맞춤법 검사기는 결코 우리의 글을 '100% 완벽하게' 고쳐줄 수 없다. 맞춤법 검사기는 이미 등록된 어문 규범을 '최대 문장 단위에서만' '기계적으로' 적용한다는 한계가 있기 때문이다. 다시 말해, 글 전체의 맥락 속에서 충분히 수용할 수 있는 표현이라고 하더라도 특정 문장 내에서 문제가 된다고 여겨지면 이를 오류라고 판단해 버리는 것이다. 아래의 예가 그러하다.

> 특히 유학생들은 **글쓰기를 한국어를(→ 한국어로)** 배우는 과정에서 가장 까다로운 것으로 느낀다. 분명 글쓰기는 어려운 일이다. 그러나 글쓰기는 현실에서 **피할 수 없는 것이기도(→ 피할 수 없기도)** 하다.

예문의 첫 번째 밑줄은 맞춤법 검사기가 조사 '를'이 한 문장 내에서 중복되어 연속으로 쓰여 어색하다고 지적한 것이다. 맞춤법 검사기는 중복된 조사 중 하나를 다른 조사로 바꾸라고 안내했는데, 그 결과 해당 문장은 전체 문맥과 다른 의미가 되어 버렸다. 두 번째 밑줄은 맞춤법 검사기가 '것이다'를 지나치게 많이 썼으므로 어색하다고 지적한 것이다. 그래서 해당 부분은 '것이다' 대신에 다른 표현으로 대체하라고 안내되었는데, 대체된 표현이 오히려 어색하게 느껴진다.

이 외에도 맞춤법 검사기에는 필자가 의도적으로 범한 표기를 무조건 오류로 처리해 버리는 문제도 있다. 예컨대 다음과 같은 경우가 그러하다.

(ㄱ)과 (ㄴ)은 필자가 일부러 반복된 단어를 띄어 쓴 예인데, 맞춤법 검사기는 이 두 가지 사례를 모두 '겹말 오류'로 인식하여 중복된 단어 중 일부를 생략하거나 다른 표현으로 바꿀 것을 제안한다. (ㄷ)도 필자가 특정 표현을 길게 표현한 것인데 맞춤법 검사기는 이것도 분석할 수 없는, 잘못된 표현이라고 지적한다. 그렇지만 이러한 표현이 의도된 것이라면, 맞춤법 검사기는 이를 잘못 지적한 셈이 된다.

심지어 맞춤법 검사기는 문장 내 쓰인 단어의 용법에 대해서도 제대로 구분하지 못하는 오류를 범하기도 한다. 문장 내 잘못 쓰인 단어를 걸러내지 못한다거나, 학술적 문장에서 명백하게 선호되지 않는 단어에 관해서도 적절한 판단을 내리지 못한다는 것이다.

(ㄱ)은 '죽음'을 '주금'으로, '낫다'를 '낮다'로 잘못 쓴 예이다. 그렇지만 맞춤법 검사기에서는 이것이 오류라고 판단하지 않았다. '주금'이나 '낮다'는 모두 사전에 등재된 표준어이기 때문이다. 즉, 맞춤법 검사기는 단어가 '표준어'로 판단되면 문맥과 관계없이 해당 단어가 올바른 용법으로 사용되었다고 인식해 버리는 것이다. (ㄴ)은 이른바 신조어 문제이다. '내로남불'이나 '역대급'은 비교적 최근에 만들어진 말인데, 이 말은 모두 표준어로 아직 인정받지 못한 표현이다. 따라서 대학의 학술적 글쓰기에서 이러한 표현은 쓰지 않도록 하되, 기존에 존재하는 다른 적절한 어휘로 대체하도록 권장하고 있다. 그렇지만 맞춤법 검사기는 이러한 단어에 어떠한 가치 판단을 내리지 못한다는 문제가 있다.

그렇다면 생성형 AI는 어떠한가? 적어도 어문 규범에 관한 한, 생성형 AI가 맞춤법 검사기보다 더욱 훌륭하다고 생각할 수도 있다. 생성형 AI는 한 번만 학습된 맞춤법 검사기와는 달리, 학습된 데이터를 수시로 업데이트하기 때문이다. 그렇지만 생성형 AI 역시 완벽한 모습을 보이지는 않고 있다.

××기업 ○○○ 회장은 지난주부터 평소 앓던 <u>**오랜 지병**</u>으로 진료를 받다가 어제부터 이곳에 입원한 **걸로(→것으로)** 전해졌습니다. **아직까진(→아직까지는)** 무슨 질환으로 입원했는지 등은 알려지지 않고 **있는 데(→있는데/있지만)**, 위중한 상태는 아닌 **걸로(→것으로)** 보입니다.

위 예문은 챗-GPT(4o 버전)가 손본 것이다. 띄어쓰기를 고친 부분이나 준말을 본말로 고친 부분을 보면, 생성형 AI는 어문 규범은 물론이고 구어를 문어로 고쳐야 하는 문체의 영역까지 효과적으로 담당하고 있다고 오해할 수 있다. 그렇지만 이 예문은 애초에 대화를 문장으로 옮긴 구어 텍스트이므로, 이를 문어 표현으로 바꾼 것은 적절하지 않다. 더불어 이 예문에서는 '오랜 지병'과 같은 중복 표현을 걸러내지 못하는 아쉬움도 보이고 있다.

맞춤법 검사기나 생성형 AI가 갖고 있는 한계는 결과적으로 우리가 어문 규범을 직접 배워야 하는 또 다른 이유가 된다. 맞춤법 검사기이든 생성형 AI이든 간에 이들 도구가 적절하게 수정했는지, 혹은 수정한 내용이 적절한지 등을 100% 보장받을 수 없기 때문이다. 그렇다면 이들 도구가 적절하게 수정했는지를 판단하는 것은 우리의 몫이 된다. 우리가 어문 규범에 관한 지식을 미리 배워 놓지 않았다면 맞춤법 검사기나 생성형 AI가 범한 실수를 그대로 따를 수밖에 없다.

한편, 작문에 걸리는 시간을 줄이거나 필요할 때 빨리 글을 작성하기 위해서라도 어문 규범을 알아두는 것이 좋다. 우리가 어문 규범을 미리 알아둔다면 글쓰기 과정에서 맞춤법 검사기나 생성형 AI를 거치는 시간을 그만큼 절약할 수 있기 때문이다. 또한 우리가 이러한 도구의 도움을 받지 못하는 상황도 종종 존재한다는 점을 상기해야 한다. 가령, 자필로 시험을 치르거나 긴 글을 써야 하는 상황에 맞닥뜨린다면, 우리는 자기가 알고 있는 어문 규범을 통해 난관을 헤쳐 나가야만 한다.

그렇다고 하여 맞춤법 검사기나 생성형 AI의 사용을 금지하자고 주장할 수는 없을 것이다. 이러한 도구를 '적절하게' 활용하는 것은 오히려 우리의 글쓰기 역량을 점검하고 향상하는 데 도움이 된다. 문제는 이러한 도구가 완벽하지 않음에도 그 사실을 인정하지 않고 이들을 맹신하며 사용하는 것이다. 이들 도구를 가장 효과적으로 사용할 수 있는 때는 다름 아니라 우리 스스로가 어문 규범에 익숙해지고 이를 능숙하게 글쓰기에 적용할 수 있을 때이다.

2. 표준어 규정과 한글 맞춤법의 기본 원칙

표준어 규정과 한글 맞춤법 규정은 공공의 의사소통을 위해 만들어진 것이다. 이러한 어문 규범은 원활한 쓰기-읽기를 위한 최소한의 조건이라 할 수 있다. 만약 필자가 글을 쓸 때 표준어를 쓰지 않았거나 설령 표준어를 썼다고 하더라도 그것이 맞춤법에 어긋났다면, 독자들은 해당 글을 온전히 이해하지 못하거나 최악의 경우 그 글을 아예 읽으려 하지 않을 수도 있기 때문이다. 따라서 필자는 자기 글을 읽는 다수의 독자를 배려하기 위해서라도 어문 규범을 지켜야 한다. 먼저 표준어 규정의 대원칙을 살펴보면 다음과 같다.

> "표준어는 교양 있는 사람들이 두루 쓰는 현대 서울말로 정함을 원칙으로 한다."
> 〈표준어 규정 제1항〉

'교양 있는'은 글쓰기에서 품위를 갖추고 예절을 지키라는 뜻이다. 다수의 대중이 수용하거나 용납하기 어려운 말은 표준어로 인정될 수 없다. 그래서 비속어나 은어, 혹은 네티즌들이 금방 만들어 쓰는 신조어나 유행어 등은 표준어에 들어가기 어렵다. '현대'는 표준어의 시간적 범위를 한정한 표현이다. 대략 20세기 초부터 지금까지의 한국어를 표준어로 삼는다는 말이다. 따라서 20세기 이전에 쓰였다가 사라진 말은 표준어에 포함되지 않는다. '서울말'은 표준어의 공간적 범위를 한정한 표현이다. 우리나라의 중심지이자 인구가 가장 많고, 대중의 인식 속에서도 가치를 인정받거나 거부감이 적은 말을 중심으로 삼는다는 것이다. 다만 우리나라 방언 가운데 표준어로 등재된 말도 적지 않으므로 서울말'만'을 표준어라고 생각해서는 곤란하다. 다음으로 한글 맞춤법 규정의 대원칙을 살펴보면 아래와 같다.

‘표준어’는 한글 맞춤법의 대상을 구체적으로 한정한 것이다. 다시 말해 표준어가 아니라면 맞춤법 논의 대상에서 벗어난다. ‘소리대로’는 말을 소리 나는 그대로 적는다는 것을 뜻한다. 예컨대 소리가 [진달래, 설거지, 알다시피, 어이쿠]로 난다면 ‘*진달내, *설겆이, *알다싶이 *어익후’로 적지 않는다는 뜻이다. ‘어법에 맞도록’은 의미가 같은 하나의 말이라면 일관된 형태로 표기함을 뜻한다. 예컨대 ‘END, 終’을 뜻하는 단어는 [끄테, 끄치, 끝까지, 끈나다, …]에서 보듯이 [끝, 끚, 끈, 끈]으로 소리 나지만, 일관된 형태를 지켜서 ‘끝에, 끝이, 끝까지, 끝나다’ 등으로 적는다.

3. 단어의 기본 모습(기본형, 으뜸꼴)

(1) 어느 한쪽이 틀렸거나 거의 안 쓰이는 경우

○ 들리다? / 들르다, 치루다? /치르다

- 퇴근길에 마트에 잠시 (들러 / 들려)서 우유를 샀다.

- 마을 사람들은 정성을 다해 동네 큰 잔치를 (치러냈다 / 치뤄냈다).

○ 모자라다 / 모자르다? / 모잘라다?

- 힘을 합쳐도 (모자랄 / 모자를) 판에 싸움을 벌이는 꼴이다.

- 현대인은 어찌나 바쁜지 몸이 두 개라도 (모자란다 / 모자르다).

- 그 환자는 피가 (모자라서 / 모잘라서) 서둘러 수혈을 해야 한다.

○ 받아드리다? / 받아들이다, 드러나다 / 들어나다?

- 혁신적인 아이디어를 열린 마음으로 (받아드려야 / 받아들여야) 조직이 발전한다.

- 안개 속에 가려져 있던 섬의 모습이 서서히 (드러나기 / 들어나기) 시작했다.

- 상대방의 충고를 겸허하게 (받아드리는 / 받아들이는) 자세가 필요하다.

○ 개다 / 개이다?, 목메다 / 목메이다?, 헤매다 / 헤매이다?

- 비가 (개인 / 갠) 뒤의 산책로는 평소보다 훨씬 싱그럽게 느껴진다.

- 슬픔에 (목메어 / 목메여) 우는 아이의 어깨를 조용히 다독여 주었다.

- 정답을 몰라 (헤매는 / 헤매이는) 시간 동안 시험은 끝나버렸다.

○ 깍다? / 깎다, 뚜렷하다 / 뚜렷하다?, 역다? / 엮다

- 과일 껍질을 얇게 (깎는 / 깍는) 솜씨가 보통이 아니다.

- 데이터가 쌓일수록 인공지능이 예측하는 미래의 결괏값이 (뚜렷하게 / 뚜렷하게)
  나타났다.

- 흩어진 자료들을 하나로 (엮어서 / 역어서) 한 권의 책을 발간했다.

○ 일부러 / 일부로?, 비로서? / 비로소, 함부러? / 함부로

- 아는 사람을 만났지만 쑥스러워서 (일부러 / 일부로) 못 본 척 지나쳤다.

- 고비를 다 넘기고 나서야 (비로소 / 비로서) 가족들의 얼굴에 웃음꽃이 피었다.

- 친한 사이라도 남의 물건에 (함부로 / 함부러) 손을 대면 안 된다.

○ 그 밖의 것들

- 전문가 앞에서 **어줍짮은** 솜씨로 요리하려니

- 카페에 사람이 너무 많아 **되려** 기운만 더 빠졌다.

- 무서운 현실과 **맞닥들이게** 되자 그는 고개를 떨구었다.

- 타인의 글을 **짜깁기** 해서 만든 보고서는 아무런 가치가 없다.

- **오랫만에** 동창회에 나갔더니 다들 몰라보게 변해서 깜짝 놀랐다.

- 내 주장을 **뒷바침할** 만한 증거를 찾지 못해 토론에서 지고 말았다.

- 부모라면 자녀가 **옳바른** 길로 갈 수 있도록 곁에서 지켜봐 주어야 한다.

- 여름휴가를 불과 **몇일** 남겨두지 않은 시점에 갑자기 급한 업무가 쏟아졌다.

- 아침에 일어나자마자 텔레비전을 **키면** 시끄러운 뉴스 소리가 방안을 가득 채운다.

(2) 서로 구분해서 써야 할 것들

○ 안 / 않다

- 숙제를 다 하기 전까지는 게임을 (안 해 / 않 해)야겠다고 다짐했다.

- 그 사람의 태도가 예전만큼 친절하지는 (않아 / 안아)서 조금 서운한 마음이 들었다.

- 안: 🖪 본말은 '아니'. 동사·형용사 앞에 쓰여 부정이나 반대의 뜻을 나타낸다.
- 않다: 🖪🖪 본말은 '아니하다'. 앞말이 뜻하는 행동이나 상태를 부정하는 뜻을 나타낸다. 대부분 그 앞에 연결어미 '-지'가 온다.

○ 띄다 / 띠다

> - 단어와 단어 사이를 적절히 (띄어 / 띠어) 써야 한다.
>
> - 골목 귀퉁이에 숨어 있었지만 빨간 옷 때문에 금방 눈에 (띄고 / 띠고) 말았다.
>
> - 첫 데이트를 앞둔 그의 얼굴은 설렘으로 가득한 미소를 (띠기 / 띄기) 시작했다.

- 띄다: ①알 만하게 두드러지다　②틈을 벌리다 ……
- 띠다: ①띠, 끈을 몸에 두르다　②가지다, 지니다 ……

○ 가리키다 / 가르치다

> - 손가락으로 북쪽을 (가리키며 / 가르치며) 길을 알려주었다.
>
> - 학생들에게 국어를 (가르치는 / 가리키는) 일은 큰 보람이다.

○ 바라다 / 바래다

> - 그가 알아주기를 간절히 (바랐다 / 바랬다).
>
> - 커튼이 어느새 노랗게 빛 (바랜 / 바란) 상태였다.
>
> - 꼭 서울시립대학교에 합격했으면 하는 (바람 / 바램)이다.
>
> - 그토록 (바라왔던 / 바래왔던) 배낭여행을 떠나게 되니 가슴이 두근거린다.

- 바라다: 마음속으로 이루어졌으면 하고 생각하다.
- 바래다: (빛깔이) 옅어지거나 윤기가 사라지다.

○ 조리다 / 졸이다

- 생선을 간장에 짭짤하게 (조려서 / 졸여서) 저녁 반찬을 만들었다.

- 시험 결과를 기다리며 마음을 (졸이고 / 조리고) 있는 친구를 위로했다.

○ 그 밖의 것들

- 그들은 취업난에 **얽메여** ∥ 나 자신을 **옭아메고** 있었다.

- 상황은 갈 **때까지** 가고 말았다. ∥ 이 문제는 물어볼 **때가** 없다.

- 비록 그 변화가 생산성의 증대를 **낮지** 못한다고 해도 ∥ 감기 얼른 **낳으세요**.

- 강력하게 제한하여 법에 **맞길** 것이다. ∥ 관리 대행을 **맞고** 있는 이들 모두가

- 한창 흥미로운 부분에서 **끝는** 것은 ⋯ ∥ 그는 절대로 흡연을 못 **끝는** 사람이었다.

4. 단어가 바뀌는 모습

○ 되⋯ / 돼⋯

- <u>스스로에게</u> 정직한 사람이 (되어야 / 되야) 한다.

- 제대로 전달이 안 (되 / 돼) 오해를 살 때가 있지 않은가.

- 방향이 잘못(되면 / 돼면) 속도가 아무리 빨라도 소용이 없다.

- 벌써 약속 시간이 (됐다 / 됬다). 늦지 않게 서둘러서 나가야 할 것 같아.

- 나중에 커서 어떤 사람이 (되고 / 돼고) 싶은지 진지하게 고민해 본 적이 있니?

■ '되어'가 줄어들면 '돼'가 된다. '하여'가 '해'로 줄어드는 것과 마찬가지.

○ '이다, 아니다' 뒤의 '-아/어'

- 어제는 중요한 회의(었기 / 였기) 때문에 다들 긴장한 기색이 역력했다.

- 오늘이 결혼기념일(이어서 / 이여서) 퇴근길에 작은 꽃다발을 하나 샀다.

- 그 소문이 사실이 (아니었다는 / 아니였다는) 사실을 알고 나서야 마음이 놓였다.

- '하다' 뒤에서만 '-아/어'가 '여'로 바뀐다(여 불규칙용언).
- '이어, 이었'이 줄어들면 '여, 였'으로 쓴다(관광지여서 그런지, 모르는 눈치였다).

○ -던 / -든

- 어머니께서 해주신 김치찌개가 어찌나 (맛있던지 / 맛있든지)

- 주말에 영화를 보(든지 / 던지) 집에서 잠을 자(든지 / 던지)

- 길이 막히(든 / 던) 안 막히(든 / 던) 일단 지금 출발해야 한다.

- -든: '-든지'의 준말. 나열된 것들 가운데 어느 것이 선택되어도 가리지 않음을 나타냄.
- -던: 지난 일을 회상하거나 과거의 사실을 나타냄.

○ -로서 / -로써

- 한 가정의 가장(으로서 / 으로써) 느끼는 책임감이

- 대화와 타협(으로써 / 으로서) 갈등을 해결하는 것이

- -로서: 지위나 신분, 자격을 나타냄.
- -로써: 재료나 도구, 수단을 나타냄.

○ ㄹ 탈락 용언

> - 머리가 약간 (돈 / 돌은) 사람이
>
> - 밤하늘을 (나는 / 날으는) 양탄자는
>
> - 종이책을 읽는 시간은 점점 (줄 / 줄을) 것이다.

- ㄹ 탈락: 매개모음이 있는 어미[-(으)ㄴ, -(으)ㄹ, -(으)시- 등] 또는 어미 '-느-' '-ㅂ니다' 등등의 앞에서 어간 끝의 'ㄹ'이 떨어지는 현상.
※ '날다, 줄다'처럼 'ㄹ'을 떼고 난 뒤 다른 단어와 비슷해지면 문제가 더 잦아진다.

○ -데 / -대

> - 일기예보에서 그러는데, 내일은 하루 종일 비가 (온대 / 온데).
>
> - 아까 먹은 케이크가 내 입맛에는 생각보다 너무 (달데 / 달대).

- -대: ~다고 해. 남의 말을 전달함을 표시.
- -데: ~더라. 화자가 과거의 직접 경험한 내용임을 표시.

○ 그 밖의 것들

> - 국수 가락이 퉁퉁 **불기** 시작했다.
>
> - 그는 형의 **앳띤** 모습을 떠올리며 웃음을 지었다.
>
> - **예컨데** 학생부 종합전형을 통해 대학에 들어온 학생은 …
>
> - 비난과 저주를 **서슴치** 않고 쏟아내는 댓글이 잔뜩 달린다.
>
> - 계획이 갑자기 **바껴** 버리는 바람에 다들 당황한 기색이 역력했다.
>
> - 팬들에게 겹겹이 **둘러쌓여** 이동하는 연예인의 모습이 뉴스에 나왔다.

우리말 바로쓰기 2

띄어쓰기

1. 규정의 기본 원칙

우리말의 띄어쓰기 대원칙은 생각보다 매우 단순하다. 〈한글 맞춤법 제2항〉에 나와 있는 "문장의 각 단어는 띄어 씀을 원칙으로 한다."가 그러하다. 여기서 '단어'란 언어학에서 말하는 '최소의 자립 형식'을 뜻한다. 즉, 문장 속에서 홀로 쓰일 수 있는 가장 작은 언어 단위가 바로 단어이다. 예컨대 '하늘', '우리', '셋', '먹다', '좋다', '몇', '얼른', '으악' 등 명사를 비롯한 여러 범주의 품사가 바로 개별 단어에 해당한다. 즉 문장에서 이러한 개별 단어가 등장할 때마다 띄어 쓰면 된다는 뜻이다.

그렇지만 실제 띄어쓰기는 그렇게 단순하지 않다. 그것은 띄어쓰기에 여러 가지 예외나 허용 조항이 있기 때문인데, 대표적인 것이 '조사'의 띄어쓰기이다. 조사란 주로 체언(명사, 대명사, 수사) 뒤에 붙어 문법 관계를 나타내거나 특별한 뜻을 더해주는 말로서, '은/는', '이/가', '(으)로', '도', '부터', '커녕' 등이 여기에 해당한다. 그런데 조사는 기본적으로 단어에 해당하므로 띄어쓰기 대원칙을 따른다면 조사는 앞말과 띄어 써야 할 것이다. 그렇지만 조사는 그 의미가 앞말에 종속되어 쓰인다는 특성에 따라 앞말에 붙여 쓰는 것으로 되어 있다.

서술어로 쓰이는 보조용언 역시 띄어쓰기의 허용 조항에 해당한다. 보조용언이란 본용언에 기대어 그 말뜻을 보충하는 것으로서, 보조동사와 보조형용사를 일컫는 말이다. 가령, '읽어 보다'의 '보다', '깨뜨려 버리다'의 '버리다', '비가 올 듯하다'의 '듯하다'가 보조용언에 해당한다. 본용언과 보조용언은 그 각각이 개별 단어이므로 띄어 쓰는 것이 원칙이지만, 때에 따라서 붙여 쓰는 것도 허용된다. 그래서 띄어쓰기의 일관성이 중요해진다. 만약 어떤 글에서 본용언과 보조용언을 띄어 쓸 것으로 정했다면, 그 글에 등장하는 본용언과 보조용언은 모두 일관되게 띄어쓰기를 해야 한다.

한편, 특정 개념을 나타내는 전문 용어도 띄어쓰기에서 문제가 된다. 전문 용어는 하나의 단어로만 이루어질 수도 있으나, 둘 이상의 단어로 이루어지는 경우도 적지 않다. 따라서 원칙을 따른다면 전문 용어를 이루는 각 단어는 띄어 써야 할 것이다. 그렇지만 전문 용어는 그러한 단어들의 집합이 하나의 개념을 나타낸 것이므로 전체를 붙여 쓸 수도 있다. 예컨대, '만성 골수성 백혈병'처럼 전문 용어 내 모든 단어를 띄어 써도 되고, '만성골수성백혈병'처럼 모든 단어를 붙여 써도 된다는 뜻이다. 이러한 띄어쓰기 역시 하나의 글 안에서 일관성만 잘 지키면 된다. 특히, 《표준국어대사전》의 '사회^간접^자본', '탄소^동화^작용' 등의 전문 용어처럼 단어 내부에 '^'로 표시된 경우는, 표시된 부분을 띄어도 되고 붙여도 된다.

〈참고〉 단어 경계

- '단어'는 널리 알려진 개념이지만, 이따금 그 경계가 분명하지 않을 때가 있다. 특히 합성어는 그것이 한 단어인지 아닌지를 뚜렷하게 가르기 어렵다. 예를 들어 합성어 '쓸데없다'는 본래 동사 '쓰다'와 관형사형 어미 '-(으)ㄹ'이 결합한 '쓸'에, 의존명사 '데', 그리고 형용사 '없다'가 결합한 것이다. 동사, 명사, 형용사는 모두 단어이므로, 〈한글 맞춤법 제2항〉에 따르면 '쓸데없다'는 '쓸ᵛ데ᵛ없다'처럼 띄어 써야 할 것으로 생각된다. 그렇지만 현행 어문 규범에서는 '쓸데없다'는 그 전체가 하나의 단어로 굳어진 것으로 보고 붙여쓰기를 하고 있다.

2. 의존명사와 그 관련 표현

의존명사는 자립성이 없어서 다른 말의 꾸밈을 받아야 하지만, 그래도 명사의 일종이므로 띄어 써야 한다. 틀린 사례가 많은 것들을 골라 아래에 보인다.

(1) 일반 의존명사, 의존명사에 가까운 자립명사

○ 것

- 그가 내다 **버린것을** 다시 수거하여 // **이 것**과 **저 것**을 견주어 보니

- 상황이 **나아질것으로** 기대한다. // 급하다고 **아무 것이나** 주제로 정한다면

- **옛 것을** 미루어 **새 것을** 안다는 뜻으로서 // **헌 것**이라고 무시했던 가구가

※ '이것, 저것, 그것', '새것, 옛것, 헌것', '아무것' 등은 한 단어로 올라가 있으므로 붙여 쓴다.

○ 수

- 생각해 **볼수** 있는 문제라고 여겼지만 // 집에 **갈수도** 없는 상황에서

- 완벽한 실력의 증명이라고 **할수있다**. // 우리가 **할수있는** 일과 **할수없는** 일이

○ 때문, 덕분

- 그가 범인이라는 확신이 **없었기때문에**

- **시험때문에** 과제에 몰두하기 어려웠지만

- 선생님의 세심한 **지도덕분에** 실력이 많이 늘었습니다.

- 이는 소상공인들에게 실질적인 혜택을 **제공한덕분이다**.

○ 때, 동안

※ '오랫동안', '그동안'은 한 단어로 올라가 있으므로 붙여 쓴다.

○ 끝, 일

(2) 단위성 의존명사, 수량 표현

의존명사는 본래 띄어 써야 하지만, 아라비아 숫자 뒤에서는 붙여 쓰는 것을 허용하므로(한글맞춤법 제43항 해설 참조), '아라비아 숫자+단위성 의존명사'로 쓰는 경우는 붙여 쓰는 것으로 알고 있으면 별 탈이 없다. 다만, 아라비아 숫자를 잘 쓰지 않는 몇몇 경우와, 자주 틀리는 수량 표현 몇 가지를 여기서 살펴보겠다.

○ 개

- **몇개의** 주의 사항이 있습니다.

- 그에게도 단점이 **서너개** 있었다.

- 예를 **한개** 들면 다음과 같습니다.

- 처리해야 할 문제가 **대여섯개나** 되었다.

※ '한두', '두세', '서너', '대여섯', '일여덟'처럼 복수의 수량을 나타내는 말은 하나의 단어이므로 붙여 써야 한다.

○ 번, 번째

- **한번의** 실패로 인하여 // 제가 **한 번** 불러보겠습니다.

- 그는 **몇번이나** 경연에 도전했지만 // 언제 식사라도 **한번** 하시지요.

- **첫번째로** 강조하고 싶은 말은 // **세번째** 단계는 // **네번째** 실패였다.

※ "시험 삼아 시도함"이나 "어떤 기회", 혹은 "일단 한 차례"를 뜻하는 '한번'은 붙여 쓴다.
　 예 일단 한번 해보자, 언제 식사나 한번 같이하시지요.

○ 제(第)-, -여(餘)

- **제 2차** 중동 전쟁 이후 // 이 문제에 **제 삼자가** 개입하면

- 지금부터 ○○학교 **제 50회** 졸업식을 시작합니다.

- **십 여년의** 세월이 지난 후에 // 무려 세 **시간여가** 지났으나

- 조사단은 현장에서 **백여구의** 유해를 수습했다.

- '제(第)-'는 접두사이므로 붙여 쓴다.
- '-여(餘)'는 접미사이므로 붙여 쓰고, 그 뒤의 단위성 의존명사는 띄어 쓴다.

(3) 의존명사와 조사·어미의 모습이 비슷하거나 똑같은 경우

○ 데 / -(으)ㄴ데

- 진로를 **결정하는데도** 많은 고민이 따랐다.

- 적절한 사례를 **확보하는데** 시간이 필요하다면

- 처리해야 일은 **많은 데** 함께할 일손이 부족하다.

- 불행하게도 그는 **의지할데** 하나 없는 사람이었다.

- 논문의 방향은 **적절한 데** 구성은 적합하지 않았다.

- 데: 의존명사 ① '경우'를 뜻하는 말, ② '일'이나 '것'을 뜻하는 말, ③ '곳'을 뜻하는 말.
- -(으)ㄴ데: 어미 뒤에 나올 말과 관련된 사실을 제시하는 말. 흔히 전환이나 대립을 뜻함.
※ '것', '경우', '일', '곳' 등으로 치환될 수 있으며 뒤에 조사 '에'가 결합하는 것이 자연스러우면 의존명사이다.

○ 지 / -(으)ㄴ지 / -(으)ㄹ지

- 무엇이 **중요한 지** 미처 깨닫지 못했다.

- 고향을 **떠난지** 벌써 십 년이 다 되었다.

- 법안이 **통과된지** 한 달도 채 안 되었지만

- 앞으로 어떻게 **변화할 지** 전혀 예측할 수 없지만

- 이번 시험이 **쉬울 지 어려울 지는** 아직 알 수 없다.

- 무엇을 **했는 지가** 아니라 무엇을 할 **것인 지가** 중요하다.

- 지: 의존명사 어떤 일이 있었던 때로부터 지금까지의 동안을 나타내는 말.
- -(으)ㄴ지: 어미 막연한 의문이 있는 채로 그것을 뒤 절의 사실이나 판단과 관련시킴.
- -(으)ㄹ지: 어미 추측에 대한 막연한 의문이 있는 채로 그것을 뒤 절의 사실이나 판단과 관련시킴.

○ 밖 / 밖에

- 나쁜 말은 <u>입밖에</u> 내지 마라.

- 기한은 <u>일주일 밖에</u> 줄 수 없었다.

- 그는 <u>운동 밖에</u> 모르는 학생이었다.

- 비판의 목소리가 <u>커질수 밖에</u> 없는 상황이다.

■ 밖에: 조사 '그것 이외에는'을 뜻하는 말. 뒤에 부정하는 말이 따라온다.

○ 뿐(조사) / 뿐(명사) / -(으)ㄹ뿐더러(어미)

- 자료를 검토해 보는 <u>것 뿐이지만</u>

- 가치관에 영향을 <u>미칠뿐만</u> 아니라

- 내세울 것은 오로지 <u>명성 뿐이었다</u>.

- 열심히 하려는 노력이 <u>부족할 뿐더러</u>

- 짐이 <u>많았을 뿐더러</u> 그 무게도 만만치 않았다.

- 주제만 <u>같을뿐</u> 자료나 구성은 완전히 다른 글이었다.

■ 앞에 관형사형[-(으)ㄴ, -(으)ㄹ]이 오면 명사이므로 띄고, 앞에 명사가 오면 조사이므로 붙인다.
※ '뿐만아니라'에서 '아니라'는 별개의 단어이므로 띄어 써야 한다.

○ 대로, 만큼

> - 장시간 운전 후 **지칠대로** 지치고 말았다.
>
> - 평소에 글을 **쓰던대로** 쓰라는 조언을 들었다.
>
> - 제출한 **건의안 대로** 해결되지 않으면 곤란하다.
>
> - 접시에는 **먹을 만큼의** 음식을 담아 오시기 바랍니다.
>
> - 편집 **위원들 만큼이나** 작가들도 심사 결과에 긴장했다.
>
> - 성실히 연구에 **매진했던만큼** 좋은 성과가 나왔으면 한다.

■ 앞에 관형사형[-(으)ㄴ, -(으)ㄹ]이 오면 명사이므로 띄고, 앞에 명사가 오면 조사이므로 붙인다.

3. 조사와 어미

조사와 어미는 앞말에 붙여 써야 하지만, 조사와 어미가 2~3음절을 넘거나 조사가 여럿 붙어서 길어지면 괜히 띄어 쓰곤 한다. 자주 틀리는 예는 아래와 같다.

○ 보다, 처럼

> - **방관하기 보다는** 해결책을 찾아야 한다.
>
> - 그는 언제나 **과정 보다는** 결과에 집착해 왔다.
>
> - 캠퍼스는 영화 속 **장면 처럼** 아름다웠다.
>
> - 그는 **어린아이 처럼** 순수한 마음을 지녔다.

○ 부터, 까지

- 이 논문은 **서론⌢부터**가 엉성하기 그지없었다.

- 입학할 **때 부터** 원대한 꿈을 품고 학업에 매진하여

- 친구는 늦은 **시간 까지** 독서실에 있었다.

- 전공이 적성에 맞지 않아 성적이 **하락하기 까지** 했다.

○ 조차

- 나는 **꿈에서⌢조차** 과제를 고민하고 있었다.

- 이것은 **전문가 조차** 원인을 찾지 못한 난제다.

- 오늘은 밥 먹을 **시간 조차** 없이 바쁜 하루였다.

○ (으/느)ㄴ커녕, (이)야말로

- 그는 **사과하기는⌢커녕** 도리어 큰소리를 쳤다.

- 잘못 투자한 결과 **수익은 커녕** 원금마저 모두 잃고 말았다.

- **우리야 말로** 이 일을 해결할 적임자라고 생각합니다.

- 원활한 **소통이야 말로** 팀워크를 살리는 최고의 방법이다.

○ -(으)ㄹ수록, -(으)ㄹ지라도

- 벼는 익으면 <u>익을 수록</u> 고개를 숙이는 법

- 이 문제는 깊이 <u>**생각할 수록**</u> 해답을 찾기가 어렵다.

- 비록 가고자 하는 길이 고되고 <u>**험할 지라도**</u>

- 기회는 <u>**짧을 지라도**</u> 그 순간에 쏟는 열정은 영원히 기억된다.

4. 보조용언과 그 관련 표현

(1) 보조용언

한글 맞춤법 제47항에서는 보조용언을 붙여 쓸 수 있다고 했으나 '경우에 따라'라는 조건을 붙여 놓았다. 국립국어원의 《한글 맞춤법 표준어 규정 해설》에는 반드시 띄거나 반드시 붙이는 경우가 더 자세히 나와 있다. 여기서는 학술 글쓰기에서 자주 보이는 몇 가지만 살펴보기로 한다.

○ -아/어야 하다

- 현상을 냉철하게 <u>**분석해야하며**</u>

- 좋은 글을 <u>**써야한다는**</u> 강박관념이

- 올바른 가치관을 <u>**정립해야할**</u> 시기에

○ -게 되다

- 우연히 **알게된** 사실이

- 그리고 그 사실을 **알게되니**

- 나중에 우리가 **겪게될** 변화를

○ -아/어지다, 아/어하다

- **포근해 지니** 캠퍼스 곳곳에 활기가 넘쳤다.

- 토론이 진행될수록 학생들의 질문이 **날카로워 졌다**.

- **슬퍼 하는** 친구를 곁에서 묵묵히 위로해 주는 중이다.

- 선생님은 적극적으로 수업에 참여하는 학생들을 **좋아 했다**.

(2) 그밖에 잘못 붙여 쓰는 동사

우리말의 어떤 동사 중에는 뜻이 조금 약화한 것들이 있다. 그러한 경우 별도의 단어라는 인식이 약해진 탓인지 앞말과 붙여 쓰는 일이 있다.

○ -기 위해서(위해, 위한, …), -로 인해서(인해, 인한, …)

- 논문을 **작성하기 위한** 개요를 구상하는데

- 환경 보호를 직접 **실천하기위해** 일회용품 사용을

- 층간 **소음으로인한** 갈등을 줄이려면

- 그는 **과로로인해** 건강이 급속도로 악화되어

○ -에 대해서(대해, 대한, …), -에 따라서(따라, 따른, …)

> - 인간의 고귀한 **삶에대해** 깊이 성찰하는 과정은
>
> - 최근에는 한국 전통 **문화에대한** 관심이 증가하여
>
> - 그것은 지원한 회사의 **역량에따라** 결정될 사안이므로
>
> - 기술 **발전에따른** 노동 시장의 급격한 변화가 감지되어

5. 관형사

관형사는 어엿한 단어이므로 띄어 써야 하지만 때로 붙여 쓰는 경우가 적지 않다. 아래에서는 자주 틀리는 몇 가지만 골라 살펴보겠다.

○ 어느

> - **어느덧** 창밖에는 노을이 붉게 물들고 있었다.
>
> - **어느 새** 약속했던 저녁 시간이 훌쩍 지나버렸다.
>
> - **어느날** 갑자기 평범했던 일상이   //   그것은 **어느정도** 예상한 일이었다.

※ '어느덧, 어느새'는 한 단어로 처리했으므로 붙여 쓴다.

○ 여러

> - **여러분**의 소중한 의견이 필요한 시점입니다.
>
> - 새 교재는 가독성 면에서 **여러 모로** 개선됐다.
>
> - 같은 과정을 **여러번** 반복하며   //   기후 변화 때문에 세계 **여러곳에서**

※ '여러모로, 여러분' 등등은 한 단어이므로 붙여 쓴다.

연습

• 아래에서 띄어쓰기가 잘못된 부분을 찾아 바르게 고치시오.

① 하고자 하는것이 있을 지 라도

② 이유는 여러가지 일수도 있겠지만

③ 어떻게 활용되는 지 모를뿐만아니라

④ 첫번째 방법은 음악일 수 밖에 없다.

⑤ 처벌을 가하는 법이 만들어 져야한다.

⑥ 뿌린대로 거둔다는 원칙이 확실해 질때

⑦ 하고 싶은대로 살수있는 나이가 아니었다.

⑧ 1년동안 우리가 쓰는 전기는 어느정도나 되는가.

⑨ 연관성이 있는 지 알아보기위해 분석을 실시했다.

⑩ 절차가 간단해 질 수록 처리 속도도 빨라질 것이라고

⑪ 기술 개발이 언제나 정답인것 처럼 단정해서는 안 된다.

⑫ 그 것이야 말로 내가 이 길을 선택하게된 진짜 이유였다.

⑬ 두달동안 아무 일도 하지 않은 상태로 집에만 있어야했다.

⑭ 폐기물을 줄이기위해 부단한 노력을 해야한다고 생각한다.

⑮ 한 편의 글을 완성하는데 까지 참으로 오랜 시간이 걸렸다.

우리말 바로쓰기 3

올바른 문장 쓰기

학술 문장은 매끄럽게 써야 한다. 아무리 글의 주제가 참신하고 자료가 풍부하며 구성이 탁월하더라도 글을 이루는 문장이 매끄럽지 않다면, 독자는 해당 글을 제대로 수용하기 어렵기 때문이다. 여기서 문장을 매끄럽게 써야 한다는 것은 두 가지 의미로 해석된다. 하나는 문법적으로 올바르고 정확한 문장을 써야 한다는 것이고, 다른 하나는 학술적 문장에 어울리는 표현을 써야 한다는 것이다.

아래에서는 먼저 문장의 정확성을 다루되, 대학생의 글쓰기에 자주 나타나는 것들 위주로 살펴보겠다. 예문의 대다수는 학생들이 썼던 글 속에서 골라내어 다듬은 것이다.

1. 어미

○ '-아/어', '-고'를 어색하게 쓴 경우 (더 좋은 연결어미 찾기)

- 그 다음 학기에는 아르바이트를 하지 않아 과제 및 시험에 좀 더 집중하여 학점을 잘 받을 수 있었다.
  ➲

- 감정 노동자가 겪는 괴로움은 이미 심각한 수준이고 대책을 마련하지 않는다면 비극을 멈출 수 없을 것이다.
  ➲

- 군 복무 전과 후의 사고방식이 크게 대비되어 이를 중심으로 분석하고, 복학 이후 무엇을 할 것인지 전망해 보겠다.
  ➲

- 그래서 회사 홈페이지에 들어가 더욱 자세한 내용을 살펴보았고, 그 회사는 실제로 대학생을 위한 장학재단을 후원하고 있었다.
  ➲

○ 관형사형 어미 '-(으)ㄴ'을 잘못 쓴 경우

- 어느 순간 멈춰 서는 게 아닌 변화하는 환경에 꾸준히 적응해 가는 자세가 중요하다.
  ➲

- 4차 산업혁명은 '혁명'이라 부르기에 부족함이 없는 우리의 세계를 크게 뒤바꿔 놓을 사건이다.
  ➲

2. 문장 구조와 성분

(1) 주어와 서술어의 호응

주어와 서술어는 문장의 시작과 끝을 담당하는 핵심 성분이다. 특히 학술적 글쓰기에서는 주어와 서술어의 짝이 맞지 않으면 비문이 되어 글의 신뢰도가 떨어질 수밖에 없다. 문장을 쓸 때는 어떤 주어로 시작했는지를 기억하며 서술어와 연결해야 한다.

○ 시작한 문장 제대로 닫기

- 그 이유는 기술이 발전하면서 노동 생산성이 과거보다 크게 향상되었다.
  ⮕

- 연구의 한계는 기존 이론만으로는 새롭게 나타난 사회 현상을 모두 설명하기 어렵다.
  ⮕

- 교육의 목적은 사회 갈등을 해소하고 구성원 간의 화합을 이끄는 방향으로 나아간다.
  ⮕

- 문제는 생성형 AI의 사용이 일반화된 오늘날에도 대학생들이 스스로 사고하는 훈련이 전혀 되어 있지 않다.
  ⮕

※ 주어가 '이유, 문제, 목적, 특징' 등과 같이 뒤에 구체적 내용이 올 것을 요구하는 명사구라면, 서술어에서 그 내용을 갈무리하는 형식을 갖추어야 한다.

○ 주어와 서술어의 범주 맞추기

> - 이번 무대에 오른 작품은 주로 한국에 잘 알려지지 않은 외국 작가들이다.
>   ➜
>
> - 우리가 이렇게 안전에 대한 인식이 무덤덤해지는 현실이라 매우 유감스럽다.
>   ➜
>
> - 지금 우리가 취하고 있는 자세는 변화를 적극 수용해서 우리 삶을 변화할 방법을 모색하고 있다.
>   ➜
>
> - 어떤 사람들은 영화 한 편을 보고 나서 인생의 목표나 가치관에 많은 변화가 생기는 사람들이 있다.
>   ➜

※ 주어가 가리키는 대상과 서술어가 나타내는 동작·상태의 범주가 일치해야 한다. 주어는 사물인데 서술어는 사람의 행동을 나타내거나, 주어는 추상적 개념인데 서술어는 구체적 형상을 가리킨다면 잘못된 문장이 된다.

(2) 문장 성분의 호응과 병렬 구조

문장의 서술어와 문장 성분(주어, 목적어, 부사어 등)은 서로 적절하게 호응해야 한다. 이를 확인하기 위해서는 나열된 성분들이 공통된 목적어나 부사어를 공유할 수 있는지, 이어진 성분들의 문법적 지위(품사나 구조)가 동일한지 등을 살펴야 한다.

> - 인간은 자연을 지배하기도 하고 때로는 순응해 가면서 산다.
>   ➜
>
> - 사람들이 안전하게 일할 권리 및 근무 환경을 개선해야 한다.
>   ➜

- 이 분야만큼 기술 발달의 속도와 기업 간 경쟁이 치열한 곳도 드물다.
  ➩

- 유전공학 분야만 해도 이미 많은 기술의 발전과 이를 무궁무진하게 응용할 수 있다.
  ➩

3. 어색한 피동과 사동 표현

'피동(被動)'이란 "주어가 남에게 동작을 당하거나 입는 것"으로서 '도둑이 경찰에게 잡혔다'와 같은 문장이 여기에 해당한다. 우리말의 '-이/히/리/기-', '-어지다', '-되다' 등이 피동 표현이다. '사동(使動)'은 "주어가 남에게 동작을 하도록 시키는 것"을 뜻하는데 '어머니가 아이에게 옷을 입힌다.'와 같은 문장이 여기에 속한다. 우리말의 사동 표현에는 '-이/히/리/기/우/구/추-', '-게 하다', '-시키다' 등이 있다. 그렇지만 습관적으로 피동을 겹쳐 쓰거나(이중 피동), 직접 해도 될 일을 남이 시킨 것처럼 표현(사동의 오남용)하면 문장의 의미가 흐려진다.

○ 이중 피동

- 길거리에는 '상가 임대'라고 적혀진 현수막이 걸려 있었다.
  ➩

- 내가 낸 세금이 어디에 사용되어지고 있는지 알 권리가 있다.
  ➩

- 이러한 고정관념은 우리 사회에 너무나 깊이 뿌리박혀져 있다.
  ➩

- 그 안에서 요구되어지는 조건을 맞추려면 업무량이 늘어날 수밖에 없다.
  ➲

○ 어색한 피동

- 시험 감독 관리에 총체적 부실이 드러나 물의가 빚어진 바 있다.
  ➲

- 1인 기업에서는 자기 관리와 기업 경영이 구분지어질 수 없다고 보았다.
  ➲

○ 어색한 사동

- 이 방식으로 개발한다면 수익성과 공공성을 모두 확보시킬 수 있다.
  ➲

- 농업과 관광을 접목시킨 새로운 사업에 도전하는 이들이 늘고 있다.
  ➲

우리말 바로쓰기 4

적절한 문장 쓰기

학술 문장은 그에 걸맞은 표현으로 써야 한다. 문법적으로 문제가 없다고 하더라도 학술 글쓰기에 어울리는 표현을 사용하지 않으면 이는 적절한 학술 문장으로 보기 어렵다. 여기에서는 문장의 적절성을 문어와 구어, 반복 표현, 적절한 단어 등 세 가지 측면에서 살펴보겠다.

1. 문어와 구어

학술 문장은 문어(글말)로 써야 하는데 구어(입말)를 쓰는 경우가 적지 않다. 따라서 적절한 학술 문장을 쓰려면 문어의 특징을 잘 알아야 한다. 우리가 주로 기억해야 할 문어의 특징은 다음과 같다. 첫째, 준말(줄인 말)보다는 본말(본래 말)의 사용이 권장된다. 둘째, 짧은 부정문보다는 긴 부정문이 선호된다. 셋째, 문어 특유의 조사나 어미를 사용해야 한다. 넷째, 대체로 객관적이고 중립적 표현이 사용된다. 아래에 이와 관련한 사례를 순서대로 살펴보자.

○ 준말과 본말

- 이를 충족시키기 <u>위해선</u> ∥ 무조건 좋아할 <u>순</u> 없다.
  ➥

- '<u>줌</u>'이란 프로그램을 통해 ∥ 이 문제를 해결하는 <u>방법으론</u>
  ➥

- 자기가 <u>수강하길</u> 원하는 ∥ 이 사태에 관하여 <u>얘기하고자</u> 한다.
  ➥

- 더 좋은 방법이 있을 <u>거로</u> 생각한다. ∥ 특히 <u>학식에</u> 사람이 많이 몰리게 된다.
  ➥

○ 짧은 부정문과 긴 부정문

- 먹고 싶었던 메뉴를 <u>못 먹었을</u> 때는 …
  ➥

- 학업을 지속적으로 <u>못 하는</u> 상황에서는 …
  ➥

- 따라서 학생들은 투표를 <u>안 하는</u> 것이다.
  ➥

- 설정을 추가하는 방법과 <u>안 추가하는</u> 방법이 …
  ➥

○ 조사와 어미

- 이 해결책은 앞서 언급한 **방안하고** 다르다.
  ➲

- 전공 **과목하고** 교양 과목을 선택하는 데에 어려움이 많다.
  ➲

- ○○은 우리 **대학이랑** 두 배 정도 차이가 난다.
  ➲

- 이 문제를 어떻게 **처리하냐가** 의문이다.
  ➲

- 대인관계가 원만할 것 **같다라는** 응답이
  ➲

※ 의문의 종결 어미 '~냐'는 구어 표현이므로 학술 문장에서는 문어 표현인 '~느냐'를 써야 한다.
※ '~라는'은 '~라고 하는'의 준말로서 직접 인용의 성격이 강하다. 직접 인용을 하는 것이 아니라면 학술적 문장에
서는 이를 간접 인용 형태인 '~다는(~다고 하는)'으로 고쳐 써야 한다.

○ 객관적·중립적 표현

- 전공 강의에서 모 **교수님은**…
  ➡

- 청소를 담당하시는 **직원분들께**…
  ➡

- 과거부터 **학우분들이** 요구한 문제인데,
  ➡

- ~에 불편함을 느껴 **교수님께서** 민원을 제기하셨던 사례가 있다.
  ➡

- **내가** 다니고 있는 ○○대학교는…
  ➡

- 환경이 큰 영향을 **주는구나라는** 생각에
  ➡

※ '~구나'는 필자의 감탄이나 주관적 느낌을 드러내는 직접 인용의 어미로서 학술 문장에서는 이러한 표현이 거의 쓰이지 않으므로, 평서형으로 바꾸는 것이 좋다.

2. 반복 표현

학술적 문장에서는 동일한 단어나 어구를 무의미하게 반복하여 사용하는 것이 선호되지 않는다. 이것은 한 문장 이내 혹은 한 문장과 바로 그다음 문장과의 관계에서 특히 두드러진다. 이런 경우 똑같은 표현 중 하나를 지우거나, 둘 중 하나를 그와 비슷한 의미나 효과가 있는 다른 표현으로 바꾸어야 한다.

○ 조사 '의'

- 동물의 뇌의 전기신호를 측정하여
  ➲

- 우리 사회의 세대 갈등의 양상을 보면
  ➲

- 이세돌과의 다섯 번의 대국 중 네 번의 승리를 거두었다.
  ➲

- 보이지 않는 계급의 장벽의 힘이 너무나 강력해 사회의 불평등의 해결이 쉽지 않다.
  ➲

○ 것, 부분, 사실

- 겉모습보다는 내면이 중요한 것이라는 것을 항상 인식해야 한다.
  ➲

- 이 연구에서 중요한 부분은 이론 부분을 얼마나 충실하게 다루었는가이다.
  ➲

- 외국어를 아무리 잘 배워도 사실 모국어처럼 구사하기는 힘든 것이 사실이다.
  ➲

○ '…(으)ㄹ 수 있다'

- 이러한 편견을 깰 수 있도록 하는 활동을 하기 위해 더욱 노력할 것이다.
  ➲

- 인식 개선은 이러한 문제를 해결하기 위한 첫 발자국임이 확실할 수 있다.
  ➲

- 앉아서 고민만 하다가는 평생 풀 수 없는 문제로 남을 수 있을 것 같다.
  ➲

○ '…적'

- 그 사람은 일적으로 만난 사이였다.
  ➲

- 그동안 몸적으로 마음적으로 괴로웠습니다.
  ➲

- 외국기업들과 다방면적인 접촉과 거래를 강화해 우수한 기업으로 거듭나야 한다.
  ➲

- 우선적으로 영어를 잘하기 위해서는 영어에 계속적으로 노출될 수 있는 환경적
  요소를 고려해야 한다.
  ➲

○ 그 밖의 반복 표현

- 하늘못의 문제점 중 가장 큰 문제점은 청결 문제이다.
  ➲

- 일반 건물의 배리어프리뿐만 아니라 학교 건물에서 배리어프리 또한 중요하다.
  ➲

- 도표 1을 보면 전기차와 내연기관차를 탄소 배출 측면에서 비교한 것을 볼 수 있다.
  ➲

- 먼지가 쌓인 채로 생활하면 세균이 증식할 가능성이 높게 되고 이것으로 인하여
  호흡기에 문제가 생길 가능성이 크다.
  ➲

3. 적절한 단어

학술적 문장에서는 문맥에 알맞은 단어를 잘 선택해야 한다. 또한 유행어나 신조어, 비속어 등 품위가 낮은 단어를 쓰는 것도 조심해야 한다. 그래서 아직 사전에 오르지 않은 신조어는 되도록 적게 쓰는 것이 좋다. 아래에서는 이 두 가지를 순서대로 살펴보겠다.

○ 부적절한 단어

- 지금까지 큰 고난 없이 **완만하게** 살아온 편이었다.
  ➲

- 피험자들은 정해진 시간 동안 주어진 **임무를** 맡았다.
  ➲

- 이번 정책은 가계 부채를 **야기하는** 데 큰 역할을 했다
  ➲

- 수시 비중이 커지면 정시의 문이 더욱 **줄어들** 수밖에 없다.
  ➲

- 근대화 이후의 산업 발달은 인구의 도시 집중을 **촉구시켰다**.
  ➲

- 잔인한 게임은 폭력적이고 극단적인 분위기를 조성하는 데에 **기여한다**.
  ➲

- 저소득 계층을 위해 세금 면제와 복지 지원을 **혼합하는** 방식을 마련해야 한다.
  ➲

○ 유행어, 비속어, 신조어 등

- 이번 기말고사가 너무 **빡세서**
  ⮕

- 조원의 **신박한** 아이디어 덕분에
  ⮕

- 최근 사회 전반에 퍼진 **갑질** 문화는
  ⮕

- 지금의 전공과는 **완전** 다른 분야이다.
  ⮕

- **팀플** 과정에서 무임승차자가 발생하여
  ⮕

- 빅데이터는 **어마무시한** 힘을 가지고 있다.
  ⮕

- 지난해 여름 평균 기온은 **역대급** 수준이었다.
  ⮕

- **뼈 때리는 팩폭에** 그만 평정심을 잃고 말았다.
  ⮕

- 방학 동안 카페에서 **알바를** 하며 돈을 모았다.
  ⮕

- 끝까지 **존버하다** 보면 결국에는 승리할 것이다.
  ⮕

- 예상치 못한 결과에 연구진은 **멘붕** 상태에 빠졌다.
  ⮕

- **장난 아닌** 그의 노래 실력에 참가자 전원이 감탄했다.
  ⮕

우리말 바로쓰기 5

외래어 표기법

    표준어 규정과 한글 맞춤법이 우리말글의 원활한 의사소통을 위한 최소한의 조건이라면, 외래어 표기법은 외국에서 들어온 말을 한국어로 정확하고 일관되게 적기 위한 조건이라 할 수 있다.

    외래어 표기법은 외국어를 우리말의 소리 체계에 맞추어 자연스럽게 수용하여 독자가 쉽게 읽고 이해할 수 있도록 돕는다. 만약 필자가 외국에서 온 말을 자기 편의대로 제각기 다르게 적는다면 독자는 그 의미를 정확히 파악하지 못하거나, 같은 외래어라도 여러 가지 형태로 적혀 혼란스러워할 수 있기 때문이다. 예컨대, 'cake'를 한글로 적어야 한다면 어떻게 적어야 하는가? 외래어는 화자에 따라 발음이 제각각이므로 '케익, 케잌, 케이크' 등 여러 가지 경우의 수가 나올 수밖에 없다. 이렇게 되면 똑같은 개념도 달리 표기되어 독자의 혼란을 유발하므로, 이러한 혼란을 줄이기 위해서라도 외래어 표기법이 필요한 것이다. 외래어 표기법의 대원칙은 다음과 같다.

"외래어는 국어의 현용 24자모만으로 적는다." 〈외래어 표기법 제1항〉

이 말은 외래어를 표기할 때 별도의 글자나 기호를 추가로 사용하지 않고, 현재 우리가 쓰는 한국어 기본 자음자와 모음자로 표기해야 한다는 뜻이다. 이것은 우리말과 외래어는 언어 체계가 달라서 만들어진 원칙이다. 본래 우리말과 외래어는 각각의 자음과 모음이 다를 수밖에 없으므로, 외래어를 한글로 정확하게 표현하는 것은 불가능하다. 그렇지만 그렇다고 하여 현재 우리가 쓰지 않는 기호나 한글 자모를 동원하여 외래어를 표기하려 한다면, 그것은 그것 나름대로 혼란을 부르게 될 것이다. 외래어 표기법에만 쓰이는 기호나 자모를 굳이 새로 익혀야 하기 때문이다. 따라서 우리는 지금 쓰고 있는 24개의 자모만으로 외래어를 표기한다. 예를 들어, 영어의 'fire', 'love'는 각각 '파이어', '러브'로 쓰는 것이 맞지만 이를 '퐈이어', '러브'처럼 쓸 수 없다는 뜻이다. 아래에는 외래어를 표기하는 몇몇 중요한 규정들을 예들과 함께 제시해 보도록 하겠다.

○ 뷔페 / 뷔페? / 부패?

외래어는 본래 언어의 발음에 가깝게 적는다. '뷔페'의 '뷔'나 '페'는 국어의 고유어나 한자어에서 보기 어렵지만 최대한 원어에 가깝게 하기 위한 노력이다.

○ 쥬스? / 주스, 챤스? / 찬스

국어의 일반적인 특성을 중시하여 파찰음 'ㅈ, ㅊ' 바로 뒤에는 이중모음을 적지 않는다. 국어에서는 'ㅈ, ㅊ' 다음 이중모음과 단모음의 발음이 구분되지 않기 때문이다. 이것이 외래어에도 똑같이 적용된다.

○ 커피숍 / 커피숖?

외래어의 받침에는 'ㄱ, ㄴ, ㄹ, ㅁ, ㅂ, ㅅ, ㅇ'만을 쓴다.

○ cafe[kæfei/kəfei] 카페 / 까페?　　　Paris[pæris] 파리 / 빠리?
　 gas[gæs] 가스 / 가스?　　　　　　　bus[bʌs] 버스 / 버스?
　 서비스 센터 / 써비스 쎈터?　　　　　사이버 수사대 / 싸이버 수사대?

파열음이 올 경우 표기 원칙에 따라 무성파열음[k, t, p]은 거센소리(ㅋ, ㅌ, ㅍ)로, 유성파열음[g, d, b]은 예사소리(ㄱ, ㄷ, ㅂ)로 적는다. 파열음 표기에는 된소리를 쓰지 않는 것을 원칙으로 한다.

○ flute[fl:t] 플롯? / 플루트　　　　　robot[roubɔt] 로봇 / 로봇?
　 cake[keik] 케익? / 케잌? / 케이크　　tape[teip] 테입? / 테잎? / 테이프

[p], [t], [k](무성파열음)이 어말이나 자음 앞에 올 때 받침으로 적거나 '으'를 붙여 적는다. 일반적으로 영어 이외의 경우는 '으'를 붙여 적으면 되나, 영어의 경우는 [짧은 모음] 다음의 어말 무성파열음은 받침으로 적고, 긴모음이나 이중모음 다음이면 '으'를 붙여 적는다.

○ frypan[fraipæn] 프라이팬 / 후라이팬?　　fitness 휘트니스? / 피트니스
　 file 파일 / 파일?　　　　　　　　　　　fighting[faitiŋ] 파이팅 / 파이팅?
　 family 훼밀리? / 패밀리

마찰음 [f]는 모음 앞에서는 'ㅍ'으로, 자음 앞에서는 '프'로 표기하도록 규정하고 있다. 일본식 표기의 영향을 받아 [f]를 'ㅎ'으로 적는 경우가 종종 있으나 이는 잘못된 것이다. 한편, [f]나 [p]는 우리말에서 모두 'ㅍ'으로 적는다.

○ English[iŋgliʃ] 잉글리쉬? / 잉글리시　　leadership[li:dərʃip] 리더쉽? / 리더십
　 shrimp[ʃrimp] 쉬림프? / 슈림프　　　　　dash[daʃ] 대쉬? / 대시

마찰음 [ʃ]는 '쉬'로 적는 경우가 많은데 이는 잘못된 것이다. 영어의 경우 자음 앞에서는 '슈', 어말에서는 '시', 모음 앞에서는 뒤따르는 모음에 따라 '샤, 섀, 셔, 셰, 쇼, 슈, 시' 등으로 적는다.

○ concert[kɔnsərːt] 콘서트 / 컨서트?　　concept[kɔnsept] 콘셉트 / 컨셉트?
　condition[kəndiʃən] 콘디션? / 컨디션　control 콘트롤? / 컨트롤
　collection 콜렉션? / 컬렉션　　　　　 top 톱 / 탑?
　body 보디 / 바디?

모음 [ə], [ʌ]→'어'로, [æ]→'애'로, [ɔ], [o]→'오'로 적는다. 다만, 외래어는 철자가 아니라 발음기호를 중심으로 표기해야 한다. 여기에 등장하는 'con-'은 [kɔn-]과 [kən-]으로 발음되는 경우가 있으므로, 이 둘은 외래어 표기법에 따르면 각기 다르게 표기된다.

○ boat[bout] 보트 / 보우트?　　　　　pose[pouz] 포즈 / 포우즈?
　shadow[ʃædou] 섀도 / 섀도우?　　　window[windou] 윈도 / 윈도우?

이중모음은 각각의 단모음의 음가를 살려서 적는다. 따라서 'sauna[saunə] → 사우나', 'skate[skeit] → 스케이트'와 같이 [ai]는 '아이', [au]는 '아우', [ei]는 '에이' 등으로 적는다. 다만 [ou]는 '오'로 [auə]는 '아워'로 적도록 규정하고 있다.

○ outlet[aulet] 아울렛? / 아웃렛　　　makeup[meikʌp] 메이컵? / 메이크업
　highlight 하이라이트 / 하일라이트?

복합어는 구성하고 있는 말이 단독으로 쓰일 때의 표기대로 적는다. 예컨대 'log in'이란 말은 '로그'와 '인'이 결합해서 만들어진 말이므로 '로그인'으로 적는다. 원어의 발음이 '로긴'에 가깝게 들리더라도 그렇게 적지 않는다.

　한편, 외래어 표기법에는 위의 예시 외에도 더욱 다양한 사례들이 존재하므로, 실제로 특정 외래어를 한글로 쓰려고 할 때 적확한 표기를 떠올리기가 쉽지 않다. 그럴 때는 국립국어원에서 서비스하는 〈온라인가나다〉 사이트를 이용하는 것도 하나의 방법이다. 해당 사이트에서는 어문 규범과 관련한 각종 질문을 받은 뒤, 그에 관한 적절한 답변을 제공한다. 외래어 표기법에 관한 질문도 예외가 아니므로, 우리가 곧바로 떠올리기 어려운 외래어 표기는 해당 사이트에 질문해서 확인해도 된다.

한자어 익히기 1

어원이 흐려진 단어

1. 한자 어원대로 적는 것

❏ 代물림 → 대물림? 되물림?

> **뜻** 사물이나 가업 따위를 후대의 자손에게 남겨 주어 이어 나아감. 또는 그런 물건.
>
> **예문** 부와 학력의 (　　) 문제는 측면적인 지원책만 강구할 것이 아니라 근본적이고 강도 높은 대책이 절실히 요구되는 부분이다.

❏ 都大體 → 도대체? 도데체?

> **뜻** (주로 의문을 나타내는 말과 함께 쓰여) 다른 말은 그만두고 요점만 말하자면.
>
> (주로 부정을 나타내는 말과 함께 쓰여) 유감스럽게도 전혀.
>
> **예문** 그래서 (　　) 네가 하고 싶은 말이 무엇이냐?
>
> 그와는 (　　) 말이 통하지 않는다.

❑ 浮氣 → 부기? 붓기?

> **뜻** 부증(浮症)으로 인해 부은 상태.
> **예문** 통증과 (　　)도 내리고 완전히 건강을 회복한 상태였다.

❑ 十常 → 쉽상? 십상?

> **뜻** 열에 여덟이나 아홉일 만큼 확률이 높고 예외가 적음을 뜻하는 말. '십상팔구(十常八九)'에서 온 말.
> **예문** 사전 준비 없이 배낭여행을 떠났다간 낭패를 보기 (　　)이다.

❑ 菽麥 → 숙맥? 쑥맥?

> **뜻** 사리 분별을 못 하고 세상 물정을 잘 모르는 사람. 콩과 보리를 구별하지 못한다는 뜻인 '숙맥불변(菽麥不辨)'에서 나온 말.
> **예문** 저런 (　　)이 어떻게 감히 우리 틈에 끼었는지 모르겠다.

❑ 啞然失色 → 아연실색? 아연질색?

> **뜻** 뜻밖의 일에 얼굴빛이 변할 정도로 놀람.
> **예문** 우리는 그가 음모를 꾸민 사실에 (　　)하여 아무 말도 할 수 없었다.

❑ 於此彼 → 어짜피? 어차피?

> **뜻** 이렇게 하든지 저렇게 하든지. 또는 이렇게 되든지 저렇게 되든지.
> **예문** (　　) 계좌를 추적해 보면 진실은 다 드러날 테니까 그냥 자수하는 게 당신에게도 좋을 것 같소.

❑ 零落-- → 영낙(없다)? 영락(없다)?

> **뜻** 조금도 틀리지 아니하고 꼭 들어맞다.
> **예문** 시험을 치기만 하면 합격은 (　　)없다.

❑ 晝夜長川 → 주구장창? 주야장창? 주야장천?

> **뜻** 밤낮으로 쉬지 않고 계속하여.
>
> **예문** 그는 도서관 구석 자리에 앉아 (　　) 전공 서적만 읽으며 기말고사 공부에 전념하고 있었다.

❑ 鐵石-- → 철석(같이)? 철썩(같이)?

> **뜻** ① 쇠와 돌을 아울러 이르는 말.
> ② 매우 굳고 단단한 것을 비유적으로 이르는 말.
>
> **예문** 나는 친구들이 우리집으로 올 것이라 (　　　)같이 믿었다.

❑ 破鬪 → 파토? 파투?

> **뜻** ① 화투 놀이에서 잘못되어 판이 무효가 됨. 또는 그렇게 되게 함. 화투 패의 장수가 부족하거나 순서가 뒤바뀔 경우에 일어난다.
> ② 일이 잘못되어 흐지부지됨을 비유적으로 이르는 말.
>
> **예문** 그 약속은 (　　　)가 났다.

❑ 偏重 → 편중? 평중?

> **뜻** 중심이 한쪽으로 치우침.
>
> **예문** 그 공예가는 기교에 (　　　)하여 예술성이 부족하다.

2. 한자 어원과 멀어진 대로 적는 것

❑ (　　) ← 歸鄕 귀양? 귀향?

> **뜻** 예전에 죄인을 고향이 아닌 먼 시골이나 섬으로 보내어 일정한 기간 동안 제한된 곳에서만 살게 하는 형벌을 이르던 말.
>
> **예문** 임금은 반란의 우두머리를 처형하고 나머지는 모두 (　　　)을 보냈다.

[참고] 歸鄕: 고향으로 돌아가거나 돌아옴.

❏ ( ) ← 依例 으레? 으례? 의례?

> **뜻** ① 두말할 것 없이 마땅히.
> ② 거의 틀림없이 언제나.
>
> **예문** 그녀는 직장에서 돌아오면 (　　) 부모님을 먼저 찾아뵈었다.

　　참고 依例: 이전의 사례를 따름.

3. 애당초 한자와 무관한 것

❏ □□나다 → 결단나다? 결딴나다?

> **뜻** ① 어떤 일이나 물건 따위가 아주 망가져서 도무지 손을 쓸 수 없는 상태가 되다.
> ② 살림이 망하여 거덜 나다.
>
> **예문** 이번 태풍 때문에 묶어 놓았던 그의 배가 완전히 (　　)났다.

❏ □□ → 사단? 사달?

> **뜻** 일어난 사건이나 사고.
>
> **예문** 나는 조만간 이런 (　　)이 생길 줄을 알고 있었다.

　　참고 事端: 일의 실마리. 사건의 단서.

❏ □□없다 → 어의없다? 어이없다?

> **뜻** 너무 뜻밖이어서 기가 막히다.
>
> **예문** 진수는 술에 취한 그를 (　　)없는 표정으로 바라보았다.

❏ □□ → 애먼? 어만? 엄한?

> **뜻** ① 일의 결과가 다르게 돌아가 억울하게 느껴지는.
> ② 일의 결과가 다르게 돌아가 엉뚱하게 느껴지는.
>
> **예문** 나는 돈이 없어진 것을 (　　) 사람에게 화풀이하였다.

❏ □□ → 우레? 우뢰?

> **뜻** 번개가 친 다음에 하늘에 크게 울리는 소리.
> **예문** 그의 연주가 끝나자 (   )와 같은 박수가 쏟아져 나왔다.

❏ 肉□醬 → 육개장? 육계장?

> **뜻** 쇠고기를 삶아서 알맞게 뜯어 넣고 얼큰하게 갖은양념을 하여 끓인 국.
> **예문** 나는 퇴근길에 들른 식당에서 얼큰한 (   ) 한 그릇을 먹으며 하루의 피로를 달랬다.

❏ □□ → 치레? 치례?

> **뜻** ① 잘 손질하여 모양을 냄.
> ② 무슨 일에 실속 이상으로 꾸미어 드러냄.
> **예문** 행사는 실속 없이 (   )로 흘렀다.

4. 자주 한자를 잘못 쓰는 것

❏ 高難度? 高難易度? → 고난도? 고난이도?

> **뜻** 어려움의 정도가 매우 큼. 또는 그런 것.
> **예문** 러시아 발레의 (   )는 이미 세계적으로 정평이 나 있다.

[참고] 難易度: 어려움과 쉬움의 정도.

❏ 今時에 → 금새? 금세?

> **뜻** 바로 지금의 때.
> **예문** 아이는 (   ) 울음을 그치고 다시 웃기 시작했다.

[참고] '당초(當初)에'가 줄어들어 '도무지'를 뜻하는 말은 '당최'로 쓴다.

❑ 腦卒中 → 뇌졸증? 뇌졸중?

> **뜻** 뇌의 어떤 부분에 혈액 공급량이 줄어들거나 출혈이 발생하여 의식 장애와 호흡 곤란, 운동 마비 따위를 일으키는 증상.
> **예문** 어머님은 (　　　)을 앓고 나신 후 지금은 재활 치료를 하고 계신다.

❑ 對症療法 → 대중요법? 대증요법?

> **뜻** 의학 병의 원인을 찾아 없애기 곤란한 상황에서, 겉으로 나타난 병의 증상에 대응하여 처치하는 치료법.
> **예문** 눈이 건조해지는 것을 막기 위한 (　　) 중에 하나로 인공 눈물을 눈에 넣기도 한다.

❑ 犯則金 → 벌칙금? 범칙금?

> **뜻** 도로 교통법의 규칙을 어긴 사람에게 과하는 벌금.
> **예문** 좌회전 금지 차선에서 불법 좌회전을 하다가 교통경찰에게 걸려 (　　　)을 물었다.

[참고] 罰則: 법규를 어긴 행위에 대한 처벌을 정하여 놓은 규칙.

❑ 不顧하다 → 불고하다? 불구하다?

> **뜻** ① 돌아보지 아니하다.
> ② 돌보지 아니하다.
> **예문** 그는 체면을 (　　　)하고 나에게 돈을 빌려 달라고 말했다.

[참고] 不拘하다: 얽매여 거리끼지 아니하다.

❑ 心亂하다 → 심난하다? 심란하다?

> **뜻** 마음이 어수선하다.
> **예문** 사람들은 못자리 만들 일이 (　　　)하고 한숨이 늘어지는 판이었다.

[참고] 甚難하다: 매우 어렵다.

❏ 一切 → 일절? 일체?

> **뜻**　일절: [부사] '아주, 전혀, 절대로'의 뜻으로, 흔히 행위를 그치게 하거나 어떤 일을 하지
> 　　　　　　않을 때에 쓰는 말.
> 　　　　일체: [명사] 모든 것.
>
> **예문**　그는 고향을 떠난 후로 연락을 (　　　) 끊었다.
> 　　　　도난에 대한 (　　　)의 책임을 지다.

한자어 익히기 2

소리를 잘못 적는 한자어—상

1. 'ㅔ'와 'ㅐ', 그리고 'ㅚ, ㅙ, ㅞ, ㅟ'

❏ 改編 → 개편? 계편?

> **뜻** 조직·체계를 고쳐 새롭게 만듦.
> **예문** 대학 본부는 행정 효율성을 위해 기존의 조직을 대대적으로 (   )했다.

❏ 揭示 → 게시? 계시?

> **뜻** 여러 사람에게 알리기 위하여 내붙이거나 내걸어 두루 보게 함. 또는 그런 물건.
> **예문** 그는 아파트에 과외 공고를 붙이려고 관리 사무소에 가서 (   ) 승인을 받았다.

[참고] 啓示: ① 깨우쳐 보여줌.
② 사람의 지혜로는 알 수 없는 진리를 신(神)이 깨우쳐 알게 함.

❑ 詭辯 → 괴변? 궤변?

뜻 형식적으로 타당해 보이는 논증을 이용해서 거짓인 주장을 참인 것처럼 꾸며대는 논법.
예문 그는 궁지에 몰리자 그럴듯한 (   )을 늘어놓으며 잘못을 인정하기는커녕 오히려 상대의 책임으로 돌리려 했다.

[참고] 怪變: 괴상한 재난이나 사고.

❑ 大概 → 대개? 대게?

뜻 ① [부사] 일반적인 경우에.
② [명사] 거의 전부.
예문 서울 주변의 산들은 (   )가 돌산이다.
추리 소설에는 (   ) 매력적인 탐정이 등장한다.

❑ 淘汰/陶汰 → 도태? 도퇴?

뜻 ① 물건을 물에 넣고 일어서 좋은 것만 골라내고 불필요한 것을 가려서 버림.
② 여럿에서 불필요하거나 부적당한 것을 줄여 없앰.
예문 끊임없는 혁신 없이 과거의 방식에만 안주한다면 치열한 글로벌 무대에서 (   )되고 말 것이다.

❑ 伐採 → 벌채? 벌체?

뜻 산림의 나무를 베어 냄.
예문 목재를 생산하기 위해 대규모로 나무를 (   )하면서 주변 토양이 크게 훼손되었다.

[참고] 拔萃: 책이나 글 따위에서 필요하고 중요한 부분을 뽑아냄.

❑ 洗禮 → 세레? 세례?

뜻 ① 죄를 씻고 신의 자녀가 되어 신앙 공동체의 일원이 되는 의식.
② 어떤 일이나 현상을 한꺼번에 많이 겪거나 집중적으로 노출됨.
예문 야당 의원들은 장관 후보자를 향해 날카로운 질문 (   )를 퍼부었다.

❏ 世態 → 새태? 세태?

> **뜻** 세상의 상태나 형편.
> **예문** 외모만을 중시하는 (　　　)가 청소년들에게 부정적인 영향을 미칠까 우려된다.

[참고] 衰退: 기세나 상태가 이전보다 못하여지고 약해짐.

❏ 受惠 → 수해? 수혜?

> **뜻** 은혜나 혜택을 입거나 받음.
> **예문** 이번 의료 지원 사업은 의료 사각지대에 놓인 노인들이 실질적으로 (　　)를 받을 수 있도록 설계되었다.

[참고] 水害: 폭우나 홍수로 인한 피해.
　　　施惠: 은혜를 베풂.

❏ 專橫 → 전행? 전횡?

> **뜻** 권력을 가진 사람이 조직의 규칙이나 타인의 의견을 무시하고 제멋대로 권한을 휘두름.
> **예문** 특정 임원이 인사권을 독점하여 (　　　)을 일삼자 사내 게시판에는 비판의 목소리가 터져 나왔다.

❏ 提起 → 재기? 제기?

> **뜻** 문제나 의견을 내세워 논의의 대상으로 삼음.
> **예문** 토론회에서 참석자들은 환경 문제에 대한 대책 마련을 (　　　)했다.

[참고] 再起: 역경을 딛고 다시 일어서거나 활동을 시작함.
　　　祭器: 제사에 쓰는 그릇.

❏ 提訴 → 재소? 제소?

> **뜻** 소송을 제기함.
> **예문** 우리 기업은 핵심기술을 무단으로 도용한 상대 업체를 특허 침해 혐의로 법원에 (　　　)했다.

[참고] 在所: 교도소나 구치소 등 특정한 장소에 수용되어 있음.

❑ 提携 → 재휴? 제휴?

> **뜻** 서로 도와서 일을 함께함. 주로 기업이나 단체 간의 협력에서 사용.
> **예문** 우리 대학은 학생들의 취업 기회를 넓히기 위하여 국내 대기업과 전략적 (　　)를 맺었다.

❑ 締結 → 채결? 체결?

> **뜻** 계약이나 조약 따위를 공식적으로 맺음.
> **예문** 양국은 경제 협력을 강화하기 위하여 자유 무역 협정을 공식적으로 (　　)했다.

[참고] 採決: 회의에서 투표 등의 방법으로 안건의 가부(찬반)를 결정함.

❑ 閉鎖 → 폐쇄? 폐쇠?

> **뜻** ① 문을 닫거나 막아 버림.
> ② 기관이나 시설을 없애거나 그 기능을 멈추게 함.
> ③ 외부와 정신적·문화적 교류를 막음.
> **예문** 북한 사회는 세계적으로 유례가 없는 (　　) 사회이다.
> 본사에서는 운영상의 이유로 지역별 몇 개 지점들의 (　　)를 결정하였다.

❑ 虹彩 → 홍채? 홍체?

> **뜻** 의학 안구의 각막과 수정체 사이에 있는 둥근 모양의 얇은 막.
> **예문** 의사는 밝은 조명 아래에서 환자의 (　　)를 자세히 관찰하며 이상 징후를 확인했다.

❑ 橫行 → 횡행? 횡횡?

> **뜻** 나쁜 일이 이곳저곳에서 마구 벌어지거나 나타남.
> **예문** 정치인들은 그동안 부정부패가 사회 전반에 (　　)해 온 현실을 인정하며 깊은 자성의
> 뜻을 밝혔다.

2. 이중모음과 단모음

❑ 加速 → 가속? 과속?

> **뜻** 속도를 더함. 또는 속도가 붙음.
> **예문** 무분별한 에너지 소비는 지구 온난화 현상을 (　　)화하여 심각한 기후 위기를 초래한다.

❑ 過負荷 → 과부하? 과부화?

> **뜻** ① 일을 너무 많이 맡은 상태.
> ② [전기] 전기를 일으키거나 기계의 힘을 내게 하는 부담이 규정량이나 적정 작업량을 넘어서는 것.
> **예문** 동료 한 명이 갑자기 그만두는 바람에 일에 (　　)가 걸렸다.

❑ 糾明 → 구명? 규명?

> **뜻** 어떤 사실을 자세히 따져서 밝힘.
> **예문** 현장의 증거를 철저히 수집하여 화재의 정확한 원인을 (　　)해야 한다.

[참고] 救命: 사람의 생명을 구함.
究明: 깊이 연구하여 밝힘.

❑ 附加 → 부가? 부과?

> **뜻** 주된 것에 덧붙임.
> **예문** 제품의 가격에는 소비자가 부담해야 할 십 퍼센트의 (　　) 가치세가 포함되어 있다.

[참고] 賦課: 세금이나 벌금, 일정한 부담 따위를 매겨서 치르게 함.

❑ 附和雷同 → 부하내동? 부화내동? 부화뇌동?

> **뜻** 천둥소리가 나면 만물이 그 소리에 맞추어 함께 울리듯, 남의 말에 덩달아 따름.
>
> **예문** 확실한 근거도 없는 자극적인 소문에 (　　)하여 투자를 결정하면 예상치 못한 큰 손실을 볼 수 있다.
> 진정한 리더라면 대중의 인기나 주변의 목소리에 (　　)하지 않고 굳건히 소신을 지켜야 할 것이다.

❑ 連累/緣累 → 연루? 연류?

> **뜻** 남이 저지른 범죄에 얽혀듦.
>
> **예문** 정부에서는 이번 사건에 (　　)된 공직자들을 모두 해임하기로 했다.

❑ 措置 → 조취? 조치?

> **뜻** 어떤 문제나 사태를 처리하기 위해 필요한 대책을 세움. 또는 그 대책.
>
> **예문** 국제 사회는 테러를 일삼는 세력에 강력한 (　　)를 취해야 한다고 한목소리를 내었다.

❑ 抗菌 → 항균? 향균?

> **뜻** 세균의 번식이나 증식을 막음.
>
> **예문** 이 비누는 세균의 번식을 억제하는 (　　) 효과가 뛰어나 위생 관리에 매우 효과적이다.

❑ 好衣好食 → 호위호식? 호의호식?

> **뜻** 좋은 옷과 좋은 음식이라는 뜻으로, 잘 입고 잘 먹음을 뜻하는 말.
>
> **예문** 넉넉한 집안에서 태어나 (　　)을 누리던 그의 인생이 한 순간에 바뀌었다.

[참고] 護衛: 따라다니며 곁에서 보호하고 지킴.
狐假虎威: 여우가 호랑이의 힘을 빌려 잘난 체하며 함부로 행동한다는 뜻으로 남의 권세를 빌려 위세를 부린다는 말.

❏ 厚顔無恥 → 후안무치? 후안무취? 후한무치?

> **뜻** 얼굴이 두껍고 부끄러움이 없음. 뻔뻔하고 양심이 없다는 의미로 사용.
>
> **예문** 명백한 잘못에도 사과 한마디 없는 (   )한 태도에 많은 이들이 분노를 금치 못했다.

  참고 眼下無人: 눈 아래에 사람이 없음. 교만하고 무례하다는 의미로 사용.

❏ 後患 → 후한? 후환?

> **뜻** 나중에 생길 근심이나 재앙.
>
> **예문** 원칙을 무시하고 편법을 쓰는 행위는 언젠가 무거운 (   )으로 돌아오기 마련이다.

한자어 익히기 3

소리를 잘못 적는 한자어—하

1. 자음이나 모음을 잘못 적는 것

❑ 杜門不出 → 두문분출? 두문불출?

> **뜻** 문을 닫아걸고 밖으로 나가지 않음. 특정 목적이나 사정으로 외부 활동을 완전히 중단한 상태를 표현할 때 주로 사용.
>
> **예문** 작가는 신작 집필에 몰두하느라 몇 달째 서재에서 (   )하며 원고를 썼다.

❑ 斜陽産業 → 사양산업? 사향산업?

> **뜻** 사회, 경제, 기술 혁신 따위의 형세 변화에 대응하지 못하고 쇠퇴하여 가는 산업.
>
> **예문** 국내 석탄 산업은 이제 (   )이 되었고, 남아 있는 흔적들은 새롭게 탄광 문화 관광촌으로 개발되었다.

❏ 殉國先烈 → 순국선열? 순국선혈?

> **뜻** 나라를 위해 목숨을 바친 옛 어른들. 주로 일제 강점기에 독립을 위해 투쟁하다 세상을 떠난 인물들을 뜻함.
>
> **예문** 현충일에는 나라를 위해 희생하신 (   )께 감사하며 묵념의 시간을 갖는다

[참고] 護國英靈: 나라를 보호하다 돌아가신 영혼들. 주로 6·25 전쟁 등 국가 성립 이후 나라를 지키다 전사한 인물들을 뜻함.

❏ 識字憂患 → 식자우한? 식자우환?

> **뜻** 어설프게 아는 지식 때문에 불필요한 걱정을 하거나 일이 잘 안 풀리는 상황을 비유함. 아예 모르면 마음이 편했을 텐데 알게 되어 오히려 불안해지는 경우에도 쓰임.
>
> **예문** 지나친 정보는 때로 본질을 흐리게 하며, 전문가가 아닌 이들에게 (   )의 결과를 초래한다.

❏ 一絲不亂 → 일사분란? 일사불란?

> **뜻** 한 오라기 실도 엉키지 않는다는 뜻으로, 질서가 정연하여 조금도 흐트러지지 아니함을 이르는 말.
>
> **예문** 서울 전쟁기념관에서 열린 기념행사에서 보여준 의장대의 시범공연은 (   )하다. 지지부진하던 이번 사건의 진행은 담당 검사가 바뀌게 되면서 갑자기 (   )하게 처리되었다.

[참고] 紛亂: 어수선하고 소란스러움.

❏ 臨機應變 → 임기웅변? 임기응변?

> **뜻** 그때그때의 형편이나 상황이 변함에 따라 그 자리에서 알맞게 대처함.
>
> **예문** 예기치 못한 사고가 발생했으나 그의 재치 있는 (   ) 덕분에 위기를 무사히 넘길 수 있었다.

❑ 集積回路 → 직접회로? 집적회로?

> **뜻** 두 개 이상의 회로 소자 모두가 기판 위나 기판 내에 서로 분리될 수 없도록 결합한 전자 회로.
>
> **예문** 반도체 기업들은 (　　)의 미세화 공정 개발에 막대한 투자를 하고 있다.

❑ 抱腹絶倒 → 포복절도? 포복졸도?

> **뜻** 배를 안고 넘어질 정도로 몹시 웃음. 크게 웃는 모습을 동반할 때 주로 사용.
>
> **예문** 영화 속 주인공의 우스꽝스러운 표정 연기에 극장에 모인 사람들은 모두 (　　)했다.

❑ 爆發/暴發 → 폭발? 폭팔?

> **뜻** ① 불이나 에너지가 갑자기 터짐. 또는 힘이나 감정이 한꺼번에 세차게 나옴.
> ② 사건이 갑자기 일어남.
>
> **예문** 아이돌 그룹의 신곡이 발표되자마자 전 세계 팬들의 (　　)적인 반응이 이어졌다.
> 오랫동안 쌓인 사회적 불만이 특정 사건을 계기로 (　　)하며 민중 봉기가 일어났다.

❑ 風飛雹散 → 풍비박산? 풍비박살? 풍지박살?

> **뜻** 바람에 날려 우박이 흩어진다는 뜻으로, 산산이 부서져 사방으로 날아가거나 흩어짐을 비유하여 이르는 말.
>
> **예문** 그 일로 관직이 박탈되고 귀양을 가는 등 집안은 (　　)이 되었다.

❑ 魂飛魄散 → 혼미백산? 혼비백산?

> **뜻** 넋이 날아가고 흩어짐. 정신을 잃거나 충격을 받을 정도로 놀랐을 상태를 표현할 때 사용.
>
> **예문** 갑자기 나타난 커다란 멧돼지를 보고 등산객들은 (　　)하여 사방으로 흩어졌다.

❑ **駭怪罔測** → 해괴망측? 해괴망칙?

> **뜻** 깜짝 놀랄 만큼 괴상하여 도저히 헤아릴(측정할) 수가 없음.
>
> **예문** 그는 공공장소에서 (   )한 행동을 일삼아 주변 사람들의 눈살을 찌푸리게 만들었다.

❑ **橫膈膜/橫隔膜** → 횡격막? 횡경막?

> **뜻** 배와 가슴 사이를 분리하는 근육. 수축과 이완에 따라 위아래로 운동을 하며 폐의 호흡 작용을 도움.
>
> **예문** 단전 호흡은 폐의 하부를 많이 늘어나게 해 (   )을 밑으로 많이 내린다.

❑ **-率** → -률 -율

> **뜻** '비율'의 뜻을 더하는 접미사.
>
> **설명** 앞에 오는 단어의 의미와 상관없이 모음 뒤와 자음'ㄴ' 뒤에서는 '율'로 적고, 그 밖의 자음 뒤에서는 '률'로 적는다.
>
> **예문**
> | | | |
> |---|---|---|
> | 감소(   ) | 능(   ) | 생존(   ) |
> | 수익(   ) | 실패(   ) | 이자(   ) |
> | 청취(   ) | 출석(   ) | 할인(   ) |
> | 합격(   ) | 혼인(   ) | 환(   ) |

2. 기타

□ 恝視 → 괄세? 괄시?

> **뜻** 사람을 하찮게 여겨 소홀히 대함.
> **예문** 그는 가난하다는 이유로 친척들에게 모진 (   )를 받으며 힘든 어린 시절을 보냈다.

□ 門外漢 → 무뇌한? 문외한?

> **뜻** ① 어떤 일에 직접 관련되지 않은 사람.
> ② 어떤 일에 전문 지식이 없는 사람.
> **예문** (   )의 눈에는 똑같아 보여도 전문가의 눈에는 다르지.

[참고] 無賴漢: 성품이 막되어 예의나 염치를 모르며, 일정한 소속이나 직업이 없이 불량한 짓을 하며 돌아다니는 사람.

□ 絶體絶命 → 절대절명? 절체절명?

> **뜻** 몸(體)도 목숨(命)도 다했다(絶)는 뜻으로 막다른 골목에 다다른 듯한 극한의 위기 상황을 뜻함.
> **예문** 회사가 부도 직전에 몰린 (   )의 순간에 극적으로 투자자가 나타나 위기를 넘겼다.

□ 輝煌燦爛 → 휘양찬란? 휘황찬란? 휘황찰란?

> **뜻** 광채가 눈부시게 번쩍이고 아름다운 상태.
> **예문** 밤거리의 (   )한 네온사인이 잠들지 않는 도시의 화려한 야경을 수놓았다.

□ 稀罕하다 → 희안하다? 희얀하다? 희한하다?

> **뜻** 매우 드물거나 신기하다.
> **예문** 살다 보면 별 (   )한 일이 다 생기지요.

3. 틀리지 않은 경우

드물지만 두 가지 모두가 맞는 말로 인정받은 것들이 있다. 예는 아래와 같다.

❑ 壞滅/潰滅 → 괴멸/궤멸

> **뜻** 무너지거나 파괴되어 멸망함.
> **예문** 적군은 아군의 기습 공격을 견디지 못하고 퇴로가 차단된 채 하룻밤 사이에 (　　)당했다.

❑ 羅針盤/羅針판 → 나침반/나침판

> **뜻** 자침이 북쪽과 남쪽을 가리키는 원리를 이용해 방향을 알 수 있게 만든 도구.
> **예문** 망망대해를 항해하는 선원들은 오직 (　　　)의 자침에 의지하여 목적지를 찾아갔다.

❑ 崩壞/崩潰 → 붕괴/붕궤

> **뜻** 무너져 허물어짐.
> **예문** 오랜 장마로 수압을 견디지 못한 제방이 (　　)되면서 강물이 마을 전체를 순식간에 휩쓸었다.

❑ 曰可曰否/曰可不可 → 왈가왈부/왈가불가

> **뜻** 어떤 일에 대하여 옳거니 옳지 아니하거니 하고 말함.
> **예문** 참석자들은 오랜 시간 동안 (　　　)만 하며 명확한 결정을 내리지 못하고 있었다.

> 참고 　‘왈가왈부하다’의 유의어로 ‘왈가불가하다’, ‘왈시왈비하다’, ‘시야비야하다’도 있다.

❑ 生死與奪/生殺與奪 → 생사여탈/생살여탈

> **뜻** 마음대로 살리고 죽이거나, 주고 빼앗는 행위를 하는 것을 이르는 말.
> **예문** 우리 회사의 (　　　)은 이번 신제품을 대하는 소비자가 쥐고 있으므로, 신제품 개발에 심혈을 기울여야 한다.

한자어 익히기 4

소리는 비슷하나 뜻이 다른 한자어

1. 자음이 서로 다른 것

❏ 擊滅 → 격멸? 경멸? ← 輕蔑

> **뜻**　[　　　](擊滅하다): 적이나 악한 것 따위를 쳐서 멸망시킴.
> 　　　[　　　](輕蔑하다): 남을 매우 낮추어 보거나 하찮게 여김.
>
> **예문**　우리 군은 적의 주력 부대를 완전히 (　　　)하여 값진 승리를 거두었다.
> 　　　근거 없이 타인을 (　　　)하는 행위는 도적적으로 잘못된 행위이다.

❏ 團合 → 단합? 담합? ← 談合

> **뜻**　[　　　](團合하다): 여러 사람이 한마음 한뜻으로 뭉침.
> 　　　[　　　](談合하다): 서로 짜고 하는 약속. 주로 공정한 행위를 해치는 부정적 모의를
> 　　　　　　　　뜻함.
>
> **예문**　위기 상황일수록 구성원들이 하나로 (　　　)하는 태도가 중요하다.
> 　　　기업들이 가격을 인상하기 위해 (　　　)한 정황이 수사팀에 포착되었다.

❑ 莫逆 → 막역? 막연? ← 漠然

> **뜻** [   ](莫逆하다): 거스름이 없을 정도로 친함. 주로 친구 사이의 두터운 우정을 표현할 때 사용.
> [   ](漠然하다): 뚜렷하지 못하고 어렴풋함. 주로 미래, 계획, 생각 등이 불확실할 때 사용.
>
> **예문** 그 사람과 나는 초등학교 때부터 지금까지 속마음을 터놓고 지내는 (   )한 사이다.
> 구체적인 계획도 없이 무작정 성공하겠다는 (   )한 기대감만으로 서울에 올라왔다.

❑ 微微 → 미미? 미비? ← 未備

> **뜻** [   ](微微하다): 보잘것없이 아주 작다.
> [   ](未備하다): 아직 다 갖추지 못한 상태에 있다.
>
> **예문** 표정이나 동작 따위를 빼 버리면 언어 그 자체가 의사소통에 미치는 영향은 (   )하다.
> 시설과 투자가 (   )하여 경쟁력이 떨어지고 있다.

❑ 反證 → 반증? 방증? ← 傍證

> **뜻** [   ](反證): ① 반대되는 근거를 들어 옳지 않음을 증명함.
> ② 겉으로는 모순되는 것 같으나 실제로는 그것을 증명함.
> [   ](傍證): 어떤 사실을 간접적으로 증명함. 주변 상황을 밝힘으로써 증명에 도움을 줌.
>
> **예문** 그의 분노는 그가 그녀를 매우 사랑했다는 (   )일 수도 있다.
> 반려동물 관련 산업의 성장은 가족의 형태와 정서적 유대가 변화하고 있다는 (   )이다.

❑ 算定 → 산정? 상정? ← 想定

> **뜻** [   ](算定): 셈을 하여 정함. 주로 수치, 액수, 분량 등을 계산할 때 사용.
> [   ](想定): 어떤 상황을 가정하여 결정함. 주로 가설, 시나리오, 상황 설정 등에 사용.
>
> **예문** 보상금의 (   ) 기준을 투명하게 공개하라는 민원이 제기되었다.
> 일어날 수 있는 최악의 재난을 (   )하여 위기 대응 지침을 만들었다.

❏ 聯合 → 연합? 영합? ← 迎合

> **뜻** [　　　](聯合하다): 두 개 이상의 조직이나 국가가 공통의 목적을 위해 하나로 합침.
> [　　　](迎合하다): 사사로운 이익을 위해 타인에게 맞춤.
> **예문** 지역 사회 발전을 위해 여러 시민 단체가 긴밀하게 (　　　)하여 활동한다.
> 자극적 소재로 인기나 조회수에 (　　　)하는 유튜버들이 사회적 문제가 된다.

❏ 殘在, 殘滓 → 잔재? 잠재? ← 潛在

> **뜻** [　　　](殘在, 殘滓): 과거의 일이나 사물이 다 없어지지 않고 남은 찌꺼기. 주로 부정적
> 인 문맥에서 사용.
> [　　　](潛在): 겉으로 드러나지 않고 속에 숨어 있음.
> **예문** 구시대적 악습과 (　　　)를 버리고 새로운 조직 문화를 만들어야 한다.
> 모든 아이는 자신만의 특별하고 뛰어난 (　　　) 능력을 가지고 있다.

❏ 止揚 → 지양? 지향? ← 志向, 指向

> **뜻** [　　　](止揚): ① 더 높은 단계로 오르기 위하여 어떠한 것을 하지 아니함. '피함', '하
> 지 않음'으로 순화.
> ② [철학] 변증법 철학의 주요 개념. 대립과 모순 관계에 있는 두 명제나
> 개념에서, 어떤 것을 그 자체로서는 부정하면서 한층 높은 단계에서
> 는 이것을 긍정하며 발전시키고 통일시켜 더욱 진보하는 것.
> [　　　](志向): 어떤 목표에 뜻을 모아 향함. 또는 그러한 의지.
> [　　　](指向): 지정한 방향으로 나아감. 또는 그 방향.
> **예문** 학문과 지역의 고른 발전을 위해서는 대학의 서열화를 (　　　)해야 한다.
> 그는 아직도 이상을 (　　　)하는 이상주의자이다.

2. 모음이 서로 다른 것

❏ 改良 → 개량? 계량? ← 計量

> **뜻**　[　　　](改良): 나쁜 점을 고쳐 더 좋게 함.
>
> 　　　[　　　](計量): 분량이나 무게를 재서 알아냄.
>
> **예문**　낡은 상하수도 시설을 (　　　)하여 시민들에게 깨끗한 물을 공급했다.
>
> 　　　이번 대규모 화재로 인한 피해액은 (　　　)이 불가능할 정도이다.

❏ 介在 → 개재? 게재? ← 揭載

> **뜻**　[　　　](介在): 어떤 것들 사이에 끼어 있음.
>
> 　　　[　　　](揭載): 신문, 잡지 등에 글이나 그림을 실음.
>
> **예문**　어떤 현상을 분석할 때 편견이 (　　　)되어서는 안 된다.
>
> 　　　그 회사는 결국 신문과 홈페이지에 사과문을 (　　　)하였다.

❏ 決裁 → 결재? 결제? ← 決濟

> **뜻**　[　　　](決裁): 결정 권한이 있는 상관이 부하가 제출한 안건을 허가하거나 승인함.
> 　　　　　'재가(裁可)'로 순화.
>
> 　　　[　　　](決濟): ① 돈이나 증권 따위를 주고받아 당사자 사이의 거래 관계를 끝맺음.
> 　　　　　② 일을 처리하여 끝을 냄.
>
> **예문**　이번 사안에 대해 충분한 논의가 있었고, 이제 (　　　)만 남았다.
>
> 　　　현금으로 (　　　)를 받겠습니다.

❏ 記載 → 기재? 기제? ← 機制

> **뜻**　[　　　](記載): 문서 등에 기록하여 실음.
>
> 　　　[　　　](機制): ① 인간의 행동에 영향을 미치는 심리 작용이나 원리.
> 　　　　　② 어떤 현상이나 구조 따위를 생성하는 계기, 동기로 작용하는 것.
>
> **예문**　지원서에 (　　　)된 내용이 사실과 다를 경우에는 합격이 취소됩니다.
>
> 　　　현대 사회에서 대중 매체는 문화를 창출하는 (　　　)가 된다.

❏ 補塡 → 보전? 보존? ← 保存

> **뜻** [   ](補塡하다): 부족한 부분을 채워 메움.
> [   ](保存하다): 온전하게 보호하여 유지함.
> **예문** 재난 피해로 발생한 농가의 손실을 (   )할 지원책 마련이 필요하다.
> 식품 신선도와 맛을 오래 (   )하려면 저온 보관법을 활용해야 한다.

❏ 附缸 → 부항? 부황? ← 浮黃

> **뜻** [   ](附缸): 작은 단지 모양의 도구를 피부에 붙여 공기를 뽑아내어 혈액 순환을 돕
> 는 치료법.
> [   ](浮黃): 오래 굶주려 영양이 부족해서 얼굴과 몸이 붓고 누렇게 되는 증상.
> **예문** 운동선수는 근육 피로를 풀기 위해 주기적으로 (   )을 뜨기도 한다.
> 오랜 기근으로 식량이 부족해지자 마을에는 (   )이 돌기 시작했다.

❏ 戀愛 → 연애? 연예? ← 演藝

> **뜻** [   ](戀愛): 남녀가 서로 그리워하고 사랑함.
> [   ](演藝): 대중 앞에서 음악, 무용, 연극 등을 공연함.
> **예문** 두 주인공의 애틋한 (   )를 다룬 소설이 많은 독자의 공감을 샀다.
> 대중 매체는 (   )인의 사생활을 보도할 때 신중을 기해야 한다.

❏ 運營 → 운영? 운용? ← 運用

> **뜻** [   ](運營하다): 조직, 기구, 제도 등을 관리하고 꾸려 나감. 주로 '학교, 당, 기업,
> 대회' 등과 어울려 쓰임.
> [   ](運用하다): 무엇을 부리거나 써서 일을 해 나감. 주로 '기금, 예산, 물품' 등과
> 어울려 쓰임.
> **예문** 이 도시는 주민들이 자발적으로 도서관을 (   )하며 다양한 독서 프로그램을 제공하고
> 있다.
> 회사는 자금을 투명하게 (   )함으로써 주주들의 신뢰를 얻고 투자 가치를 높여야
> 한다.

❏ 由來 → 유래? 유례? ← 類例

> **뜻** [   ](由來): 사물이 어떤 것으로 말미암아 일어나거나 전하여 온 내력.
> [   ](類例): ① 같거나 비슷한 사례.
>   ② 이전부터 있었던 사례.
> **예문** 전설 중에는 특정한 지역의 (   )를 설명하는 것이 많다.
> 이번에 얻은 기대 이상의 성과는 (   )가 없는 일이었다.

❏ 在庫, 再考 → 재고? 제고? ← 提高

> **뜻** [   ](在庫): 창고에 쌓여 있음.
> [   ](再考): 어떤 일이나 문제를 다시 생각함.
> [   ](提高): 수준이나 정도를 쳐들어 높임.
> **예문** 그는 남은 (   )를 헐값에 넘겨주었다.
> 결정을 내리기 전에 (   )해 보기를 권한다.
> 정부는 국가 경쟁력 회복과 (   )에 총력을 기울일 것이라고 공약하였다.

❏ 打開 → 타개? 타계? ← 他界

> **뜻** [   ](打開하다): 막힌 국면을 타격하여 열어젖힘.
> [   ](他界하다): 다른 세계로 감. 보통 귀한 인물이나 어른의 죽음을 높여 부를 때 사용.
> **예문** 양측은 교착 상태에 빠진 협상을 (   )할 만한 새로운 중재안을 극적으로 내놓았다.
> 한국 문학의 거장이 갑작스럽게 (   )했다는 소식에 많은 독자와 후배들이 깊이 애도했다.

3. 기타

❏ 難澁 → 난삽? 난해? ← 難解

> **뜻** [   ](難澁하다): 글이나 문장이 매끄럽지 못하고 어수선함.
> [   ](難解하다): 내용 자체가 깊거나 복잡하여 이해하기 어렵다.
> **예문** 정돈되지 않은 (   )한 서술 방식은 글의 가독성을 저해하며…
> 수학적 증명 과정이 매우 (   )해서 가설을 완벽히 이해하는 데 상당한 시간이 소요되었다.

❑ 踏步 → 답보? 답습? ← 踏襲

> **뜻** [   ](踏步): 상태가 앞으로 나아가지 못하고 제자리에 머무름. 주로 정체된 상태를 강조함.
>
> [   ](踏襲): 예전 방식이나 관습을 그대로 물려받아 따름. 주로 부정적 의미로 사용.
>
> **예문** 경기 침체로 인해 해당 기술의 개발 속도가 몇 년째 (   ) 상태에 있다.
>
> 기존의 형식과 내용을 그대로 (   )한 보고서는 새로운 가치를 창출하기 어렵다.

❑ 度外視 → 도외시? 등한시? ← 等閑視

> **뜻** [   ](度外視하다): 안중에 두지 않고 무시함. 주로 어떤 가치나 대상을 고려할 범위 밖으로 내칠 때 사용.
>
> [   ](等閑視하다): 덜 중요하게 보거나 소홀하게 대함. 주로 중요성을 알면서도 바쁨, 부주의 등으로 정성을 기울이지 못할 때 사용.
>
> **예문** 역사적 유산과 정체성을 철저히 (   )한 결과 아파트 건설 현장에서 발견된 유물은 개발을 가로막는 걸림돌로만 여겨지게 되었다.
>
> 성공을 위해 밤낮 없이 일에만 몰두하다 보니 자신의 신체적·정신적 안정을 (   )하게 되었다.

❑ 一員 → 일원? 일환? ← 一環

> **뜻** [   ](一員): 어떤 단체나 조직을 구성하는 한 사람. 또는 단체나 조직의 한 부분.
>
> [   ](一環): 서로 연결된 전체 중의 한 부분. 주로 큰 계획이나 목적 아래 행해지는 연속적인 일을 강조할 때 사용.
>
> **예문** 그는 팀의 (   )으로서 맡은 책임을 충실히 수행하고 있다.
>
> 신제품 출시는 '시장 점유율 확대'를 위한 전략의 (   )으로 결정되었다.

❑ 電擊的 → 전격적? 전면적? ← 全面的

> **뜻** [   ](電擊的): 번개가 치는 것처럼 매우 빠르고 갑작스럽게 이루어짐. 주로 속도나 타이밍과 관련된 문맥에서 사용.
>
> [   ](全面的): 모든 방면에 걸쳐 빠짐없이 전체적으로 이루어짐. 주로 범위와 관련된 문맥에서 사용.
>
> **예문** 정부는 예상치 못한 시점에 교육제도의 (   )인 개편안을 발표하여 교육계를 깜짝 놀라게 했다.
>
> 시 당국은 쾌적한 도심 환경 조성을 위해 시내 모든 공공장소에서의 (   )인 금연을 실시하기로 했다.

❏ 包括 → 포괄? 포섭? ← 包攝

> **뜻** [   ](包括하다): 여러 가지를 하나의 범주로 묶음.
> [   ](包攝하다): 어떤 대상을 자기편으로 끌어들이다.
> **예문** 개정된 법안은 기존에 빠져 있던 소외 계층의 권익까지 (   )하도록 설계되었다.
> 수사 기관은 그 조직의 내부자를 (   )하여 조직의 은신처에 대한 정보를 알아냈다.

❏ 表明 → 표명? 표방? ← 標榜

> **뜻** [   ](表明하다): 의사나 태도를 분명히 드러냄. 주로 생각이나 입장, 태도 등을 표현
> 하는 데 사용.
> [   ](標榜하다): 어떤 주의나 주장, 처지 따위를 앞에 내세움. 주로 가치나 슬로건을
> 내걸 때 사용.
> **예문** 정부는 이번 사태에 관해 유감의 뜻을 (   )하며 공식 사과했다.
> 신설된 학과는 실무 중심의 융합 인재 양성을 (   )하고 있었다.

한자어 익히기 5

전공별 주요 한자어

1. 인문·사회

❏ 減價償却 감가상각

> **뜻** [회계] 고정 자산의 가치가 사용에 따라 줄어드는 것을 계산하여, 그 취득 비용을 자산의 이용 기간 동안 나누어 배분하는 일.
>
> **예문** 회사는 매년 기계의 (   ), 유지 보수 비용을 종합적으로 고려하여 공장의 자산 가치를 장부상에서 조정한다.

❏ 控除 공제

> **뜻** 정해진 전체 액수에서 일부를 떼어 내어 계산함.
>
> **예문** 기부금 영수증을 제출하면 종합소득세 신고 때 세액 (   )를 받을 수 있다.

❏ 公薦 공천

> **뜻** ① 여럿이 합의하여 인물을 추천함.
> ② 공정하고 정당한 근거로 추천함.
> ③ [정치] 정당이 선거에 나갈 후보를 공식적으로 선정하여 추천함.
>
> **예문** 당의 (   )이 발표되자마자 해당 후보는 지역민들을 찾아가 선거 운동을 시작했다.

❏ 橋頭堡 교두보

> **뜻** ① [군사] 다리를 지키기 위해 세운 방어용 시설물.
> ② [군사] 아군 부대가 강을 건너거나 적지에 상륙할 때 작전의 근거지로 삼고자
> 확보한 진지.
> ③ 어떤 영역으로 나아가기 위한 기초적인 발판.
>
> **예문** 국내 중소기업은 이번 협약을 통해 신흥 시장에 처음 발을 내딛고, 향후 세계 전역으로
> 사업을 확장할 중요한 (   ) 역할을 하겠다고 발표했다.

❏ 敎條主義 교조주의

> **뜻** ① [철학] 특정 사상을 절대시하여, 현실을 고려하지 않은 채 이미 정해진 원칙만을 기계
> 적으로 따르고 적용하려는 완고한 사고방식.
> ② 원칙이나 교리에만 얽매여 융통성이 없는 고집스러운 태도.
>
> **예문** 학문의 창의성을 저해하는 (   )는 비판을 허용하지 않는 독단적 권력이 되어, 현대
> 사회에서 시민들이 다양한 의견을 나누는 민주적 문화를 파괴한다.

❏ 背任 배임

> **뜻** 맡은 책임을 저버리고 직무에 위배되는 일을 함. 주로 공직자나 회사원이 사리사욕을
> 채우려 조직에 재산상의 손해를 입히는 부당한 행위를 일컬음.
>
> **예문** 검찰은 공금을 개인 용도로 유용한 전직 간부를 업무상 (   ) 혐의로 기소했다.

❑ 保釋 보석

> **뜻** [법률] 보증금 납입을 전제로 구속된 피고인을 석방하는 제도. 도주 우려가 없을 때 허가하며, 재판 출석 등의 의무 위반 시 보증금을 국가가 환수함.
>
> **예문** 법원은 도주 우려가 낮다고 판단하여 횡령 혐의로 구속 중인 피고인의 (   ) 신청을 허가했다.

❑ 浮動票 부동표

> **뜻** 선거에서 아직 지지할 정당이나 후보를 정하지 못하여 정세 변화나 후보자의 공약에 따라 흔들리는 표.
>
> **예문** 선거 승패는 아직 마음을 정하지 못한 (   )에 따라 좌우될 가능성이 크다.

❑ 御用 어용

> **뜻** ① 왕실에서 사용하는 물품.
> ② 권력자에게 영합하여 자기 소신 없이 앞잡이 노릇을 하는 사람이나 단체를 낮추어 부르는 말.
>
> **예문** 해당 노조는 사측의 입장을 대변하며 노동자의 권리보다 경영진의 편의를 우선시하는 (   ) 조직이라는 비판을 받고 있다.

❑ 誘致 유치

> **뜻** ① 행사 등을 열기 위해 끌어들임.
> ② 인재나 자본 등을 이끌어 들임.
>
> **예문** 정부는 세계 엑스포를 (   )하기 위해 전방위적인 외교 활동을 펼쳤다.
> 지자체는 지역 경제 활성화를 목표로 우수 기업을 (   )하기 위해서 세제 혜택 등 파격적인 지원책을 내놓고 있다.

❏ 抵當 저당

> **뜻** ① [법률] 금전 채무의 담보물로 자산을 제공하여 권리를 설정함.
> ② 귀한 대상을 담보로 함.
> ③ 대항하여 맞섬.
>
> **예문** 집주인은 아파트를 (   ) 잡히고 빌린 돈으로 작은 가게를 새로 열었다.
> 그는 성공을 위해 청춘을 (   ) 잡히고 좁은 방에서 고시 공부에 매진해 왔다.

[참고] 典當: 기한 내에 돈을 갚지 못하면 맡긴 물건 따위를 마음대로 처분하여도 좋다는 조건으로 돈을 빌리는 일.

❏ 陳情書 진정서

> **뜻** 사정을 호소하여 일 처리를 부탁하는 문서. 주로 행정 기관 등에 제출함.
> **예문** 아파트 입주민들은 단지 앞 도로의 소음을 줄여 달라는 (   )를 구청에 제출했다.

❏ 販促 판촉

> **뜻** 상품 구매를 유도하여 판매 실적이 증가하도록 자극하는 마케팅 활동.
> **예문** 백화점은 연말 대목을 맞아 사은품을 증정하거나 파격 할인을 제공하는 (   ) 행사를 시작했다.

2. 자연·이공

❏ 可逆 가역

> **뜻** [물리] 주위의 변화 없이 원래의 상태로 되돌아갈 수 있는 성질.
> **예문** 외부 자극에 의해 변한 물질이 다시 원래 상태로 되돌아오는 성질을 가리켜 (   )성이라고 부른다.
> 다행히 현재의 기능 저하는 (   )적인 단계이므로 치료를 집중적으로 받으면 정상 회복이 가능하다.

❑ 磨滅 마멸

> **뜻** 마찰에 의해 표면이 갈려서 없어짐.
>
> **예문** 엔진 부품의 (　　) 을 최소화하려면 윤활유를 주기적으로 주입하는 것이 중요하다.
> 오랜 세월 수많은 사람의 발길이 닿은 돌계단은 가운데 부분이 움푹하게
> (　　) 되어 있다.

❑ 媒質 매질

> **뜻** [기계] 어떤 작용이나 에너지를 중간에서 연결해 주는 바탕 물질.
>
> **예문** 소리는 공기라는 (　　) 을 통해 전달되므로 공기가 전혀 없는 진공 상태에서는 소리가
> 들리지 않는다.
> 빛이 공기에서 물로 진행할 때 (　　) 의 밀도 차이로 인해 빛의 속도가 변하며 굴절
> 현상이 발생한다.

❑ 補間 보간

> **뜻** [수학] 알고 있는 두 값 사이의 값을 수학적으로 추정하여 채움.
>
> **예문** 저해상도 영상을 확대할 때 픽셀 사이의 값을 채우는 (　　) 법을 활용해 화질을 개선했다.
> 관측된 두 지점 사이의 기온 변화를 (　　) 으로 추정하여 부드러운 기온 곡선을 완성했다.

❑ 析出 석출

> **뜻** [화학] 혼합물이나 용액 속에서 특정 성분을 분리하여 나타나게 함.
>
> **예문** 용액의 온도를 급격히 낮추면 용해도 차이에 의해 녹아 있던 고체 성분이 결정으로
> (　　) 된다.
> 배관 내부에 무기물이 (　　) 되어 쌓이면 물의 흐름을 방해하고 장치의 고장을 일으키기
> 도 한다.

❏ 劣化 열화

> **뜻** [전기·전자] 절연체나 금속 재료, 혹은 에너지를 저장하는 장치 등이 외부적인 요인(열, 빛, 방사선, 시간의 흐름 등)에 의해 물리적·화학적 성질이 나빠지는 현상. 주로 성능이나 품질이 이전보다 못하게 변한 상태를 가리킬 때 사용.
>
> **예문** 스마트폰 배터리는 충전과 방전을 반복할수록 내부 물질이 (　　)되어 사용 시간이 점차 줄어든다.
> 강한 자외선에 장시간 노출된 플라스틱 구조물은 표면이 (　　)되면서 색이 변하고 쉽게 부서진다.

❏ 熔融 용융

> **뜻** [화학] 고체 상태의 물질이 열을 받아 액체 상태로 녹음.
>
> **예문** 지하 깊은 곳의 암석이 고온과 고압에 의해 (　　)되면 우리가 흔히 아는 마그마가 생성된다.
> 플라스틱 원료를 (　　)하여 금형에 주입하는 방식은 대량 생산을 위한 핵심 공정 중 하나이다.

❏ 裕隔 유격

> **뜻** 부품이나 장치 사이에 여유 있게 띄워 놓은 간격.
>
> **예문** 부품이 마모되어 (　　)이 과도하게 커지면 소음이 발생하거나 정밀한 제어가 어려워진다.
> 기계를 안전하게 사용하려면 해당 기계를 정기적으로 점검하여 주요 연결부의 (　　)이 적당한지 확인해야 한다.

❏ 積層 적층

> **뜻** 얇은 판이나 재료를 층층이 쌓아 올림.
>
> **예문** 3D 프린터는 미세한 재료를 얇은 층으로 반복해서 (　　)하여 입체적인 구조물을 완성해 나간다.
> 탄소 섬유를 여러 방향으로 (　　)하여 만든 복합 재료는 무게가 가벼우면서도 강도가 매우 뛰어나다.

❏ 粘性 점성

> **뜻** 물체가 흐르지 않고 달라붙으려는 끈끈한 성질.
>
> **예문** 엔진오일의 (　　)은 온도가 올라가면 낮아지므로 기계의 원활한 작동을 위해 이를
> 적절히 관리해야 한다.
> 마그마의 (　　)에 따라 화산 폭발의 형태가 결정되는데, 점성이 높을수록 가스가 갇혀
> 폭발력이 강해진다.

3. 예술·체육

❏ 可動性 가동성

> **뜻** 신체의 관절이나 부위가 스스로 움직일 수 있는 능동적인 범위나 성질.
>
> **예문** 관절의 (　　)을 높이는 훈련은 부상을 방지하고 운동 능력을 극대화하는 데 필수적인
> 과정이다.
> 무용수들은 아름다운 선을 표현하기 위해 매일 고관절의 (　　)을 확장하는 연습을
> 반복한다.

❏ 觀照 관조

> **뜻** 주관을 섞지 않고 고요한 마음으로 대상의 본질을 살핌.
>
> **예문** 그는 저녁 호숫가에 앉아 저무는 노을을 고요히 (　　)하며 자신의 삶을 차분히 되돌아보
> 았다.

❏ 廣背筋 광배근
　　僧帽筋 승모근
　　前鋸筋 전거근

> **뜻** 廣背筋: [의학] 등의 아래쪽에서부터 위팔뼈에 이어지는 좌우 한 쌍의 넓은 근육.
> 　　　　　　들어올린 위팔을 내리거나 안쪽 뒤로 당기는 일을 한다. =넓은등근.
> 　　僧帽筋: [의학] 뒤통수뼈에서 열두째 등뼈 사이에서 일어나 어깨뼈와 빗장뼈로 붙는,
> 　　　　　　등에서 가장 표면 쪽에 있는 세모꼴의 납작한 큰 근육. 어깨를 올리거나
> 　　　　　　뒤로 젖히는 일을 한다. =등세모근.
> 　　前鋸筋: [의학] 가슴 옆에 있는 톱날 모양의 넓은 근육. =앞톱니근.

❏ **動勢 동세**

> **뜻** [미술] 움직임 속에서 느껴지는 힘의 기운이나 역동적인 모양새.
>
> **예문** 공격을 시작하기 전 선수의 날카로운 ( )만으로도 상대방을 압박하기에 충분한 위력이 있다.
>
> 스포츠 사진작가는 운동선수의 유려한 ( )를 포착하여 찰나의 에너지를 예술로 승화시킨다.

❏ **變奏 변주**

> **뜻** ① [음악] 어떤 주제나 선율을 바탕으로, 그 본질은 유지하면서 리듬이나 선율 등을 여러 가지 방식으로 변화시켜 연주함.
>
> ② 기본이 되는 형태나 틀을 바탕으로 다양하게 응용하고 변화를 줌.
>
> **예문** 교향곡의 단순한 주제가 화려한 리듬으로 ( )되자 청중들은 색다른 선율의 미학에 깊이 매료되었다.
>
> 작가는 하나의 디자인 모티프를 다양하게 ( )하여 전시 공간 전체를 통일감 있게 구성했다.

❏ **賞讚 상찬**

> **뜻** 사물의 아름다움이나 가치를 높게 평가하여 기꺼이 칭찬함. 주로 예술 비평이나 공식 평가에서 '최고의 칭찬'을 뜻하는 말로 사용.
>
> **예문** 세계적인 비평가들은 이번 전시의 실험적 시도에 대하여 아낌없는 ( )을 보내며 극찬했다.
>
> 부상에도 끝까지 포기하지 않은 선수의 투혼은 승패를 넘어 많은 이들의 뜨거운 ( )을 이끌어냈다.

❏ **新派劇 신파극**

> **뜻** [연기] 20세기 초반에 성행한 근대 연극의 한 갈래. 주로 가족 간의 사랑이나 연인 사이의 비극적 이별 등을 감상적으로 그려내어 큰 호응을 얻었던 통속적인 예술 형태.
>
> **예문** 영화의 서사 방식이 너무 진부하여 관객의 눈물만을 억지로 강요하는 ( )의 틀에서 전혀 벗어나지 못했다는 혹평을 피하기 어려워 보인다.

❑ 釉藥/泑藥 유약

> **뜻**　[공예] 흙으로 빚은 그릇 표면에 씌우는 유리질의 얇은 막. 물이 새는 것을 막아주고 고유의 광택과 색깔을 내어 도자기의 가치를 더함.
>
> **예문**　도예가는 정성스레 빚은 달항아리에 맑고 투명한 (　　)을 고루 입힌 뒤, 뜨거운 가마 속에서 며칠간 정성을 다해 구워냈다.

> [참고] 실제 유약 재료로 풀이나 나무의 재가 쓰이기도 한다. '잿물'로 순화할 수 있다고 한 바 있으나, 실제로 '유약'과 '잿물'을 같은 뜻으로 쓰는 예는 찾아보기 어렵다.

❑ 前衛藝術 전위예술

> **뜻**　예술의 관습이나 전통을 부정하고 시대보다 앞서 파격적이며 실험적인 표현을 추구하는 혁신적인 예술 운동 양식.
>
> **예문**　일상의 소음을 음악의 영역으로 끌어들인 (　　)은 당시 평론가들에게 큰 충격을 주며 미학의 범위를 확장했다.
> 설치 미술이나 퍼포먼스 같은 (　　)은 처음엔 난해하게 느껴지기도 하지만 예술가들의 창의적 도전을 상징한다.

참고문헌

곽상인, 「스마트폰을 활용한 창의적인 글쓰기 교수법 연구」, 『어문연구』, 84, 어문연구학회, 2015, pp.329~351.

곽수범 외, 「논증적 글쓰기 평가에서의 텍스트 영역 고찰 (II) - 통일성을 중심으로」, 『작문연구』 64, 한국작문학회, 2025, pp.7~41.

건국대학교 글쓰기연구회 편, 『글쓰기의 기술-실용편』, 파미르, 2006.

고려대학교 사고와 표현 편찬위원회, 『자연과학과 글쓰기』, 고려대학교 출판부, 2004.

김동우·이용, 『이공계 글쓰기 노하우』, 3판; 생능출판, 2023.

김한결·곽상인, 『생성형 AI 활용 가이드라인 진단을 위한 평가 매트릭스 개발 및 적용 -국내 대학의 가이드라인을 중심으로-』, 『돈암어문학』 48, 돈암어문학회, 2025, pp.379~415.

김혜영 외, 「논증적 글쓰기 평가의 텍스트 영역 고찰 - 통일성을 중심으로」, 『작문연구』 62, 한국작문학회, 2024, pp.183~227.

동국대학교 다르마칼리지 글쓰기교재편찬위원회, 『디지털 시대의 글쓰기』, 동국대학교 출판부, 2023.

서울대교재편찬위원회 편, 『대학글쓰기1』, 서울대출판문화원, 2019.

움베르토 에코, 『논문 잘 쓰는 방법』, 김운찬 역, 증보판; 열린책들, 2006.

원만희 외, 『학술적글쓰기』, 성균관대출판부, 2021.

웨인 부스 외, 『학술 논문 작성법』, 양기석·신순옥 역, 4판; 휴먼싸이언스, 2017.

장윤준·윤정안, 「효과적인 의사소통을 위한 이메일 작성법 교육 방안 연구」, 『열린정신 인문학 연구』 25(2), 원광대학교 인문학연구소, 2024, pp.89~113.

조셉 윌리엄스·그레고리 콜럼, 『논증의 탄생』, 윤영삼 역, 크레센도, 2021.

최성규, 「대학 글쓰기 강좌 속 한자어 교육 -서울시립대 교재를 바탕으로-」, 『돈암어문학』 37, 돈암어문학회, 2020, pp.237~265.

한상철, 『토론』, 커뮤니케이션북스, 2006.

함종호, 「공학도의 창의성 계발을 위한 비판적 사고 교육: 영화 《볼링 포 콜럼바인》에 대한 비판적 글쓰기를 중심으로」, 『공학교육연구』 24(1), 한국공학교육학회, 2021, pp.46~52.

함종호·김문수, 『글쓰기 차별화 전략』, 글로세움, 2015.

홍래성·윤정안, 「인공지능 시대의 리터러시에 관한 시론적 탐색 — ChatGPT, 글쓰기 능력, 대학 글쓰기 교육 등에 초점을 맞추어」, 『비평문학』 89, 한국비평문학회, 2023, pp.53~85.

Toulmin, S. E., *The Uses of Argument*, Cambridge: Cambridge University Press, 2003.

Van Dijk, T. A., *Macrostructures: An interdisciplinary study of global structures in discourse, interaction, and cognition*, Hillsdale: Lawrence Erlbaum Associates, 1980.

Harvard Guide to Using Sources. 〈https://usingsources.fas.harvard.edu/what-constitutes-plagiarism-0〉

Purdue Online Writing Lab. 〈http://owl.purdue.edu/owl/general_writing/academic_writing/essay_writing/index.html〉